国家社科基金
GUOJIA SHEKE JIJIN HOUQI ZIZHU XIANGMU
后期资助项目

中国教育改革的逻辑

——对改革开放以来我国基础教育改革的反思

Logic of China Educational Reform

阎亚军 著

ZHEJIANG UNIVERSITY PRESS
浙江大学出版社

国家社科基金后期资助项目
出版说明

后期资助项目是国家社科基金项目主要类别之一，旨在鼓励广大人文社会科学工作者潜心治学，扎实研究，多出优秀成果，进一步发挥国家社科基金在繁荣发展哲学社会科学中的示范引导作用。后期资助项目主要资助已基本完成且尚未出版的人文社会科学基础研究的优秀学术成果，以资助学术专著为主，也资助少量学术价值较高的资料汇编和学术含量较高的工具书。为扩大后期资助项目的学术影响，促进成果转化，全国哲学社会科学规划办公室按照"统一设计、统一标识、统一版式、形成系列"的总体要求，组织出版国家社科基金后期资助项目成果。

全国哲学社会科学规划办公室

目　录

导　言

改革是推动中国教育发展的动力。改革开放30多年来,我国政府和社会十分关注和重视基础教育的改革和发展。基础教育在整个国民教育体系中的基础性地位,决定了基础教育改革在整个教育改革中的重要地位。30多年来,中国的基础教育改革成就斐然,但问题依然大量存在,有的问题还十分突出和尖锐,严重影响到教育肌体的健康,影响到一代国民的成长,影响到民族的振兴与国家的兴亡。这30多年,中国基础教育改革解决了哪些问题?没有解决哪些问题?为什么能够解决一些问题,而另一些问题却始终解决不了?有学者指出,30多年来堪称我国"教育之痛"的问题是:在世界规模最大的基础教育领域中,一种被应试教育严重捆绑的现象至今没有得到根本缓解。我们的基础教育如何赋予未来一代幸福成长的基础?如何由世界规模之大变为质量之高之强?这一问题依然是中国教育改革需要继续直面的问题。[①] 还有学者指出,我国教育改革虽然已经取得很大成绩,但成效远不如预期,以至于在经过30多年这一比较漫长的历程之后,才蹒跚来到所谓"深水区"。[②] 学者们对中国基础教育改革未来的担忧迫使我们继续思考,过去30多年的基础教育改革,为什么在一些关键问题上迟迟不敢或不愿改革?实际上发生的教育改革在多大程度上是"改革"?这些改革实际上遵循的是什么样的逻辑?

改革开放以来,中国的基础教育走过了30多年,这30多年基本上是在不断的改革中度过的。然而,为什么30多年来中国的教育改革[③]不断进行,为什么一次又一次、一波又一波的教育改革,却没给我们的教育带来实质性的改变?为什么很多规划设计得很好的教育改革没能实现既定的目标,没能实现改革倡导者、决策者的初衷?为什么一些自相矛盾的教育改革不能及时得到纠正,却能长时间大行其道?为什么制订好的教育改革方案难以执行?不仅如此,很多出发点很好的教育改革,在实施之后却经常走向其反面?为什么理想的教育总是离我们那么遥远?为什么中国的基础教育改革如此艰难?为什么,为什么……这诸多的"为什么"迫使我们不得不深入思

① 张乐天:《对重启教育改革议程的思考》,《复旦教育论坛》2013年第3期。

② 吴康宁:《深化教育改革需实现的三个转变》,《南京师大学报》(社会科学版)2013年第3期。

③ 为行文方便,本书中的教育改革,均指的是基础教育改革。

考一个问题:30 多年中国基础教育改革的逻辑到底是什么?

改革开放以来的 30 多年是中国社会变化最快的几十年,也是中国社会的历史转型时期,基础教育改革处于此背景下,其性质就具有转型性。回顾这 30 多年历程,哪些是我们做得比较好的,哪些是我们做得不够好的,哪些又是我们能够做好却没有做好的,抑或不想做的。换言之,哪些教育改革需要继续坚持,哪些教育改革需要另辟蹊径,哪些教育改革需要重新开始……中国基础教育再次走到了十字路口,唯有改革,切实而有效地改革,才能推动基础教育向纵深处发展。中国 30 多年基础教育改革的历程,为我们积累了很多经验,也留下了很多教训。中国教育改革到了"再出发"的关键时刻,系统反思过去 30 多年的历程,是为了更好地出发,有助于我们确定将来的改革方向和路径。

一、教育改革和教育发展

什么是"改革"? 有学者从意图、内容、范围、目的等角度进行了阐述。所谓"改革",在改革的意图上,是指有计划、有意图的改变;在改革的内容上,包括了新颖或旧有的事物、观念及做法的采用;在改革的范围上,则通常指整体而有结构性的改变;在改革的目的上,则是希望借着这些有计划的整体的改革,带领变迁,提升品质。① 这其实也可以看作是改革的几个要素。改革是人们有计划、有目的的,旨在改变落后事物、提升事物品质的整体结构性行动。改革是人们的一种主观选择,是人们认为值得去做的事情。Benjamin Levin 就认为,"'改革'一词常常有一种积极的标准化的特质,暗示某种值得做的事情"②。这至少说明了,在改革者那里,改革本身就是一件积极的、值得为之付出心血的事业,改革似乎是一个褒义词。

什么是教育改革? 不同的学者从不同的角度却界定教育改革,强调的侧重点也不同。有学者从资源、利益的角度来界说教育改革:"教育改革是一个复杂的系统活动过程,是在社会的教育资源稀缺的条件下,打破了既有的教育资源上的利益(包括物质的和精神的)分配的平衡格局……通过重新制定教育的制度或规则,理性地为自己或所属的利益集团反复协商、斗争或妥协,直至教育资源的分配出现与其权力相适应的新平衡局面的过程。"③有

---

① 张嘉育:《学校本位课程改革》,台湾冠学文化出版社,2002 年,第 2～3 页;转引自于泽元:《课程变革与学校课程领导》,重庆大学出版社,2006 年,第 1 页。

② 〔加〕Benjamin Levin:《教育改革——从启动到成果》,项贤明、洪成文译,教育科学出版社,2004 年,第 20 页。

③ 马健生:《试论教育改革活动的过程特性》,《中国教育学刊》2002 年第 10 期。

学者从现实与理想的角度来界定教育改革:"人们自觉地变革现存教育,使之合乎于改革者理想目标的实践活动。"[①]这实际上是说,教育改革是改革主体理想目标的现实化活动。教育改革是变革,是新旧之间的转变,是新旧目标、政策、体制、观念的转变,是教育职能的转变。这种转变是改革主体有意识、有计划、有目的的行动。《辞海》中是这样解释"教育改革"的,即对落后的教育状况或教育思想乃至教育理论进行的有计划、有目的的变革,使其获得预期的进步与发展的过程。教育改革是教育上的除旧布新,既可能是局部范围的、某一方面的,也可能是总体的、全面的。《教育大辞典》中对教育改革的界定是,改变教育方针和制度或革除陈旧的教育内容、方法的一种社会活动。目的是使教育适应社会发展和人的发展的需要,以提高教育质量。《世界教育辞典》上这样界定"教育改革"的:"教育改革"指"家庭、学校、社会经常对所开展的各种教育工作,通过某些形式进行反思,试图有所改善。做这种努力的主要是学校,依靠专业学术组织进行,一般称之为教育革新。""其内容涉及教育理论,至广义的教育制度、内容、方法等领域"。"教育改革的重点主要在教育制度上。"[②]该辞典强调教育改革的主体是学校,教育改革的重点内容是教育制度。按照活动内容,教育改革可以分为两类:整体教育改革和部分的、单项的教育改革。[③] 就范围而言,教育改革可以在宏观、中观和微观几个层面进行,比如全国、地区或地方、学校所进行的教育改革。

还有学者认为,"教育改革可以理解为按照某种预期的目标以改进实践的有意识的努力,它包括制定同旧目标无关的新目标、新政策,或赋予过去的教育以新的职能。教育改革的实质是对未来的反应"[④]。笔者也基本认同这一对教育改革的理解,认为教育改革是一种人们有意识、有目的地改造旧教育,使之成为新教育的实践活动,其意在对未来的应对。该实践活动所包括的"制定同旧目标无关的新目标、新政策,或赋予过去的教育以新的职能",虽然不可能是全新的目标、政策,或者全新的职能,可能还会与过去有很大关联,但是能够明显看出新教育与过去教育的不同或差异。改革的英文单词是"reform",英文中是这样解释的:make or become better by removing or putting right what is bad or wrong.(通过变化或纠正错误使之变得更好)。教育改革既然是改革,就是要改变过去教育中那些不好或不再适合现在需要的东西,比如旧的观念、旧的体制、旧的模式等。

---

① 郑新蓉:《现代教育改革理性批判》,人民教育出版社,2003年,第14页。

② 〔日〕平塚益德:《世界教育辞典》,湖南教育出版社,1989年,第230页。

③ 顾明远:《教育大辞典·增订合编本(上)》,上海教育出版社,1998年,第745页。

④ 袁振国:《教育改革论》,江苏教育出版社,2005年,第24页。

之所以要这样不厌其烦地解释教育改革的定义，主要是因为在中国现实社会中有一些人将教育改革与教育发展混为一谈，把教育发展理解为教育改革，将教育发展的成果认为是教育改革的成果，进而拒绝某方面教育改革乃至整个中国教育改革的深入。前武汉大学校长刘道玉先生就曾批评那些认为教育形势大好的“教育改革成功论者”，把20世纪90年代我国实现“两基”（基本普及九年义务教育和基本扫除青壮年文盲）和高等教育大众化作为教育改革成功的典范或标志。刘先生指出：“不了解情况的人认为这是改革的结果，恰恰相反，这是以发展代替改革，而不是促改革，是以牺牲质量换来的数量发展，掩盖了教育的很多问题。”“教育改革与教育发展是完全不同的两回事。”“发展和改革的区别在哪里？发展就是在原来的基础上，在原来的规模上向前推进；改革的本质是针对原有存在的问题，以新的思想、新的体制、新的制度、新的方法代替旧的思想、旧的体制、旧的制度、旧的方法，这才叫改革。请问‘教育改革成功论’者，现在对教育的管理理念改了没有，管理方法改了没有，制度改了没有，特别是体制改了没有？”①吴康宁教授在最近一篇文章中也指出，“长期以来一直困扰我国教育的一些关乎全局的重大难题，诸如素质教育的推进、高考制度的改革、农村教育的发展等，却并未随着教育的规模扩大与数量增长而得到相应的根本性突破。”只“发展”不“改革”或重“发展”轻“改革”，导致问题愈加复杂，解决愈加困难。“中国教育改革之所以在相当长一段时间里迟迟不能真正进入‘深水区’，往往同人们自觉或不自觉地用‘发展’来代替‘改革’不无干系。”②两位教授的深刻分析给我们以重要启示，中国教育改革要深入，光靠发展是不够的。没有教育改革，教育照样可以发展，但是要实现真正意义上的质变或突破，那还必须依靠教育改革，依靠更加深入的教育改革。改革，让教育发展的路更为宽广、平坦；改革，才能突破教育发展的瓶颈，才能解决那些长期困扰教育发展的问题。就此而言，中国教育改革的道路还很漫长，也很艰巨。

上述两位教授对教育改革内涵的辨析，确实很有道理。然而同样不可否认的是，教育改革经常与教育发展混杂在一起，不那么容易区分，改革不成功或不如预料的那样进展顺利，但是不能说改革就没有发生过。改革开放30多年来，我国教育改革虽然不如经济改革那样明显，那样影响深远，也不如教育发展那么清晰可见，让每个人都能感受到，但是它也确实发生过很

① 马国川：《刘道玉：中国需要一场真正的教育体制变革》，http://news.rednet.cn/c/2008/03/03/1452232.htm。

② 吴康宁：《改革·综合·教育领域——简析教育领域综合改革之要义》，《教育研究》2014年第1期。

多次。教育改革与教育发展糅合在一起，需要我们将其“离析”出来。

二、教育改革的“逻辑”

在现代汉语中，逻辑(logic)一词是多义的。《哲学大辞典》阐述了逻辑的以下几种含义：(1)表示客观事物发展的规律，如“中国革命的逻辑”；(2)表示思维的规律、规则，如“推理要符合逻辑”；(3)表示研究思维形式及其规律的科学，即逻辑学，如“形式逻辑”“辩证逻辑”和“数理逻辑”；(4)有时也表示某种特殊的立场、观点或推论(论证)方法，如“反动派的荒谬逻辑”。[①]“逻辑”一词最初的意思是“逻各斯”，即理性，表示人们在思考分析问题时应遵循思维的规律、规则，不能自相矛盾、前后矛盾。逻辑学作为研究人们思维形式及其规律的科学，也就应运而生。这就是《哲学大辞典》中“逻辑”的第(2)和(3)种含义。在笔者看来，在这两种含义的基础上，“逻辑”便有了后来的衍生含义，即第(1)和(4)种含义。我们今天讲中国教育改革的逻辑，主要是在其衍生含义上讲的，但是又离不开其最初的含义。

教育改革是人们的一种社会实践活动，谈论教育改革的逻辑，不可避免地会涉及改革主体——人。教育改革也是一种渗透了当事人的思想、意志、价值观念等的活动。因此，教育改革的逻辑实际上有两层含义：一是教育改革这种实践活动的运作机制、规律；二是改革主体参与教育改革的思维和价值逻辑，就是主体站在何种立场，追求什么利益，采取何种视角或方式去思考与解决教育问题，推动教育改革的发生和发展。第一层含义实际上把教育改革作为某个历史或社会事件，第二层含义实际上把教育改革作为某种社会实践活动。教育改革的逻辑是人们行动的逻辑，是人们从事该活动共同分享或遵守的一般法则。教育改革的逻辑受到教育的逻辑的直接影响，当然，在实际的教育改革中，人们在进行教育改革时经常不遵循教育的逻辑。所谓教育的逻辑，就是称之为“教育”的活动能够得以发生、存在和发展所依赖的准则。[②] 教育逻辑，只是教育改革遵循的某一种逻辑。逻辑内蕴于事物发展过程中，内蕴于人们的实践活动中，具有潜隐性，并不容易为人们所意识，但是它又实实在在地对事物发展和人们的实践活动发生着不可忽视的作用。揭示这种逻辑，实际上就是揭示教育改革内部运行的客观规律，

---

① 冯契：《哲学大辞典·修订本(上)》，上海辞书出版社，2001年，第925页。

② 石中英教授在《教育实践的逻辑》一文中将“逻辑”视为人们“身处其中但又未必完全清晰且无法逃脱的文化系统”，在活动中“共同分享和遵守的一般形式、结构或内在法则”。见石中英：《教育哲学的责任和追求》，安徽教育出版社，2007年，第3页。

揭示改革参与者的思想和价值逻辑，为未来的教育改革和发展提供有益启示。教育改革的“逻辑”就像一只看不见的手，在支配着我们的改革行动。

教育改革是一个包含很多环节或要素的系统活动，具体而言，它包括教育改革的动因、教育改革的内容、教育改革的参与者、教育改革的实施等。① 换言之，当我们谈论教育改革时，我们一般都要追问这样几个“W”问题：为什么要改（why）；改什么（what）；谁来改（who）；怎样改（how）。在这些环节中，都会涉及教育改革遵循什么样的逻辑。改革实际上都会遵循一定的逻辑，即改革中的人所共同分享和遵守的一般原则、方法，当然也可能包含人的目的、价值观，因为秉持不同的价值观和目的，所采用的改革方法、原则就很可能不一样。教育改革的逻辑既可能是人们实际上所遵循的逻辑，也可能是人们所希望遵循、应该遵循的逻辑；既可能是事物实际发展所遵循的逻辑，也可能是人们希望事物发展遵循的逻辑，或者是应该遵循的逻辑。因此，教育改革的逻辑就不仅仅是一个事实判断，同时也是一个价值判断。人们对教育改革存在不同意见，有时候意见针锋相对，可能正是他们所希望遵循的教育改革的逻辑存在不同或者冲突。

教育改革的逻辑，隐藏在参与改革的人们的行动当中，有时候比较明显，人们可以容易地觉察到它，但在更多的情况下，它是不明显的，很多参与改革的主体虽身在其中却没有察觉。而正是那些逻辑，在某些人看来是不证自明的逻辑，无须过多关注的逻辑，却最需要我们加以深刻反思。因为，正是这些逻辑，支配着我们的具体改革行动，比如是否需要改革，选择什么样的改革，什么人可以参与改革，如何实施改革，等。在改革的每一个环节，都有不同的逻辑在制约、影响着我们。

三、国内外相关研究综述

改革开放以来，我国基础教育处于一个前所未有的大发展时期，教育改革也不断发生，既有整体的全面的改革，也有局部的领域范围的改革。如今30多年过去了，基础教育改革也进入了一个比较艰难的阶段，如何将基础教育改革继续推向深入，使基础教育更好地服务于国家、社会的发展需要，就成为很多学者思考和反思的问题。目前，学者们的研究成果主要集中在以下几方面：

---

① Benjamin Levin 定义了改革过程的四个要素或四个阶段：启动、采纳、实施和成果。见〔加〕Benjamin Levin：《教育改革——从启动到成果》，项贤明、洪成文译，教育科学出版社，2004 年，第 20～21 页。

首先是总结介绍改革开放以来中国教育的发展历程的研究。比如,改革开放以来的教育发展历史性成就和基本经验研究课题组研究介绍了我国30年来的一些重大或重要教育事件的相关情况:“恢复高考制度”“建立教育科学研究系统”“建立学位制度”“三个面向”“教育体制改革”“农村教育综合改革”“实施素质教育”“高校扩招”“新课程改革”等。[①] 改革开放30年中国教育改革和发展课题组也总结阐述了改革开放以来我国教育的发展历程:“中国教育发展的历史转折”“教育体制改革的战略抉择”“奠基中国的全民教育”“建设高等教育大国的历程”“发展中国特色职业教育”“创新型国家呼唤创新教育”“促进教育公平的政策取向”“面向世界的中国教育”“迈向人力资源强国的新征程”。[②] 这类成果还有不少,但多是陈述历史事实,或是一些资料汇编,而对中国这30多年来的教育发展缺少一种更为深入的理论分析。

改革开放以来,中国基础教育改革经历了几个阶段,不同学者根据不同的角度有不同的看法。于述胜等将这30年来的教育发展分为三个阶段,分别是“20世纪80年代:拨乱反正与体制改革”,“20世纪90年代的市场经济发展与教育改革”,“2000年以来教育的公平、质量与文化追求”。[③] 石中英、张夏青认为,改革开放以来我国教育改革的历程可以划分为四个主要的历史时期:教育改革酝酿与教育恢复发展时期(1978～1984);教育改革起步与教育稳步发展时期(1985～1992);教育改革全面展开与教育事业快速发展时期(1993～1998);教育改革持续深入与教育质量意识全面提升时期(1999～2008)。[④] 在杨东平主编的《2020:中国教育改革方略》一书中,他们认为,30多年来中国教育的发展,与经济社会的发展同步,大致可以划分为四个阶段,即拨乱反正,恢复整顿的阶段;全面开展教育体制改革的时期;教育发展的“经济主义”时期;以及2003年至今,贯彻落实科学发展观,促进教育公平,探索面向未来的新的教育时期。[⑤] 刘道玉认为,中国教育改革从党的十一届三中全会算起,大致经历了四个阶段:第一阶段是1978年到1980年,大概三年的时间。这三年主要是拨乱反正,使教育回到正确的轨道上来。第二阶段从1981年到1988年,有七八年的时间。这是中国教育,特别是高等教育

---

① 改革开放以来的教育发展历史性成就和基本经验研究课题组:《改革开放30年中国教育重大历史事件》,教育科学出版社,2008年。

② 改革开放30年中国教育改革和发展课题组:《教育大国的崛起(1978—2008)》,教育科学出版社,2008年。

③ 于述胜等:《中国教育三十年(1978—2008)》,四川出版集团、四川教育出版社,2008年。

④ 石中英、张夏青:《30年教育改革的中国经验》,《北京师范大学学报》(社会科学版)2008年第5期。

⑤ 杨东平:《2020:中国教育改革方略》,人民出版社,2010年,第3～5页。

真正改革的黄金时代，真正的是在改革上下功夫。第三阶段从1989年以后到1992年，教育体制改革根本没有执行，这是教育改革完全停滞、甚至倒退的阶段。第四阶段从1992年直到今天，以发展代改革。① 王长纯把1978年以来中国教育改革分为四个阶段(浪潮)：第一阶段开始于1978年，以中等教育结构调整为主要内容，大力发展职业教育。第二阶段开始于1985年，以《中共中央关于教育体制改革的决定》颁布为标志，以教育体制改革为核心，涉及各级各类教育。第三阶段开始于1993年，以《中国教育改革发展纲要》的公布为标志，主要关注各级各类教育的质量问题，意图通过改革全面提高国民素质。第四阶段始于2001年《关于基础教育改革与发展的决定》颁布，"决定"明确指出，建一支高素质的教师队伍是扎实推进素质教育的关键。这揭示了改革深入的方向，由此也拉开了第四次教育改革浪潮的序幕。教师教育有可能成为新一轮教育改革的主题，而教师专业化将有可能成为下一次教育改革浪潮的主要标志。② 顾明远认为，改革开放30年来，我国基础教育发展经历了三个重要阶段：1978年至1985年是恢复阶段；1985年至1993年是教育体制改革和创新的阶段；1993年至2000年是跨越式发展的阶段。21世纪以来，基础教育进入了深化改革、提高质量的转型时期。

其次是以30年来的中国基础教育改革为对象的研究。王炳照等分析介绍了我国改革开放以来基础教育领域的诸多改革，如"基础教育管理体制的改革""基础教育结构调整""基础教育课程与教学改革""基础教育德育的改革与发展""基础教育评价和考试制度改革"等，并对这些改革进行了反思和总结。③ 有的学者选取上述某一领域的问题进行研究，比如研究基础教育课程和教学改革、研究基础教育考试和评价改革等。那么研究这些具体改革中的哪些内容呢？包括改革的动因，改革的价值取向、改革的思维方式或方法论等。李政涛、李云星还突破30年的时间界限，将研究对象扩展到中国整个20世纪的基础教育改革，研究改革的方法论、分析单位、思维方式等，为我们展现了一幅百年中国基础教育改革的历史画卷。④

最后是与教育改革相关的理论研究。先看国内学者的研究。吴忠魁、张俊洪研究、介绍了国外教育变革的几种理论模式：进化论模式、结构功能模式、

---

① 马国川：《刘道玉：中国需要一场真正的教育体制变革》，http://news.rednet.cn/c/2008/03/03/1452232.htm。

② 王长纯：《1978—2002年中国教育改革的四次浪潮》，《首都师范大学学报》(社会科学版)2002年第4期。

③ 王炳照：《中国教育改革30年：基础教育卷》，北京师范大学出版社，2009年。

④ 李政涛、李云星：《百年中国基础教育改革的方法论探析》，教育科学出版社，2011年。

系统化模式、民主化模式。[①] 王宗敏、张武升分析了教育改革的本质、教育改革与其他社会改革的关系、教育改革的模式与战略、教育改革的评价、教育改革过程中人们的心理因素等问题。[②] 袁振国也深入探讨了教育改革的动因、价值、模式、目标和策略等。[③] 孙绵涛进行了中国教育改革规律的理论探讨:"在教育改革中,谁来改、改什么和怎样改这三者内在的、必然的和本质的联系是,首先是谁来改,其次是改什么,然后是怎样改这样一种逻辑所产生的相互作用和相互影响的关系。"[④]他从中国基础教育改革、高等教育改革、成人教育改革和职业教育改革等几方面分别围绕上述三个问题分析教育改革的规律问题。近些年来,实际上还有不少学者对当代中国基础教育课程改革或教育改革进行了很多理论研究[⑤],为我国基础教育改革提供了很多有益启示。

国外学者也对教育改革进行了很深入的理论研究,并结合他们国家或地区的改革实际,归纳、总结出了一系列理论。加拿大学者迈克·富兰研究了教育改革各要素之间的关系、教育改革在社会各层面上的非线性和无序的本质,表明我们为什么需要以一种新的思维方式来与变革的动态和持续的实际复杂现象做斗争。他还指出教育变革的八项启示:你不能强制决定什么是重要的;变革是一项旅程,而不是一张蓝图;问题是我们的朋友;见解和战略计划稍后形成;个人主义与集体主义必然有同等的力量;集权和分权都行不通;与更广的环境保持联系对成功必不可少;每个人都是变革的动力。[⑥] 富兰还阐述了教育变革的缘由、意义、启动变革的原因与过程、实施和继续变革的原因与过程、规划、实施和应对变革。[⑦] 霍尔与霍德提出了教育变革的12项原则,分别是:变革是一个过程,而不是一次事件;变革的开发与实施在所需要的条件上有着明显的区别;一个组织机构只有在其中的每一位成员都发生变化的时候,它才会发生变革;变革的规模不同;干预是变革实施成功的关键性行动和事件;尽管"自上而下"与"自下而上"的垂直模式都对变革有一定效果,但以水平的视角来看待和实施变革,效果最好;变革要想获得长期成功,行政领导是关键;命令能对变革发挥一定作用;学校是变革的首要

---

① 吴忠魁、张俊洪:《教育变革的理论模式》,四川教育出版社,1988年。

② 王宗敏、张武升:《教育改革论》,河南教育出版社,1991年。

③ 袁振国:《教育改革论》,江苏教育出版社,2005年。

④ 孙绵涛:《改革开放以来中国教育改革的规律问题研究》,人民出版社,2012年,第6页。

⑤ 这些学者有王策三、钟启泉、查有梁、吴康宁、杨小微、邬志辉、王本陆、柳海民、孙振东、陈荟、郭华、朱成科、林丹、潘新民等,其成果在参考文献中均有所体现,此处不再详述。

⑥ 〔加〕迈克·富兰:《变革的力量——透视教育改革》,中央教育科学研究所、加拿大多伦多国际学院译,教育科学出版社,2000年。

⑦ 〔加〕迈克尔·富兰:《教育变革新意义》,赵中建等译,教育科学出版社,2005年。

组织单元;推动变革需要团队努力;适当的干预行为可以减少变革带来的挑战;学校的环境影响变革的过程。[①] Benjamin Levin 以英国、新西兰、加拿大和美国曾发生的教育改革为对象,研究了教育改革从启动到采纳,再到实施,最后到结果的系统过程。[②] 达林也系统地研究了教育改革过程、系统观和评价,教育改革的特征,教育改革的各种理论和模式,以及学校改革的相关理论问题。[③] Slavin 阐述了教育中的"赶时髦"现象,一会儿这样,一会儿又那样,教育改革或革新有这样一个循环过程——早期的热情、广泛宣传、随后的失望、最后衰落。这就像"钟摆"一样。[④] Cuban 提出了教育改革的反复问题,为什么我们总是在那些基本问题上反复改革。他分析了课堂(教师中心与学生中心)、课程(学术的与实践的)、管理(集权与分权)这几个教育改革的经常性问题。[⑤] Hargreaves 和 Fink 分析了教育改革的三个维度,分别是深度(社会和情感理解)、长度(全时段的持续变革)、宽度(模式拓展),他们还举了很多学校改革的案例,来说明教育改革的这几个维度。[⑥] 教育改革过程中的决策者和实施者关系也是学者们关心的问题。Timperley 和 Parr 认为,决策者和实施者两方各持有不同的理论,而且这两种理论之间存在竞争(theories competition)。二者在信念和价值、知识和技能以及对改革的效果认定方面都存在很大不同。[⑦] Wise 批判了教育改革的"过度理性化"(Hyperrationalization),它将教育改革视为决策者决策,实施者只要按照决策者的理性设计去行事就可以了。"过度理性化"缺陷在于,从原理到行动缺乏充分的理由和证据。学校如同其他社会组织,并不是在一个理性的真空内运作,一旦逻辑的东西疏离现实,其对于实践的改变也就相当有限。[⑧]

国外学者的诸多研究成果,都是在分析自身或西方教育的问题基础上获得的,他们分析教育问题的视角、方式值得我国学者学习借鉴,但是中国

---

① 〔美〕吉纳·E.霍尔、雪莱·M.霍德:《实施变革:模式、原则与困境》,吴晓玲译,浙江教育出版社,2004 年。

② 〔加〕Benjamin Levin:《教育改革——从启动到成果》,项贤明、洪成文译,教育科学出版社,2004 年。

③ 〔挪〕达林(Dalin P.):《教育改革的限度》,刘承辉译,重庆出版社,1991 年。

④ Slavin, R. PET and the Pendulum: Faddism in Education and How to Stop It. *Phi Delta Kappan*, 1989, (90).

⑤ Cuban, L. Reforming Again, Again, and Again. *Educational Researcher*, 1990, 19(1).

⑥ Hargreaves, A. & Fink, D. The Three Dimensions of Reform. *Educational Leadership*, 2000, 57(7).

⑦ Timperley, H. S. & Parr, J. M. Theory Competition and the Process of Change. *Journal of Educational Change*, 2005, (6).

⑧ Wise, A. Why Educational Policies Often Fail: The Hyperrationalization Hypothesis. *Curriculum Studies*, 1997, 9(1).

的基础教育不同于西方基础教育，30多年来中国的基础教育改革和发展都是在中国这个特定的社会转型背景下进行的，有着自身的逻辑。国内学者虽也开始在研究反思30多年来的中国基础教育改革，希望探索出中国经验或中国模式，但是尚处于起步阶段，很多问题有待进一步研究。基础教育不同于高等教育，也不同于职业教育，对中国整个教育改革30多年的反思也不能代替对基础教育改革的反思，因此有必要专门探讨基础教育改革。回顾这30多年的基础教育改革，我们认为把握一些关键事件是必需的，但更重要的是，要把握这些关键事件背后的基础教育改革的逻辑。唯有如此，才能为中国未来的基础教育改革指明方向。本书正是要去探索中国基础教育改革30多年的逻辑，深入反思那些反复出现的问题，思考改革背后内蕴的机理、机制，寻找中国基础教育未来进一步发展的方向。

四、研究方法与思路

1. 研究方法

本研究主要采用以下方法。

（1）理论思辨法

在现有的30多年中国基础教育改革客观现实材料及思想理论材料基础上，运用各种逻辑分析的方式进行加工整理，以理论思维水平的知识形式来反映教育改革的逻辑。理论思辨坚持历史的与逻辑的统一。教育改革背后的逻辑并不是可触摸的事实，无法通过客观观察、实证调查获得，因此必须经过理性的思辨，方能洞悉之。

（2）文本分析法

分析政策文本，揭示文本背后的思想观念、思维方式、价值取向。中国大规模的基础教育改革，一般都需要政府层面认同并颁布相关改革文件或政策。因此分析这些政策文本可以发现很多问题，比如改革者为什么要发起某项教育改革，改革者认为要改革哪些内容，改革应该如何进行，依据什么原则进行，如何给改革提供保障，等等。

（3）访谈法

访谈改革当事者、亲历者，尤其是一些参与决策的专家、官员，将为我们提供更鲜活、具体的资料。30多年中国基础教育改革的历史并不算长，很多改革的亲历者，都有深刻的体会与感受，他们是如何看待教育改革相关问题的，改革背后实际遵循的逻辑是什么，这些需要通过对他们的访谈来获得。

2. 研究思路

本研究的思路是：将中国30多年基础教育改革的进程作为一个整体，根据教育改革的内涵，或者要回答的几个基本问题，确立对其研究分析的框架（见下图）。

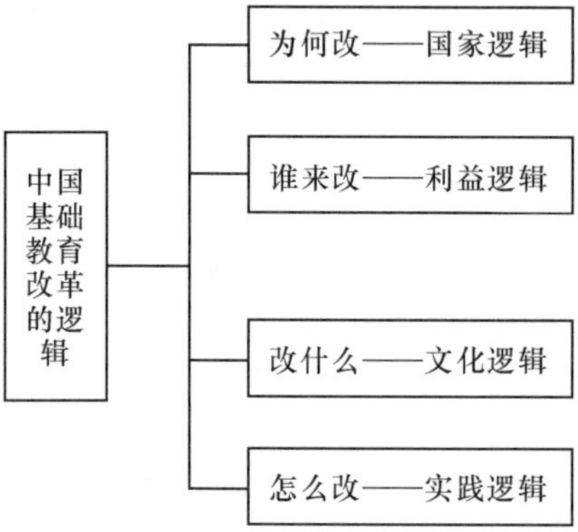

"中国基础教育改革的逻辑"理论分析框架图

具体而言，该框架根据教育改革要回答的四个基本问题——为何改、谁来改、改什么、怎么改，揭示中国基础教育改革背后的四种逻辑："国家"逻辑、"利益"逻辑、"文化"逻辑以及"实践"逻辑。在此理论分析框架的基础上，我们对30多年中国基础教育改革予以全景式的透视。

虽然世界各国基础教育改革都可能存在上述逻辑，但在具体的内容上差异很大。这实际上说明中国基础教育改革既有与其他国家相同或相通之处，更有自己独特的运行发展规律和规则。比如"利益"逻辑，中国基础教育改革中的利益团体类型和内部构成不同于西方；比如"实践"逻辑，中国基础教育改革实施过程中也有很多与西方不一样的手段、措施和问题；再比如"国家"逻辑，中国基础教育改革中的国家利益内涵也与西方有所不同，通过教育改革实现国家利益的途径、方式也是有差异的。基于各自问题的不同，本文在反思中国基础教育改革实际运行逻辑存在问题的同时，提出了几条有针对性的、促进中国基础教育改革走向深入的路径。

这四种"逻辑"其实并不是截然分开的，在具体的教育改革中，还时常纠缠在一起。比如教育改革的"实践"逻辑中，就会涉及改革参与者的"利益"问题，还会涉及改革参与者的"文化"价值观、行动方式问题；教育改革的"国家"逻辑中，也会涉及改革参与者的"利益"逻辑。因为教育改革是人们变革教育、改善教育以使其适应自身需要的社会实践活动，人们的主体需要、价值观、行动方式作为一个综合体会全面影响教育改革这种实践活动。

第一章　为什么要改革

——教育改革的“国家”逻辑

什么是国家？国家是由人口、领土、政府、主权所构成的社会共同体。马克思主义认为，国家的本质是阶级统治，国家是实施阶级统治的政治组织，是为统治阶级服务的，是阶级统治的工具。在阶级冲突中，并不是作为真正的“中立人”“仲裁者”，不是真正代表整个社会的公共利益，而是维护统治阶级利益的。马克思主义十分强调国家的阶级本质。[①] 阿普尔等则从功能的角度将国家简单地定义为“一个由机构和组织构成的独特的整体，它的公认的社会功能是，以大众利益或共同意志的名义界定并执行应当遵守的集体决定”[②]。作为国家，它需要处理内部和外部两方面的事务，以维护其利益。从内部来说，统治阶级需要维护和巩固自己的统治，防止政权丧失，保持国内稳定；从外部来说，统治阶级需要保证国家的领土和主权完整，不受他国侵犯，维护国家和国民的尊严。教育虽然是国家的内部事务，但是由于它与经济、政治乃至军事的紧密关系，经常成为国家之间实力消长、进而影响国家利益的工具，因此备受世界各国政府的关注。

20 世纪的世界教育发展史，也可以说是一部世界教育改革发展史。改革是教育发展的主旋律，教育就是在不断的改革中发展的。教育改革之所以进行，各国之所以发动教育改革，其实都受着一种逻辑的支配，这就是“国家”逻辑。我们为什么要进行教育改革？因为教育在总体上或一些具体方面不能发挥它应有的作用，其应有的职能没有发挥或发挥得不好。其应有的职能是什么呢？那就是为国家发展，为经济社会发展，为学生发展服务。之所以要改革现行教育，因为它已不能满足“发展”的需要——使国家发展，使经济、社会持续发展，使人（学生）不断发展。而在这几种发展中，“国家”的发展始终处于优先地位，它统领着社会的发展和人的发展。只不过不同

---

① 陈振明：《政治学——概念、理论和方法》，中国社会科学出版社，2004 年，第 91～96 页。国家的本质决定了国家的基本职能。国家的基本职能划分为政治统治职能和社会管理职能。政治统治职能是国家运用暴力、法制等强制力量，控制被统治阶级，镇压被统治阶级的反抗的职能。社会管理职能就是对社会的经济、科学文化教育、公共福利事业的管理的职能。国家的政治统治职能和社会管理职能是相互依存、密不可分的。国家自从产生时就具有这两种基本职能。

② 〔美〕W. 阿普尔等：《国家与知识政治》，黄忠敬等译，华东师范大学出版社，2007 年，第3 页。

时期、不同国家的“国家”发展的内涵不同，因此它们要求的社会发展和人的发展也会出现相应不同。综上，教育改革的“国家”逻辑就是指，教育改革一般由政府自上而下发动，被当成国家的一项大事，以优先满足国家的发展需要为目的，遵循国家富强或强大、民族振兴或复兴的原则。这里的“国家”既与个人相对，也与其他国家、国际社会相对。

考察教育改革的发动是否遵循“国家”逻辑，最好的途径就是国家所颁布或认定的教育改革的政策、文件或报告。教育改革的政策文件，是各国教育改革的行动纲领，很多国家也正是在此指导下发动和实施教育改革。一些国家民间组织或团体发布的重要的教育改革报告，也需要得到国家层面的认同，才能成为官方的正式政策文件，成为发动新一轮教育改革的行动指南和纲领。这里我们选取日本和美国作为中国的参照对象，分析这些政策文本的内容，以及相应的教育改革实践，以阐明教育改革的“国家”逻辑。

一、中国教育改革的“国家”逻辑

改革开放以来，我国基础教育蓬勃发展，伴随着一系列重大教育方针政策的制定和颁布实施，教育改革不断深化。我们选择几个具有阶段特征，且带有全局意义的教育改革政策文件，从其话语表述中分析“国家”逻辑。这几个文件分别是1985年的《中共中央关于教育体制改革的决定》、1993年的《中国教育改革和发展纲要》、1998年的《面向二十一世纪教育振兴行动计划》、1999年的《中共中央国务院关于深化教育改革全面推进素质教育的决定》、2010年的《国家中长期教育改革和发展规划纲要(2010—2020年)》。

1. 1985年的《中共中央关于教育体制改革的决定》(以下简称《决定》)

《决定》简要回顾了自新中国成立以来我国教育所取得的巨大成就，同时也指出了经过“文化大革命”摧残的中国“教育事业遭到严重破坏，广大教育工作者遭受严重摧残，耽误了整整一代青少年的成长，并且使我国教育事业同世界发达国家之间在许多方面本来已经缩小的差距又拉大起来”。“教育工作不适应社会主义现代化建设需要的局面还没有根本扭转。特别是面对着我国对外开放、对内搞活，经济体制改革全面展开的形势，面对着世界范围的新技术革命正在兴起的形势，我国教育事业的落后和教育体制的弊端就更加突出了。”教育体制的改革问题被明确提了出来。“教育体制改革的根本目的是提高民族素质，多出人才、出好人才。”什么是人才？什么又是好的人才？《决定》指出：“所有这些人才，都应该有理想、有道德、有文化、有纪律，热爱社会主义祖国和社会主义事业，具有为国家富强和人民富裕而艰苦奋斗的献身精神，都应该不断追求新知，具有实事求是、独立思考、勇于创造的科学精神。”

教育体制改革的国家发展、社会发展和人的发展逻辑都包含在《决定》上述内容中。“同世界发达国家之间的差距”，“面对着世界范围的新技术革命正在兴起的形势”，这些都可以说明，我们的教育（体制）改革是站在国与国竞争的背景下，是为了国家立于“世界民族之林”，而所培养的人才素质中重要一条就是具有“为国家富强”的献身精神。我国1985年的教育体制改革，是在1984年党的十二届三中全会关于经济体制改革的决定颁布之后开始实施的，党中央认识到了知识、教育、人才和经济发展的重要关系，也希望通过教育体制的改革，培养出更多适应国家经济、社会发展的高素质人才。这些高素质人才就是社会主义各行各业的建设者。可见，《决定》始终是将教育体制改革放在社会主义现代化建设、国家富强和人民富裕这一高度来看的，新的教育体制以及新的教育体制培养下的人才，都要为这一目标服务，相对于“文化大革命”把教育作为阶级斗争的工具有巨大的历史进步性。

怎样才能“多出人才、出好人才”？办重点学校。这一理念早在“文化大革命”结束后不久邓小平就已提出。他在1977年5月《尊重知识，尊重人才》的讲话中说：“办教育要两条腿走路，既注意普及，又注意提高。要办重点小学、重点中学、重点大学。要经过严格考试，把最优秀的人集中在重点中学和大学。”①1978年，教育部颁发了《关于办好一批重点中小学试行方案》，希望通过“切实办好一批重点中小学，以提高中小学的质量，总结经验，推动整个中小学教育革命的发展”。1980年，经国务院批准，《关于分期分批办好重点中学的决定》颁布，重点学校政策正式开始实施。重点学校政策的出台实施，以及一批重点学校的产生，实际上并不是出于个体的人的发展的需要，而是我们国家十年“文化大革命”动乱之后的国家社会发展的需要，是党和政府基于特定时期的国际社会背景，对教育所提出的一种迫切的改革要求。

2. 1993年的《中国教育改革和发展纲要》（以下简称《纲要》）

中国共产党第十四次全国代表大会提出：“必须把教育摆在优先发展的战略地位，努力提高全民族的思想道德和科学文化水平，这是实现我国现代化的根本大计。”为了实现党的十四大所确定的战略任务，指导20世纪90年代乃至21世纪初教育的改革和发展，使教育更好地为社会主义现代化建设

① 邓小平：《邓小平同志论教育》，人民教育出版社，1990年，第24页。

服务，《纲要》开始颁布实施。《纲要》陈述了当时教育所存在的问题，认为："我国教育在总体上还比较落后，不能适应加快改革开放和现代化建设的需要。教育的战略地位在实际工作中还没有完全落实；教育投入不足，教师待遇偏低，办学条件较差；教育思想、教学内容和教学方法程度不同地脱离实际；学校思想政治工作还需要进一步加强和改进；教育体制和运行机制不适应日益深化的经济、政治、科技体制改革的需要。"

1993 年，我国正努力建立社会主义市场经济体制，加快改革开放和现代化建设的步伐，需要进一步提高劳动者素质，培养大批人才。这时候教育改革的经济社会发展特征十分明显。不仅如此，党和政府还看到了日益严峻的国际形势，及其对提升民族素质的要求。《纲要》指出："当今世界政治风云变幻，国际竞争日趋激烈，科学技术发展迅速，世界范围的经济竞争、综合国力竞争，实质上是科学技术的竞争和民族素质的竞争。从这个意义上说，谁掌握了面向 21 世纪的教育，谁就能在 21 世纪的国际竞争中处于战略主动地位。为此，必须高瞻远瞩，及早筹划我国教育事业的大计，迎接 21 世纪的挑战。"教育改革与国际竞争直接联系了起来，并且教育成为参与国际竞争的国家综合实力的重要表现。教育改革的"国家"逻辑十分明显。

人的素质不高，有待提升，当然也是国家发动教育改革的重要原因之一，但是人都是作为劳动者，社会主义事业的建设者，其素质的提升是作为整个"民族"素质提升内容的一部分，个体的人在《纲要》中并没有得到凸显。

3. 1998 年的《面向二十一世纪教育振兴行动计划》(以下简称《计划》)

世纪之交，知识经济发展迅速，国家之间从以前的硬实力的竞争逐渐转变为软实力的竞争，而后者主要就是指人才、教育和科技、文化竞争。教育的国家"战略"地位得到前所未有的重视，《计划》应运而生。《计划》是教育部 1998 年 12 月 24 日制定，国务院 1999 年 1 月 13 日批转的纲领性文件。《计划》是在贯彻《中华人民共和国教育法》和《中国教育改革和发展纲要》的基础上提出的跨世纪教育发展和改革的宏伟蓝图。该政策制定的目的是全面落实党的十五大提出的科教兴国战略，全面推进教育的改革和发展，提高全民族的素质和创新能力。

《计划》首先总结了我国教育事业自党的十一届三中全会以来的显著成就："普及九年义务教育和扫除青壮年文盲的工作取得历史性进展；职业教育和成人教育迅速发展；高等教育规模稳步扩大；教育体制和教学改革逐步深化，办学条件和教学质量有了提高；教育法规体系基本框架已初步形成，所有这些为 21 世纪教育事业的振兴奠定了坚实基础。"但是教育依然必须进行改革，因为现行的教育，其发展水平仍然很低，教育结构和体制、教育观念和方法以及人才培养模式等，都还不能适应现代化建设的需要。归根结底，现行教育没有培养也无法培养出所需要的人才。这种人才是什么样的人才？《计划》中提出的“国际领先水平的创造性人才”。缺乏这种人才，已经成为“制约我国创新能力和竞争能力的主要因素之一”。因此，顺应时代要求，改革我们的教育，使我们的教育事业不断发展，就成了“实现社会主义现代化目标和中华民族伟大复兴的客观需要”。

《计划》强调创造性人才的培养，正是基于知识经济时代，知识创新与国家、社会进步之间的密切关系。知识社会的竞争是人才的竞争，是创造性人才的竞争，人的创造性受到极大的重视。中国政府将创造性人才的培养，将教育发展提升为一种国家战略（教育优先发展），换言之，改革教育，振兴教育，很明显是为了充分利用知识经济这一时代发展趋势，实现在21世纪的国家和民族复兴大业。正如有学者指出的，“创造性从一种人文品质演变为一种劳动者素质，从一种传统上认为只有少数人才具有的特质演变为如今人人都应该具备的基本生存和发展技能”①。这样，以人才培养为核心工作的教育改革就与国家兴亡、民族复兴走到了一起。教育改革的“国家”逻辑，借助新时期的人文精神，又进一步加强了。

4. 1999年的《中共中央国务院关于深化教育改革全面推进素质教育的决定》（以下简称《素质教育决定》）

《素质教育决定》继续沿着《纲要》和《计划》的思路，强调在新的时代社会背景下教育的重要战略地位和教育改革与发展的必要性，同时指出现行教育的诸多弊端和不适应之处。“当今世界，科学技术突飞猛进，知识经济已见端倪，国力竞争日趋激烈。教育在综合国力的形成中处于基础地位，国力的强弱越来越取决于劳动者的素质，取决于各类人才的质量和数量，这对于培养和造就我国二十一世纪的一代新人提出了更加迫切的要求。我国正处在建立社会主义市场经济体制和实现现代化建设战略目标的关键时期。”但是，现行的教育，包括“教育观念、教育体制、教育结构、人才培养模式、教育内容和教学方法相对滞后”，影响了青少年的全面发展，不能适应提高国民素质的需要。《素质教育决定》要求全党全社会从“从我国社会主义事业兴旺发达和中华民族伟大复兴的大局出发”，深化教育改革，全面推进素质教育。

---

① 石中英：《30年教育改革的中国经验》，《北京师范大学学报》（社会科学版）2008年第5期。

在人才素质的提升中，相对于《计划》里强调培养人的"创造性"，《素质教育决定》里强调培养人的"创新精神"和"实践能力"这两项素质。实施素质教育，就是要以提高国民素质为根本宗旨，培养学生的创新精神和实践能力为重点，这是时代发展对中国教育提出的要求，也是中国党和政府在审时度势之后，对教育提出的要求。《素质教育决定》可以说是我国在20世纪末进行素质教育改革的纲领性文件。文件的颁布，显示出政府推进、深化教育改革的决心，也显示出素质教育改革的艰难。2001年正式开始实施的我国新课程改革，正是在深化教育改革、全面推进素质教育的基础上，以课程改革为核心的一次深层次的全面的基础教育改革。在《基础教育课程改革纲要》中，我们丝毫不掩饰本次改革的"国家"逻辑：为了中华民族的复兴，为了每位孩子的发展。①

5. 2010年的《国家中长期教育改革和发展规划纲要(2010—2020年)》(以下简称《规划》)

"当今世界正处在大发展大变革大调整时期。世界多极化、经济全球化深入发展，科技进步日新月异，人才竞争日趋激烈。我国正处在改革发展的关键阶段，经济建设、政治建设、文化建设、社会建设以及生态文明建设全面推进，工业化、信息化、城镇化、市场化、国际化深入发展，人口、资源、环境压力日益加大，经济发展方式加快转变，都凸显了提高国民素质、培养创新人才的重要性和紧迫性。中国未来发展、中华民族伟大复兴，关键靠人才，基础在教育。"正是在此时代和国际背景下，在社会各界的广泛关注下，中共中央、国务院印发了《国家中长期教育改革和发展规划纲要(2010—2020年)》。《规划》为我国未来十年的教育改革和发展指出了方向，为未来十年中国教育改革和发展绘制了一份蓝图。

《规划》同样也指陈了现行教育的不足之处，也就在于不能适应"国家经济社会发展和人民群众接受良好教育的要求"。"教育观念相对落后，内容方法比较陈旧，中小学生课业负担过重，素质教育推进困难；学生适应社会和就业创业能力不强，创新型、实用型、复合型人才紧缺；教育体制机制不完善，学校办学活力不足；教育结构和布局不尽合理，城乡、区域教育发展不平衡，贫困地区、民族地区教育发展滞后；教育投入不足，教育优先发展的战略地位尚未得到完全落实。"这就对教育改革提出了要求。

---

① 汉语中语句的先后顺序不是随便安排的，它体现了某种价值优先次序，而带有根本政策性的文本文件则更是如此。因此，纲要文件中将"民族复兴"放在了"孩子发展"的前面，就足以表明课程改革的"国家"逻辑。

值得关注的是，以往一直受到忽视的“社会”发展，《规划》给予了相当的重视。教育改革仍然坚持“国家”发展的逻辑，即中华民族伟大复兴，但是却关注到了“社会发展”这一层面。《规划》指出：“教育是民族振兴、社会进步的基石，是提高国民素质、促进人的全面发展的根本途径，寄托着亿万家庭对美好生活的期盼。强国必先强教。优先发展教育、提高教育现代化水平，对实现全面建设小康社会奋斗目标、建设富强民主文明和谐的社会主义现代化国家具有决定性意义。”长期以来，在我们国家“社会”都是作为“国家”的衍生体、附属物而存在的，社会常常被虚化，国家经常掩盖、代替、消弭社会。家庭作为社会的细胞，作为社会的最重要组成部分，其“对美好生活的期盼”、对高质量教育的需求，受到党和政府的关注和重视，这是很大的进步。再如，《规划》提到促进教育公平问题，认为“教育公平是社会公平的基础”，“教育公平的主要责任在政府，全社会要共同促进教育公平”。这也说明政府已经意识到了教育中的问题及其引起的社会问题，会直接威胁到国家的稳定、繁荣和富强。

在人的发展发面，《规划》指出：“把育人为本作为教育工作的根本要求。人力资源是我国经济社会发展的第一资源，教育是开发人力资源的主要途径。要以学生为主体，以教师为主导，充分发挥学生的主动性，把促进学生健康成长作为学校一切工作的出发点和落脚点。关心每个学生，促进每个学生主动地、生动活泼地发展，尊重教育规律和学生身心发展规律，为每个学生提供适合的教育。努力培养造就数以亿计的高素质劳动者、数以千万计的专门人才和一大批拔尖创新人才。”从中我们可以看出，人的发展是多层次的也是多维的，我们的教育不仅要培养拔尖创新人才，还需要培养更多的专门人才以及高素质劳动者。这样才能实现从人力资源大国到人力资源强国的目标。

为什么要进行教育改革？现行教育没有能够培养出足够多的适应国家发展、社会各行各业发展需要的人才。现行教育也在培养人，但是所培养出来的人才的素质不符合或者跟不上社会进步、国家富强的需要。因此，必须对教育进行改革，不断地改革，以使之适应发展需要。在政策文件中，我们国家十分关心教育，关心教育改革，希望教育不断变革，并且将教育改革放在国家战略的高度来部署。我们的教育改革也正是在党中央和政府的直接领导下进行的，上述几个重要教育改革文件的出台，都是在党的全国代表大会之后，是在党提出今后若干年经济、社会发展目标的基础上，对教育改革的一种跟进要求。我们的教育改革始终是要服务于经济、社会的总体发展和进步，服务于民族国家的复兴和富强。从“兴国”战略到“强国”战略，教育改革的“国家”逻辑进一步加强，但是实质没有变化，都是为了适应国家在不同时期的发展需要。教育改革要培养出符合要求的高素质人才，服务于国家和社会，似乎教育改革的根本出发点就在于国家和社会，而人的发展，作为具有健全人格的人的发展，则是退居其次的。我们教育改革政策文件里的“人”，主要是作为生产劳动者的人，作为建设者的人，即使强调人的全面发展，个性发展，到最后还是要成为社会主义事业的建设者和接班人。教育改革的“国家”逻辑十分牢固。

我国的教育改革，尤其是带有全局意义的教育改革，都是党和政府意志的产物。党和政府在考虑整个国家经济社会发展问题时，总希望通过教育相应的改革和发展，来推动和实现国家整体的发展和进步。上述正式文件的出台之前，一般也都会有党和国家领导人的有关教育谈话、讲话作为先导，或者重要的党和政府会议作为前提。这些领导人考虑教育改革和发展的视角也落在“国家”层面。比如1985年《中共中央关于教育体制改革的决定》颁布之前，邓小平同志就多次强调尊重知识、尊重人才，在当年的全国教育会议上强调还提高人才素质，因此《决定》也把民族素质的提高作为教育体制改革的根本目标予以强调。再比如1999年《素质教育决定》颁布之前，李岚清、柳斌等国家领导人和教育行政主管通过官方媒体传达党和政府有关素质教育改革的意志和决定。李岚清同志1994年《在全国教育工作会议上的总结讲话》中提出的“基础教育必须从‘应试教育’转到素质教育的轨道上来”，并于1996年在《人民日报》上撰写文章中强调“素质教育是提高国民素质和培养跨世纪人才的奠基工程”；柳斌同志1995年至1997年间在《人民教育》上，五论“关于素质教育的思考”。2010年《国家中长期教育改革和发展规划纲要(2010—2020年)》颁布之前，党和国家的领导人或发表重要讲话，或亲自担任改革发展规划小组组长，为中国教育改革和发展政策的出台造势。下面就是当时人民网的一则报道①：

温家宝亲自挂帅力推

对于中国教育目前存在的问题，最高决策层思路清晰，制定《规划》成为头等大事。2008年年底，国务委员刘延东在教育工作会议上表示：“胡锦涛总书记对这项工作非常关心，提出明确要求。温家宝总理十分

---

① 《教育改革规划可能出台温家宝亲自挂帅力推》，http://edu.people.com.cn/GB/8635747.html，2009-01-07。

重视，并亲自担任规划纲要领导小组组长。”

近期，温家宝总理在中央党校的一次讲话中，谈到了对中国教育的认识，总结为四句话：现在的教育发展还不能够完全适应全面建设小康社会的要求；教育质量急待提高；教育投入急待增加；教育体制急待改革。

“这次《规划》的制定，重点就是解决这个‘一个不适应、三个急待’的问题。”一位参与《规划》制定的教育界人士表示。

对于这个新的《规划》，温家宝本人寄予厚望，“这是进入 21 世纪以来我国第一个教育规划，制定一个让人民群众满意，符合中国国情和时代特点的规划，对我国教育事业的发展乃至整个现代化事业具有重大意义”。

2008 年 8 月 29 日，作为国家科技教育领导小组组长的温家宝总理，亲自主持召开了国家科技教育领导小组第一次会议，听取教育部关于制定《规划》工作情况的汇报，审议并原则通过《规划》制定工作方案。

自此，围绕着《规划》的制定，新一轮教育改革在改革开放三十周年之际正式破局。

这些领导人的讲话，为有关教育改革政策的出台确立了政策导向。领导人的讲话，都对教育改革提出了深切希望，也明确指出了教育改革的目标和方向，这些都是放在提高国民素质、增强国家竞争力的“国家”逻辑基础上的。党和国家领导人此时在代表着整个国家，从整个国家的未来发展谈论教育改革，他们个人不是随便讲话或表态，随便谈论教育和教育改革，而是有着明确意向和目的的、有着深远政治含义的讲话。他们讲话的内容，实际上是中央高层会议的决定内容。与其说他们是在谈论教育，发表教育讲话，不如说他们是在谈论政治，发表政治讲话。教育改革成了国家意志、政府行为，自然就得按照“国家”逻辑去运作。

二、日本教育改革的“国家”逻辑

中国教育改革的“国家”逻辑，或许也与我们的邻国日本有关。历史上，日本从一个蕞尔小国，经过短暂的半个世纪时间就一跃而成为资本主义强国，并且在中日甲午战争中一举战胜中国。这迫使无数中国有识之士开始反省，到底是什么使日本迅速崛起？他们发现，教育的变革与发展是非常重要的因素之一。而进一步深究日本教育改革的动因我们就会发现，不仅明治维新时期而且20世纪的两次大的教育改革，遵循的也都是“国家”逻辑。日本教育改革的这一成功经验，使包括中国在内的很多发展中国家不得不向它学习。

19世纪中叶，在内忧外患的双重逼迫下，日本开始了“明治维新”运动。在国内，财政困难使大部分中下级武士对幕府日益不满，幕府的腐败与天灾导致农民与市民的暴动不断。在国外，西方列强正以坚船利炮叩开日本国门。教育改革是明治维新的重要内容。明治政府积极向西方国家学习，学习他们的社会文化及习惯，学习他们的先进科学技术，学习他们的现代教育制度，具体包括以小学为基础，普及国民教育，提高全民整体素质；改进、充实中高等教育；大力发展实业教育；大力兴办师范教育，努力提高教师地位和物质待遇。明治维新日本教育改革有两个目的：一是开化民智，提高社会文明程度；二是富国强兵，提高国家竞争实力。前者其实也是为后者服务的。明治维新的最主要领导人木户孝允，在1868年12月向朝廷提出一份题为《振兴普通教育实乃当务之急》的建议书中说：“国家富强的基础，在于人民的富强，当平民百姓尚未脱离无识贫弱之境地时，王政维新的美名终究也是徒有其名而已，对抗世界富强各国之目的也必然难以达到，因此使平民百姓的知识进步，吸取文明各国之规则，逐步振兴全国学校，广泛普及教育，则是今日的一大紧急任务。”明治维新的另一位主要领导人岩仓具视在1867年也曾向朝廷献计献策，他在《济时之策议》中论述了制度改革，指出新政权应做的事情，其中强调要富国强兵必须发展教育以培养人才，传播爱国思想。[①]普及教育，不只是提高民众知识和见识，而且是为了让日本的国力强盛，在与西方列强的竞争中占据优势，不至于沦为其殖民地。经过教育培养出的大批科技人才、管理人才，为日本的崛起做出了巨大贡献。

不容否认，“国家”逻辑使日本教育改革充当了国家独立和富强的助推器，但是它却走过了头，成为国家侵略和霸权的思想工具，最终危及国家自身的生存和发展。日本的军国主义产生其实就与其教育改革中一味强调对国家、对天皇忠诚、尽职的道德教育思想有很大关系。后来的发展实践也证明，强大后的日本发动了侵略包括中国在内的很多亚洲国家的军事战争。

战争以日本法西斯的失败而结束，日本带有浓厚军国主义色彩的教育必须接受重新的改造和改革。1946年3月5日，美国占领当局派遣教育代表团到日本，与日本有关人员会谈了约一个月以后，于3月31日向盟军统帅

① 贺小飞：《浅析日本明治维新时期的教育改革》，http://wxy.jnu.edu.cn/bks/Get/lishify/shijiefy/Japan/17464746.htm。

麦克阿瑟提出了报告书。报告书对日本教育提出了全面的改革建议。1947年3月，日本政府公布了《教育基本法》。该法案规定日本的教育目的是：“培养完美的人格，尊重个人的价值，培养富有自主精神的国家与社会的建设者”；教育方针是：“努力实现教育目的，尊重学术自由，培养进取精神，互敬合作，为创造和发展文化作出贡献”；此外，还规定了国民享有受教育的平等机会，实行九年制义务教育，男女同校，并对学校教育、社会教育、政治教育、宗教教育、教育行政诸方面作了规定。此次教育改革是在美国的直接领导控制下进行的，以前军国主义的教育体制被改造成为美国式的民主化教育体制。国家富强的教育改革逻辑被彻底削弱了，相比较而言，个人发展（如培养完满人格、尊重个人的价值）和社会文明和进步（如互敬合作，为创造和发展文化做出贡献）的教育改革逻辑在很大程度上加强了。美国政府也充分意识到日本军国主义对自身乃至全世界的危害，因而希望通过教育改革实现日本国民性的重新改造，实现日本社会的民主进步，而不希望教育改革延续过去日本军国主义的传统，教育充当国家侵略的工具。

战后在美国的大力扶持下，日本经济很快发展起来，国民生产总值迅速增加，到了20世纪七八十年代，就已经超过英、法、德三国，成为资本主义世界第二大经济体。在经济崛起的同时，日本的国家独立、自主意识也在不断增强，也开始有了经济发展之外的“想法”。首相中曾根康弘提出“战后政治总决算”的口号，企图纠正战后以来的“重经济、轻军事”的发展路线，追求“国际国家”的目标，谋求在国际上增大发言权。教育改革就是在此背景下被提出来的，带着很强的国家主义色彩。这就是日本的第三次教育改革。本次教育改革的设想来自于1971年“中央教育审议会”（简称“中教审”）的报告，而开始于20世纪80年代。1983年，当时的日本首相中曾根康弘发表了进行教育改革的“七点设想”。第二年，在内阁设立了“临时教育审议会”（简称“临教审”），负责制定教育改革的全部计划，从此第三次教育改革被正式提上了议事日程。本次教育改革的发起，除了与日本政府意欲成为“政治大国”有关之外，教育自身也确实存在严重问题，如学校教育偏重学历和应试，忽视学生个性和创造性的培养；偏重知识和技术的传授，而忽视学生心灵的陶冶和教育；教育制度强行划一，缺少灵活性，等等。“临教审”经过3年的调查审议，共提出四次审议报告。1985年“临教审”的报告，将教育改革的基本思想规定为“继承日本的传统文化，以日本人的觉悟为国际社会作贡献”。另外，与日本政府推行的各项政策相适应，提出21世纪教育的三个目标：(1)培养具有宽阔的胸怀、强健的体魄、丰富的创造力的人才；(2)培养具有自主、自立的公共精神的人才；(3)培养在国际事务中能干的人才。这三项目标其实代表了教育所要培养出来的人的几个不同层面素质，也对应着教育改革发展逻辑的三个方面。(1)代表个人的发展，个人要有创造性和个性；(2)代表社会的发展，培养出来的人才具有能够参与社会、治理社会的"公共精神"；(3)代表国家的发展，培养出来的人才要能在国际事务中发挥作用，维护和争取日本的国际地位，为日本走向国际政治大国发挥作用。

总的来说，20世纪80年代的教育改革动作不大，也没见到什么明显成效。教育改革付诸具体实施，并且使之具有了新的内涵，则是到了90年代以后的事。90年代，冷战结束，日本所处的国际国内形势发生了巨大的变化，日本政府又不得不重新审视自己的教育。世纪末的国际竞争，越来越表现为以科技和人才为核心的综合国力的竞争，而此时的日本经济却已陷入长期萧条，在高科技领域的国际竞争力与美国相比也处于下风。知识创新、科技创新和教育创新成为时代发展的潮流。很明显，日本过去形成的只热衷于技术开发而轻视基础科学研究，只追求高效率大批量生产而忽视产品的个性化，只重视忠诚和合作精神而忽视独创性的经营战略与观念，已经不能适应时代的需要。因此，日本的学校教育必须适应信息化、多样化和个性化社会的新要求，从过去的标准化、大批量生产的人才培养模式中解脱出来，在人才培养模式和培养观念上创新。总的来说，日本90年代的教育改革是沿着个性化、多样化、国际化、信息化的方向推进的，这些也都是为了日本能够继续保持它在经济上的持续优势，也是为了能够与美国等大国竞争，成为能参与国际事务且发挥作用的大国。可见，20世纪八九十年代的日本教育改革，虽也考虑人的个性化发展，但是也仍是在"人才"的意义上的个性发展，是在"国家"逻辑支配下的个性发展。

三、美国教育改革的"国家"逻辑

为什么要进行教育改革？在这个问题上，一般遵循的逻辑无非是国家发展或强大、社会文明和进步、人的素质发展和提升，但是这几种逻辑之间在具体操作执行时还是有主次、先后之分的。在仍以民族国家为基本单位的全球化时代，各个国家在推行教育改革时依然以民族复兴或国家富强，或者保持富强为首要逻辑。即使在十分强调个人主义，且已经十分强大的美国身上，这一点依然十分明显。

战后的美国教育是在"危机"中不断改革和发展的，即使这种危机有时并不像他们所认为的那样严重。这种危机主要就是一种民主国家的危机。其实早在20世纪30年代，反对进步主义的思潮，比如要素主义，他们主张教育改革的重要动因也可以说是"借口"，即进步主义教育使美国无法抵御德国法西斯对自由世界的威胁。美国正是这样的自由世界，为了维护她，也使自己的人民免于被奴役的命运，必须改革进步主义的教育。为保护自己的国家，发展更高质量的教育，教育改革也就理所当然了。

第二次世界大战后进步主义教育虽已成颓势，但仍在美国基础教育一定范围内中流行。然而，随着1957年苏联第一颗人造卫星的上天，新一轮的教育改革运动又开始了。1958年9月2日，美国总统艾森豪威尔亲自批准了《国防教育法》，拨出大笔经费用于改善美国中小学数学和科学领域的教学，以改善日益下降的公立学校教学质量。其主要内容有：加强普通学校的自然科学、数学和现代外语的教学；坚持职业技术教育；强调"天才教育"；增拨大量教育经费作为对各级学校的财政援助；等等。《国防教育法》是这样阐述教育改革与国家安全、发展之间的关系的："国家的安全需要最充分地开发全国男女青年的脑力资源和技术技能。目前的紧急情况要求提供更多的且更适当的教育机会。""美国的国防有赖于掌握由复杂的科学原理发展起来的现代技术，也有赖于发现和发展新原理、新技术和新知识。"艾森豪威尔总统又于1959年指派教育人员赴苏联考察，返国后提出报告，承认美国教育失败，应向苏联学习。① 美国政府看到了教育、科学教育以及高质量的教育对美国国家发展的重要意义，因此在教育改革中十分强调学生掌握新的科学、技术或原理。没有了德国法西斯对国家的威胁，美国又发现了苏联对自身的威胁，而为了使美国在与苏联共产主义的竞争中处于上风，为了维护自己的政治、经济和军事霸主地位，教育改革势在必行。教育改革"保卫国家""强大国家"的逻辑很明显，成为美国20世纪五六十年代乃至以后教育改革的主要基调。

美国教育改革的"国家发展"逻辑一直在延续着，到了20世纪七八十年代不但没有因为苏联的衰落而消失或减弱。美国又发现（或者说寻找到）了其他国家兴起的威胁。进入七八十年代之后，德国和日本从战后恢复过来，其经济实力迅速增长。日本成为仅次于美国的世界第二经济大国，其汽车、电子产品等已超过美国。德国在机械制造，韩国在炼钢方面也走在了美国前面。可以说，美国的企业界和科学界都遇到了前所未有的国际挑战，这也震撼了美国社会。当时许多未来学者提出新的理论，即今后不再是体力劳动者为主的社会，将变为以脑力劳动者为主的时期了；而且生产不再依靠一

① 滕大春：《战后美国的教育改革》，《比较教育研究》1995年第6期。

般投资，要靠智力投资来决定国家命运了。[①] 国家之间的竞争更加依赖于科学技术和知识，依赖于掌握这些知识和技术的人才，教育作为培养人才的部门，其改革就成为必然的了。

美国高等教育质量委员会于 1983 年 4 月发布教育报告书——《国家处于危机之中：教育改革势在必行》。该委员会以十八个月之久进行调查提出的报告说："我们的国家处于险境。我国一度在商业、工业、科学和技术上的创造发明无异议地处于领先地位，现在正在被世界各国的竞争者赶上。"它将教育在国民经济、社会生活和培养国民素质的作用与美国在国际社会中的地位高低甚至是国家的兴衰存亡联系在了一起。报告还指出："当我们完全有理由为我们的大中小学在过去历史上取得的成就和为美国及其人民的福利作出的贡献而感到骄傲的同时，我国社会的教育基础目前受到日益增长的庸庸碌碌的潮流的腐蚀，它威胁着整个国家和人民的未来。""如果不友好的列强试图把目前存在的平庸的教育成绩强加于我们，我们可以把它视为一种战争的行动。"面对其他兴起的国家对美国"强国"的挑战，美国人感受到了很大的威胁，但是，与其说 20 世纪 80 年代美国的教育改革是为了让美国继续保持其"第一强国"的地位，倒不如说为了不让其他国家赶上。报告提出了教育改革的主要内容：加强中学五门"新基础课"的教学，中学必须开设数学、英语、自然科学、社会科学、计算机课程；提高教育标准和要求；改进教师的专业训练标准、地位和待遇；各级政府加强对教育改革的领导和实施。

美国的一些精英人士也看到了自己国家教育改革的这种"国家"逻辑，表现在"国家目标""国家标准""国家评价"等"国家化"的教育政策倾向上。曾任纽约州立大学校长、美国联邦教育署长和卡内基教学促进基金会主席的欧内斯特·L.博耶就曾深刻指出："当前，有一个十分引人注目的现象，即我国的教育政策已经倾向于'国家化'。300 年来，地方管理学校一直是我国神圣不可侵犯的头等大事，近至在我担任美国教育署长的 70 年代，'国家'与'教育'这两个字眼也绝对不能连用。在那些日子里，如果我要说出'国家标准'，哪怕是窃窃私语，也准叫我没有藏身之地。"[②]博耶认为美国一直到 20 世纪 80 年代才开始注重教育改革的"国家"逻辑，在笔者看来是不准确的，其实第二次世界大战以后随着民族国家的独立和崛起，美国的教育改革就开始日益关注"国家"，将"教育"和"教育改革"与"国家"连用。这种国家逻辑

---

① 滕大春：《战后美国的教育改革》，《比较教育研究》1995 年第 6 期。

② 〔美〕欧内斯特·L.博耶：《关于美国教育改革的演讲》，涂艳国、方彤译，教育科学出版社，2002 年，第 46 页。

是个越来越明显的过程，以前可能主要是政党或者精英群体，现在有更多的个人和群体在遵循这种逻辑去实施教育改革。

“国家”处于“危机”之中，这样的教育改革话语中所蕴含的“国家”逻辑更是显而易见。教育改革不仅与“强国”“富国”，也不仅与“保持国家强大”联系起来，而且与“国家兴衰存亡”联系起来，美国教育改革的决心真可谓大也。这实际上是美国人从反面来强调教育改革的“国家逻辑”。① 教育改革的迫切性在此“危机”话语中凸显。以本报告出台为标志的此次教育改革，与1958年的教育改革相比，声势和规模更大。别国的发展或强大威胁到了美国的霸权或霸主地位，被视为威胁到了美国的国家利益，然而美国的国家利益却又不仅仅是国家层面的整体利益，发起者、倡导者还将其与国民的个体利益联系了起来，因此美国的教育改革与每个美国人的切身利益关系就被彰显了出来。1958年的教育改革，其发起的重要原因，也可以说是倡导者用以发动人民支持教育改革的借口，是苏联的强大威胁到了美国人的自由民主的生活，也影响到美国人的自由民主价值观念。个人的价值观及其所处的社会自由制度，成为教育改革“国家”逻辑加以借助的工具。这种情况在1983年及以后的教育改革中也有明显体现。有学者就研究指出，美国从1983年的《国家在危机中》报告以后，“教育强国”这一国家利益似乎成为推动美国教改的主要动力，但美国共识的“强国”理念却并不仅仅是指提高科技水平和生产知识，以及培养更有生产力的劳动力。“强国”也包括确保能真正造福全社会的民主制度和民主文化。强大的国家并不会自动造福人民，没有民主的价值，一味追求强国，甚至可能导致专制。对于一个民主国家来说，维护民主乃是最大的国家利益。② 可见，美国的国家利益有着更为丰富的内涵，它能够将国家利益转化为一些个体能够切身感受到的东西，用以发动教育改革。

---

① 教育上的危机意识，实际是美国这个民族危机意识的具体表现。美国人自己具有忧患意识、危机意识，经常唱衰自己。“据不完全统计，自二战结束后美国登上权力之巅以来，至少有8次美国衰落论的讨论，朝鲜战争、苏联发射卫星、越南战争……每次美国人自感处于弱势便‘危机四伏’，其实这是一种深刻的危机意识，而且深植于美国的基因中。独立战争结束之后建立了新的共和国，但是包括华盛顿在内的开国元勋都不知道这个共和国什么时候会关门，他那脍炙人口的《告别演说》处处‘唱衰美国’，但正是如此，美国才从大西洋岸边的小邦成长为世界霸主。”“每次唱衰美国的辩论，都是美国国内一场关于国家命运与道路的全民大讨论，各种观点纷至沓来，正是在争吵之中，美国领导人变得更聪明了，制定更加适宜的战略。唱衰自己，否定自己，才能得到一个更强大的自己，这也许就是美国一次次被唱衰，却可以保持强大的秘密所在。”见孙兴杰：《美国人通过“唱衰美国”强大自己》，《青年参考》，2012年2月22日。

② 徐贲：《美国教育改革中的国家利益和核心价值》，http://blog.sina.com.cn/s/blog_4cacf1f30100kizb.html。

进入20世纪90年代以后，东欧剧变、苏联解体，冷战结束，但却更强化了美国要保持自己"世界第一"霸主地位的意愿。美国联邦政府的教育权力更大，它继续遵循"国家"逻辑，沿用80年代的"国家危机"话语，发动教育改革，或者反思教育改革。教育的高质量关系国家的发展和在国际社会中的竞争地位。美国低质量的教育传统历来已久。美国的教育权在州政府，各州有自己的教育制度和课程，甚至各个学校都有一套自己的制度和课程。这导致美国教育质量的参差不齐，到了90年代这个问题更加突出。美国政府力图从统一教育目标上着手改善教育质量，强调制定教育的国家标准。1991年和1993年布什政府和克林顿政府分别公布了指导整个美国教育改革的纲领性文件《美国2000年：教育战略》和《2000年目标：美国教育法》，这两份文件吹响了美国教育标准国家统一化的号角。这一切改革法案或措施的出台，都是为了使美国的教育质量能有一个大的提升，使美国教育培养出来的人才具有适应国家未来发展，继续占据"霸主"地位的素质。

美国政府发起教育改革的"国家"（危机）逻辑，也传染给了很多民间团体、社会组织或机构，这或许与他们自身也切实参与了美国教育改革的政策、法律文件的制定有关。这些民间团体、社会组织或机构对教育改革也十分关心，对其投注了很多热情，经常反思1983年教育改革报告执行情况。1998年，也就是在报告颁布15周年之际，美国著名的"文化遗产基金会"（The Heritage Foundation）、"授权美国行动组织"（Empower America）、"教育改革中心"（Center for Education Reform）以及"托马斯·福特汉姆基金会"（Thomas B. Fordham Foundation）共同组织了一次大会。大会讨论了1983年报告15年后美国的教育发展状况。会后37位权威人士共同签字发表了《国家仍处于危机之中》的报告。报告详细列举了国家仍处于危机中的"事实"，同时指出，高质量教育委员会虽然发出了改革的号召，但是没有提供具体可行的方案，也低估了反对势力的作用，因而改革没有取得根本性的进展。平庸主义浪潮仍极大地危害着美国教育的明天。[①] 2003年，在1983年报告发布20年之际，由来自不同学科领域的著名人士组成的克莱特基础教育工作小组（Koret Task Force on K-12 Education）也发表了一则名为《我们的学校与我们的未来：我们仍然处于危机中吗？》的研究报告。报告也认为1983年报告所揭示的问题是存在的，人们虽开始重视起来，但是高质量教育委员会的许多建议并没有转化为实质性的行动，而已付诸行动的改革也

① 姚丽霞、洪明：《美国真的处于危险中吗——20世纪80年代以来美国教育改革主旨探析》，《福建师范大学学报》（哲学社会科学版）2006年第1期。

没有真正遵循高质量教育委员会的建议进行。因此，“我们”的国家仍处于危急之中。

综观战后美国基础教育，其教育的低质量一直是令美国政府和人民头疼的事。低质量的教育（主要是基础教育）特别表现在本国学生与其他国家（既包括苏联，又包括亚洲国家，还包括欧美很多资本主义国家）同年龄段学生相比，数学、科学、阅读等方面学业成绩均处于下游，甚至好多指标处于倒数、末位。这使美国人感到担忧，害怕这样的学生将来竞争不过其他国家的学生，进而影响到未来国际社会的竞争。然而，美国的基础教育质量真是那么差吗？真差到了影响国家未来安全的地步了吗？在笔者看来，“国家处于危急之中”可能只是教育改革发起的一种策略，夸大问题的存在，以便引起人们的重视。它充分利用了人们对自己国家的感情，也利用了人们对自身既得利益的关心，由“国家危机”进而引出“教育危机”，引出教育改革的必要性。“国家危机”是政府或一部分人想象、制造出来的，“教育危机”是此危机的自然衍生结果，因而也很大程度是想象、制造出来的。在美国高校和教育部门担任要职的美国学者杰拉尔德·布莱斯（Gerald Bracey）就曾指出高质量教育委员会的1983年报告所陈述的“事实”虽然是客观的，但它们一开始就是按照教育部的“危机”意图去加以筛选，而其他的资料则被放弃了。[①] 内尔·诺丁斯在其著作《当学校改革走入误区》中也曾指出：“我们应该质疑评论家们把经济和科技衰退与学校教育的失败联系起来的论调。这种关联完全不明，持关联说的人必须要提供证据来证明两者之间可能有联系。”[②]换言之，没有足够的证据表明美国教育改革和经济社会发展成败之间的必然关系。

美国基础教育改革的“国家”（危机）逻辑，还有可能是政府转移民众视线的一种策略。当国家经济乃至整个综合实力在与别的国家相比处于下风时，或者国家在国际竞争中失利时，政府往往感受到来自各方的很大压力。社会民众、专业团体也会表达大量对政府的不满，强烈要求政府进行有关改革。较之于经济、政治、社会等其他部门，教育在国家中是处于弱势的部门，因此教育改革就成为政府进行改革的优先选择乃至替代品，其他部门的改革也就很快不了了之。因为各行各业的不景气、不顺利，都跟人有关，而与人有关的事业则是教育了。因此找到教育这棵“救命稻草”一般总不会错。当代美国著名教育社会学家阿普尔在其《文化政治与教育》一书中，就曾提

---

① 姚丽霞、洪明：《美国真的处于危险中吗——20世纪80年代以来美国教育改革主旨探析》，《福建师范大学学报》（哲学社会科学版）2006年第1期。

② 〔美〕内尔·诺丁斯：《当学校改革走入误区》，侯晶晶译，教育科学出版社，2013年，第4页。

出一个问题:“人们为什么要夸大教育改革在解决失业和不充分就业问题上的重要性?”一个重要的原因是,“为了维护政府对合法性的需要”。“它必须向外界显示出,它一直以来都在为解决这些问题而努力。对教育进行改革不但会得到广泛的接受,而且相对来说风险小且又关键。‘教育改革的成败在短期内不会很明显’。”[①]在国际竞争中的失利或不利,最后都归结到教育没有培养出所需要的人。表面上,政府十分重视教育,将教育改革与国家的危机或“生死存亡”联系在一起,实际上,政府对社会经济发展和提供就业机会等问题上的失误、不作为被忽视了,民众的注意力被转移到相对容易的教育改革上来,而且,教育改革的成效不明显,也不会在短期内显现。政府抓教育改革,意在向民众表明,它一直在努力解决根本的人才问题。内尔·诺丁斯曾指出,美国政府部门的决策者之所以会那么关心教育和教育改革,比如颁布《不让一个孩子落后》的法案,“极度强调学校教育和学业成绩,可能是某种烟幕弹——这种努力听上去很美,但实际上是要对有投票权的大众遮其耳目,使之不会注意真正紧迫的社会问题”[②]。

所以我们要寻找各国教育改革的真正动因,不能为其假象所迷惑,特别是在向美国学习教育改革经验的中国,更要重新审视自己教育的真正问题,探索自己的教育改革之路。

四、教育改革“国家”逻辑的依据

为什么中国、日本、美国等诸多国家在发动教育改革时都会不约而同地选择遵循“国家”逻辑而不是其他什么逻辑,如“社会”逻辑、“个体”逻辑?在笔者看来,看似主观的选择过程,其实是受客观条件限制的,而且这种逻辑也受到长期形成的观念影响。

1. 民族国家的存在

民族国家是指近代以来通过资产阶级革命或民族独立运动建立起来的,以一个或几个民族为国民主体建立起来的国家。民族国家是一个独立自主的政治实体,是20世纪主导的现代性民族自决和自治概念及实践。一个民族构成政府体制,或者由数个民族经同一共享的政府体制构成的国族,

---

① 〔美〕迈克尔 W. 阿普尔:《文化政治与教育》,阎光才等译,教育科学出版社,2005年,第98页。

② 〔美〕内尔·诺丁斯:《当学校改革走入误区》,侯晶晶译,教育科学出版社,2013年,第9页。

都是民族国家的可能结合型式。[①] 近代以来，荷兰、英国、法国、德国、美国等相继经过革命成为民族国家。民族国家产生以前也存在国家，但那只是王朝国家。民族国家视自己的疆域领土为神圣不可分割的，民族国家虽然也可能使用自然边界如河流、山川作为边界，但是基本上其边界定义为其民族所居住的地区。之前可能有多个民族加入组成民族国家，这些民族不能随便脱离民族国家，除非经过整个民族国家同意，否则就将被视为非法分裂国家。民族国家在经济、社会和文化生活中积极团结各民族。民族国家通过国家政策制造统一的民族文化、民族语言，意在维护或增强民族国家的同一性、归属感。为实现这一目标，民族国家经常采用的方法就是建立统一的学校教育，在教育中往往渗透宣传性和说教的内容。这种增强民族国家凝聚力的方法，至今依然被广泛采用，尤其是民族国家处于“危机”时期。

进入 20 世纪，各国之间的联系、联合日益加强，诸多国际性组织、机构或跨国集团相继产生，但是这也并没有从根本上动摇国家作为基本单位的事实。国家之间的竞争更加激烈，甚至发生过两次世界性的大战，这些竞争、战争实质都是为了各自民族国家更大的疆土，更广阔的市场，更丰富的资源、能源等。进入 20 世纪末 21 世纪初，国际竞争的实质没有大的改变，只不过以前国与国之间的竞争主要在经济、军事领域，现在逐渐转变到科技、文化和教育等领域。民族国家这种型式依然顽强地存在着，其作用并没有因为全球化导致的国与国之间关系密切而削弱。

首先，从国内事务管理上看，民族国家依然是最基本的政治单元。20 世纪末 21 世纪初的全球化趋势日益盛行，很多国家特别是发达国家全球化的呼声很高，他们希望乃至要求建立全球化的制度框架来约束各个民族国家之间的发展和往来。当代人类社会的结构与功能正发生着历史性变迁，社会结构越来越复杂，功能也趋于多样化，国家的一部分职能正逐渐或已经让渡给区域性组织乃至跨国组织，但这一变迁并未从根本上改变国家是国际社会的基本单元这一事实。国家仍担负着管理、保障人们社会生活的基本职能，在关键时刻还需要国家来协调各方利益冲突，保证国家机器良好运转。“作为最基本的政治单元，当代国家仍然是社会资源与价值的主要分配者，是社会生产与生活的主要管理者，是社会秩序的主要保障者。国家依据法律和各项制度，通过自身的机构去组织社会生产与再生产，保障社会秩序，提高社会福利，推动社会进步。虽然从微观上看，非国有企业、社团、社区自治组织等发挥着重要的社会管理与整合作用；从宏观上讲，跨国公司、

---

① http://baike.baidu.com/view/492668.htm。

国际组织等日益广泛地介入到一国之内的社会生活，但国家的基础作用并未丧失，其轴心地位仍是显而易见的。”[①]比民族国家更小的政治单元，则是省市、地方政府，但是他们只能处理地方局部事务，无法处理那些带有全局性的涉及国计民生的事务，如整个国家经济的调控、政治体制的变革、教育管理体制的变革等。20世纪的世界发展史也表明，即使那些分权制的国家，也在加强中央政府对整个国家经济、社会的管理和调控。比较典型的就是对市场的干预和调控。市场并非万能，市场经常容易出问题，市场机制并非完全和谐，仅靠“看不见的手”的作用，经济经常陷入困顿、停滞甚至危机。这时候国家(其代表执行机构是政府)就要加强宏观调控，适当干预，弥补市场运行机制的局限与缺陷。实践也证明，国家干预是经济发展的有效手段，很多国家都在使用。可见，国家在各民族国家经济、社会发展中发挥着巨大的不可替代的作用，是其他组织无法比拟和取代的。

其次，从国际事务管理上看，国家依然是国际关系的主角和最基本的行为体。[②] 当今世界，国与国之间的联系越来越密切，国际组织也越来越多，其交往越来越频繁，发挥的作用也越来越大。但是不容否认的是，主权国家仍然是国际关系中最基本的行为主体，主导着国际事务的处理。国家是利益的主体，各国家之所以参与各类国际组织，遵循相应的法律或规则，国家利益是其基本动因。如果没有利益，或者利益损失，那么国家就可能选择退出某个国际组织。有些国家倡导并建立新的国际组织，或参与建立国际组织，或掌控国际组织，也是希望这个组织能根据自己的利益需要去发展同各个民族国家之间的关系，进而为自己国家谋取利益。民族国家之间的关系实际上都是建立在利益的基础上，国家之间会据此制定对外战略和政策，国与国之间的亲疏远近乃至对立关系也由此形成。没有永远的朋友，也没有永远的敌人，只有永远的国家利益。尽管人类共同利益在国际关系中的分量愈来愈重，但围绕国家利益的冲突、对话与合作，仍具有更基础的意义。很多国际组织在讨论有关全球共同利益，如环境、资源等问题时，首先考虑的仍然是各自代表的国家利益，而且也会因此而互相争论、争吵，就是很好的证明。因此，追求、维护自己的国家利益就成为各国对外战略的基本目标之一。当今世界的不少国际组织，名义上是国际组织，实际上已经为个别国家所操控，沦为个别国家谋取国家利益的工具。这样的国际组织其主角仍然是民族国家。国家还是国际关系中最基本的行为主体，在国际组织中活动，

① 蔡拓：《全球主义与国家主义》，《中国社会科学》2000年第3期。

② 蔡拓：《全球主义与国家主义》，《中国社会科学》2000年第3期。

或者履行国际法律、承担相应责任和义务时，它是独立的行为主体。国际组织若没有参与国家的主体行为，即得不到参与国家的实质性支持，那么这种组织也是很难运作的。世界上虽然有很多国际组织，但即使像联合国、WTO这样权力很大的国际组织，都没有凌驾于民族国家之上的行政权力，无法直接命令民族国家执行他们的决议或要求。所以说，当今世界民族国家依然是国际关系的主角和实际行为主体，国家在当代人类社会中的作用远未终结。正如保罗·肯尼迪所言："即使国家的自治和作用由于超国家的趋势而减弱，也没有出现一种足够的东西来替代它，并成为答复全球变化的关键单位。"①因此，至少就目前及今后相当长一段时期而言，国家这一行为主体和政治单元仍是不可或缺的。

2. 教育相对于国家之附属地位

自近代民族国家产生以来，教育就一直担当着为国家服务的重任。教育必须依据国家的经济发展阶段和国家的性质，完成两个主要任务：培养国家经济和科学技术发展所必需的人才；传播一套符合国家和社会稳定、政权稳定所必需的信念与文化意识形态。②

教育为国家服务，首先是通过其所培养的人才。国家内部包括多个职能部门，如政府管理部门、生产部门、军事部门、科技部门等。教育就要培养政府和社会管理人才，培养掌握劳动生产技术和技能的生产者，培养军事人才，培养科技人才等。教育为这些部门培养人才，并不是一个完全自足的活动过程，而是深受这些部门的影响和制约。国家对教育的影响和渗透，会通过制定相关法律政策，规定教育的培养目标，培养内容，也会通过对教师资格的认证，还会通过教育经费的拨付，来影响和限制教育的运行。③ 国家将教育和国家意识形态联系起来，教育被视作传播国家意识形态的工具之一。尤其表现在思想道德教育和政治教育中，学生必须养成忠诚于国家和民族的品德，为这个国家献身的精神。在极端情况下，教育中还必须渗透对另一个或其他民族国家的仇恨，掀起一种复仇情绪。国家希望通过教育培养高质量的后代，成为真正的"建设者"和"接班人"。虽然并不是所有国家都采用"建设者""接班人"这样的术语，但是意图都是相似的，即前人所创下的基

---

① 〔英〕保罗·肯尼迪：《为21世纪做准备》，何力译，新华出版社，1994年，第127页。

② 刘精明：《国家、社会阶层与教育——教育获得的社会学研究》，中国人民大学出版社，2005年，第197～198页。

③ 国家通过教育经费的拨付来控制教育的改革和发展，这一点在世界各国教育发展中都可以明显看到，毋庸赘言。

业应该由后人传承，前人所没有完成的兴国大业应该由后来的接班人继续完成，这样的建设者、接班人应具有什么样的素质，都是由国家规定的。为实现这一宏愿，教育成为首要之选，因为只有教育直接和人的发展联系在一起。这时的教育对国家之附属性，或者说教育作为国家的一种工具，就十分明显了。诚如有学者所说的，不管你是否承认、是否情愿，在国家的手中，教育总是一个工具，不是这样一种工具，就是那样一种工具。欲使教育从"工具"的地位中摆脱出来的想法是不现实的，因为，国家是教育的管理者、控制者和主要的兴办者，国家为教育付出很多，它必然要求回报。①

教育显示出其附属性，除了在充当国家意识形态的工具方面，而且在充当国家经济发展工具方面，也是如此。经济的腾飞，综合国力的提升，越来越依赖于科学技术的进步，依赖于知识创新，而这些科技创新人才的培养，当然还是要回到教育。教育培养出人才，掌握现代科学技术，具有创新意识和能力，然后帮助国家在国际竞争中占得先机。

教育相对于国家的附属性还不止于此，有时候直接充当经济发展的一个要素，成为国家经济发展的一个"棋子"。当国家经济发展不景气时，有些国家的政府会想到教育。这时候的教育不是通过培养人才为社会经济发展做贡献，因为那样周期太长，太慢，等不及，而是直接为经济发展做贡献。如何做贡献呢？扩大教育的规模，降低教育的入学标准，使那些原本无法进入某阶段教育的学生能够进入，而进入的要求就是多缴费。国家通过这项政策将纳税人的钱集中到教育中来，用来购买教育产品。教育投资扩大了内需，带动了相关产业如房地产、金融、餐饮、交通运输等在短期内迅速发展。

教育既可能成为满足国家长期发展之需的工具，也可能成为满足其短期发展之需的工具。国家在某个时间觉得某个思想价值观教育很重要，那么教育就要紧锣密鼓地开展这方面教育；国家在某个时期觉得某个领导人的什么讲话(也可能是关于教育的)很重要，那么教育就要发动全体师生加强学习。长此以往，以至于国家并没有明确要求教育去贯彻实施国家的某方面思想价值观教育，但教育还是会自觉地去做。教育对国家的附属，已经在某种程度上内化到了教育的骨子里。在这种情况下，教育的改革和发展当然得遵循"国家"逻辑，教育改革的"为他"性也就显露出来了。

3. 国家主义的政治哲学

国家主义是近代兴起的关于国家主权、国家利益与国家安全问题的一

---

① 褚宏启:《教育现代化的路径》，教育科学出版社，2002 年，第 101 页。

种政治学说。国家主义认为国家的正义性毋庸置疑,并以国家利益为神圣的本位,倡导所有国民在国家至上的信念导引下,抑制和放弃私我,共同为国家的独立、主权、繁荣和强盛而努力。事实上,国家主义是针对两个参照系而言的。其一,以个人为参照系,指的是在主权国家内个人与国家的关系要以国家为中轴;其二,以全球为参照系,强调的是在国际社会中主权国家与人类共同体的关系要以国家为中心。① 这就是两种意义上的国家主义:一种是国内意义上的国家主义,国家与个人相对;另一种是国际意义上的国家主义,国家与其他国家、国际社会相对。

先来看与个人相对的国家主义。它推崇国家理性,认为国家有独自的利益,国家的利益是至高无上的。为了追求或维护国家的利益,国家(其代表执行机构是政府)可以采取任何手段、方式,哪怕损害国家中的诸多个人或群体。国家的权威是毋庸置疑的,它拥有全面的、最高的权力。这种国家主义观点最早见诸马基雅维里、布丹、霍布斯等人的论著中。以黑格尔为代表的绝对主义国家观则强调一切为了国家,为了国家的荣誉,个人应付出自己的利益、权利和自由。与康德主张的人是目的,国家存在的合法性在于维护个人的天赋权利截然不同,黑格尔主张国家才是目的,国家是个人生存的意义所在。因此,黑格尔要求国家掌控思想、科学、舆论、出版这些最自由的社会活动。在黑格尔那里,国家是不可怀疑、不可不服从的。黑格尔所说的一切现实自由只能是国家同意下的自由,正像黑格尔自己所说的那样:"自由的理念只有作为国家才是真实的。"②

随着资产阶级革命的发展,国家主义的内涵也在变化和发展。资产阶级革命中的个人自由、民主观念逐渐渗透影响国家主义,使其在国家与个人关系问题上逐渐缓和。国家主义开始尊重个人自由和权利,而不是毫无限制地要求个人牺牲自我,服从国家。维护正常的社会秩序是必要的,但是国家权力要受到制度化的约束和限制。

再来看与国际社会相对的国家主义。这种国家主义是由1648年欧洲的《威斯特伐利亚和约》奠定的。和约确定了以平等、主权为基础的国际关系准则,并在和约签订后长达几百年的时间里依然是解决各国间矛盾、冲突的基本方法。该和约不但结束了30年战争,而且在欧洲大陆形成了一个力量相对均衡的政治格局,建立了威斯特伐利亚体系。威斯特伐利亚体系不仅是近代国际关系史上的第一个国际体系,也是国际关系史上第一次以条约

---

① 蔡拓:《全球主义与国家主义》,《中国社会科学》2000年第3期。

② 〔德〕黑格尔:《法哲学原理》,商务印书馆,1982年,第65页;转引自张政文:《康德与黑格尔国家理论中关于现代性的分歧》,《哲学研究》2007年第2期。

的形式肯定国家主义的国际体系，从而使国家主义具有了某种法律的意义。与此同时，格老修斯在其名著《战争与和平法》中提出了领土完整、国家独立、主权平等等重要原则，从理论上阐述了国家主义。之后，无论是维也纳体系、凡尔赛—华盛顿体系还是雅尔塔体系，都重申并贯穿了处理国际关系的国家中心主义原则。①

上文我们业已说明，民族国家仍是当今世界处理国际关系的基本单元，这是既定的事实。在此背景下，国家主义认为，每个国家都具有自助性，要靠自己的力量去维护国家的安全，争取国家生存发展所需要的各种资源，争夺国际参与和竞争的权力，赢得相应的国家利益。国与国之间关系虽然越来越密切，国际组织在国际事务中的作用也越来越突出，但是至今为止，国家仍是现实世界的轴心，认识和处理各种国际事务，仍离不开国家这一中心。近年来，国家与国家之间的矛盾、冲突并没有因为冷战的结束而结束，相反，在很多地区国家之间的矛盾冲突有愈演愈烈之势，甚至到了国家民族生死存亡的地步。这绝不是危言耸听，而是正在发生的现实。民族国家是各自利益的主体，他们都会为了自己的经济利益、政治利益、领土主权利益等展开激烈的争夺，所谓"民主""自由""博爱"都是有范围、有限度的，换言之主要是针对本国国民的，而一旦面对其他国家的国民，这些都会被抛至一边。国家之间虽然在全球化的背景下联系越来越紧密，但是相互之间利益冲突也会更加频繁，每个国家都会为了自身利益最大化采取一切可能采用的手段，甚至不惜武力或以武力相威胁。国与国之间的关系因利益的相关程度而出现亲疏远近，时分时合，"没有永恒的朋友，也没有永恒的敌人，只有永恒的国家利益"，这真是至理名言，也是各国在处理国家关系时实际遵循的首要原则。

由上我们不难发现，民族国家存在并将长期存在，教育相对于国家之附属地位，是教育改革"国家"逻辑的现实基础，而包括国家与个人关系、国家与国际社会关系两个侧面的国家主义哲学则为教育改革"国家"逻辑提供了理论依据。

五、中国教育改革"国家"逻辑之现实合理性

综观我国基础教育改革 30 年，教育改革发起的根本"逻辑"还是"国家"逻辑，具体就是指国家富强、民族复兴。虽然我们在教育改革中也在强调社会进步、人的素质提升，世纪末也逐步开始强调建设小康社会，建设公平、民

① 蔡拓：《全球主义与国家主义》，《中国社会科学》2000 年第 3 期。

主的文明社会，培养高素质创造性人才，但是它们都相对处于辅助地位，归根结底都是要为国家富强和民族复兴服务的。

我们可能会批评这种教育改革的逻辑，将国家发展凌驾于社会发展和个体发展之上，社会的公平正义没有保障，个人的自由个性和完满人格无法实现，但是如果冷静地分析，我们就会发现"国家"逻辑的现实合理性。

首先，包括西方发达国家在内的世界诸多国家，在谋划其带有全局性的教育改革时，都将教育改革与国家的强大、振兴联系起来。可以说，在教育改革中遵循"国家"逻辑，突出国家主义取向，既是西方发达国家教育改革的历史经验，也是当代世界各国教育发展的总的趋势。比如德国，在与法国战败之后，实施普及教育、提高全民素质的教育改革，其改革的出发点之一就是使德国振兴，打败法国，一雪耻辱。再如日本，在遭受西方列强炮火袭击，行将沦为殖民地之时，开始实行明治维新系列教育改革，全面向西方学习，改革教育制度。其改革的出发点就是免于成为西方列强的殖民地，进而成为与西方平起平坐的独立国家。美国，外人看来已经十分强大的美国，在谋划教育改革时始终有一种国家危机感，虽然这种危机感有很大的幻想成分，但是教育改革确实是他们国家发展战略的重要组成部分。英国这个老牌资本主义强国，在20世纪70年代石油危机造成严重经济衰退，80年代美苏争霸、德国和日本崛起的背景下，颁布了战后英国最重要的一部教育改革法案——《1988年教育改革法》，实施国家课程，规定国家教育水平标准，实行加强中央政府权力的课程与教育管理体制改革，旨在提高英国中小学的教育质量和效率。他们也希望通过此次教育改革，培养出适应现代工业与经济社会的合格人才，增强整个国家的国际竞争力。英国前首相撒切尔夫人在1987年的一次讲话中指出，今日教育落后，明天民族就要落后，为了战胜竞争对手，英国需要受过良好教育和训练、有创造精神的青年。"20世纪的历史表明，国家越来越自觉地将教育作为实现富国强兵的工具，教育越来越成为实现国家目的的手段。在'世界大同'的目标实现以前，不管教育家的理想如何，也不管人们的'理想教育'怎么样，这是一个难以改变的事实。"①"只要我们翻阅一下世界现代史，便可以发现这样一个共同规律：一个国家和地区的兴旺与经济振兴，都离不开教育的力量，'教育兴邦'已成为许多国家中兴的基本国策。当今世界，既有繁荣和发展，又存在困惑和危机，然而解决危机的出路也离不开教育，离不开从抓好教育、深化教育改革入手。"②"教育改革被定位为一种社会'疗方'，即将教育改革作

---

① 陆有铨：《对当前教育改革的反思》，《基础教育》2011年第3期。

② 杨德广、王一鸣：《世界教育兴邦与教育改革》，同济大学出版社，1990年，第1页。

为解决政治与经济危机、文化冲突以及社会问题的渠道。”①西方发达国家是我们学习模仿的对象，他们利用教育改革实现国家强大或者保持国家强大的经历和经验，确实是我们应该学习的。

任何国家为了自身利益和国家安全，都不会放弃对教育的控制，也不会不关注教育的变革和发展，总是尽可能以自己的方式主导乃至主宰教育改革。“我敢说没有一个欧洲国家的政府不是不仅越来越中央集权，而且越来越管小事情和管得越来越严。各国的政府越来越比以前更深入到私人生活领域，越来越直接控制个人的行动而且是控制微不足道的行动，终日站在每个公民的身边协助和引导他们，或站在公民的头上发号施令。”②托克维尔的话告诉我们，教育本作为私人生活的领域不受国家政府的管理或控制，但是由于其关系民族国家的整体和长远利益，政府将触角越来越渗入其中，开始兴办公立学校，将教育的管理权逐渐收归囊中。近代欧美民族国家的兴起或崛起，都得益于其适应现代社会需要的教育改革。

其次，近代中国的历史教训要求我们把“国家强大”放在第一位。自1840年以来的近代中国历史，是一段屈辱的历史，是我们国家遭受西方列强欺凌、压榨，沦为半殖民地的历史。国家贫穷、落后，在国际上没有地位，成为列强欺压、侵略甚至瓜分的对象。贫弱国家的人民根本谈不上个体的独立、民主，更谈不上自由。要实现个人的自由、独立，首先必须实现国家、民族的独立。“落后就要挨打”几乎成为全中国人民的共识。国家的独立、富强，中华民族的振兴，成为压倒一切的最迫切的任务。1949年中华人民共和国成立以后，虽然中国在国家主权的意义上独立了，但是仍面临严峻的国际形势，受到包括美国、英国在内的资本主义国家的遏制。中华民族曾经有过的辉煌一直激励和鼓舞着中国政府和人民，我们知道，与西方发达国家之间的差距还很大，要赶上甚至超过他们需要相当长的一段时间，中华民族要屹立在世界民族之林中，还需要长期不懈的努力。而现实的世界，依然是民族国家主导的时代，各个国家之间的竞争并没有因时代的变化而有丝毫减弱。这一切，更坚定了我们国家在发动实施教育改革时坚持遵循“国家”逻辑，它也可以提高中华民族的凝聚力，确立我们教育改革的信心和决心。

最后，国家的发展是需要付出代价的。在一定时期内，为了迅速赶上或超过其他国家，实现国家独立和富强的目标，国内社会的发展和国民个人的发展，可能都必须让路给国家发展，换言之，国内社会的问题会比较多，公平正义

---

① 郝德永：《变革的陷阱——教育改革的误区》，《全球教育展望》2011年第10期。

② 托克维尔：《论美国的民主》（下卷），董果良译，商务印书馆，1988年，第857页。

会少一些，个人的发展不是那么自由，个体的权利也会少一些，在这种情况下，社会发展和个人发展的滞缓就成为国家发展所必须付出的代价。这经常需要几代人、十几代人甚至几十代人的不断努力和付出。试想当初日本明治维新教育改革，国家强迫实行义务教育，如果不对那些以各种理由拒绝送子女进学校的父母予以惩罚，而放纵其个人教育的自由和权利，那么日本的整个国民的素质怎么可能在短期内得到迅速提高，又怎能通过教育培养出为国家发展做贡献的大量科技人才和管理人才。个人接受教育的自由是国家发展的代价，在一些时期，个体学习什么知识内容的自由也会受到限制，成为国家发展的代价。以数理化为核心的现代科学知识，相对于家政服务、插花艺术、汽车驾驶等科目要难得多，如果不强行规定其为必修科目，而是任由学生自由选课，那么学生的科学技术素养如何提高，现代国家所需要的参与国际竞争的高科技人才如何产生。或许，这些就是国家发展所不得不付出的代价。如果不付出这种代价，国家的发展就会受影响，战后美国教育的这方面教训值得我们记取。

代价具有不可避免性，是就特定的时期而言的，它不能脱离特定的时代和社会背景。当今中国就处于这么一个时代背景中，国家要富强，民族要振兴，国际竞争异常激烈，因此对教育改革的要求必定是“国家”优先。要使教育改革既考虑到国家发展，又考虑到社会发展，还考虑到个人发展，这固然很好，但目前可能只是个不切实际的理想，因为它没有从代价的角度来考虑问题，没有考虑到民族复兴、国家富强所要付出的个人发展方面的代价。①

综上所述，遵循“国家”逻辑改革基础教育，已成为当今世界各国教育改革的一个基本趋势和潮流，中国的基础教育改革必然也应当遵循此逻辑，优先考虑满足国际竞争和提升综合国力的需要，兼顾社会的发展和人的发展。这既是现实的，也是合理的。

---

① “国家”优先的教育改革逻辑，绝不是全然放弃社会和个人发展，而是在存在矛盾、难以两全的情况下，优先考虑国家；在不矛盾的情况下，社会、个人发展应该得到充分的尊重。我们要防止某些人打着“国家”的幌子，肆意践踏个人公民社会自由，损害公民合法权益。这里的“国家”必须是真正代表全体国民利益的“国家”，不能是被少数人、少数利益集团所利用的“国家”。在本书结语部分，著者又提出了中国教育改革的“正义”逻辑，就是希望对“国家”逻辑有所制衡。

第二章 谁参与改革

——教育改革的"利益"逻辑

挪威学者达林在其《教育改革的限度》一书中援引一篇报告，指出了教育改革中的利益与有关个人和群体的利益冲突问题："我们的定义中包含一个特别的界定，即改革是比所替代的东西更好的某种东西，对谁来说更好？可以想象改革对每个人都好，或者每个人及每一群体都会在改革过程中受益吗？如果有人不受益，那么冲突是否不可避免？我们已经指出，改革可能并不改变某些人的境况（如其他教师和学生），甚至可能使另一些的境况恶化（如父母、国家财政甚至学生也是如此）。所以关于改革的讨论不仅应该仔细地界定已经发生了什么样的改进，还要指出谁在受益。"①

改革必然涉及利益或利益冲突，因此教育改革也可以说是利益的重新分割或调整。② 利益，我们这里主要将其分为两类：一类是经济效益，是有形的物质资产；另一类则是无形的，如社会地位、社会声望、名誉等。当然这两者经常是密切相关的，比如个人良好的社会声誉，比较高的社会地位、威望，无疑会带来更多的物质财富。因此，可以将前者看作是直接的利益，后者看作是间接的利益。利益关乎个体或群体的生存与发展，任何人，只要他生活在这个世界上一天，那么就不得不追求这个东西。这就是人的逐利本性。③

教育改革同样也会涉及人们的利益。教育改革如果与参与者没有利益上的关系，"而主要靠他们的支持和合作，要把改革推行下去，是难以想象的。即使出于一种责任感和使命感，积极参与和推动改革，若要持久也是很困难的"④。教育改革的各类参与者，其参与改革的动机本就有差异，利益诉

---

① 〔挪〕达林（Dalin，P.）：《教育改革的限度》，刘承辉译，重庆出版社，1991 年，第 21～22 页。

② 有学者就认为："严格说来，过去十年，我国没有进行真正的教育改革。教育改革的本质是对教育利益的全面调整，我们看到过教育利益的调整吗？可以说，过去所谓的教育改革，都是在不动摇（甚至增加）教育行政部门的权力，不涉及教育既得利益者的权益的框架下进行的，所以每一次'改革'之后，教育的行政化、商业化加剧。"熊丙奇：《过去十年并没有真正的教育改革》，http://bqxiong.blog.edu.cn/2011/637615.html。

③ 从利益的角度研究中国的教育改革，并不是说参加教育改革的各类主体完全是"唯利是图""利益至上"的，而是说，教育改革作为人们的一项重要实践活动，其中的利益考量是十分重要的，它是人们行动的重要的动力来源之一。

④ 袁振国：《教育改革论》，江苏教育出版社，2005 年，第 109 页。

求当然就有很大不同。有时候,不同参与者的利益诉求总体上是一致的,但有时候(更多时候),如果从个体或者小群体的角度看,其利益诉求却经常是相互冲突的。改革的过程就是一个不同参与主体利益博弈的过程。利益决定了谁能参与改革,参与程度如何,是主动参与还是被动参与等。利益,最直白的表达就是“饭碗”。中国的教育改革之所以推进困难,就在于它与很多主体的“饭碗”密切相关。

如何参与？参与的途径方式有很多。由于各自的角色地位,教育改革的各类主体参与改革的途径方式实际上是很不同的,有的是间接参与,有的是直接参与;有的是在改革的前期策划参与的多,有的是在改革的中期、后期落实实施参与的多。有学者指出:“教育改革的这些利益主体主要以三种方式参与教育改革:政策制定、关键资源配置以及直接行动参与,各种利益主体直接或间接地通过这三种方式向教育改革施加程度不同的影响。”①在某种程度上说,参与主体的特定身份和角色,就决定了他们以何种方式参与教育改革,影响教育改革的程度,以及从教育改革中实现什么利益目标。

一、说出来的与未说出来的:教育改革参与者的利益诉求

教育改革的参与者,即参与主体通常有很多,这些主体可以看作是教育改革的利益主体。叶澜教授曾指出,当代中国教育变革的利益主体主要有政府(不同层级政府)、社会领域、家庭和教育机构。教育变革利益主体的利益性质有两种:一种是以享用“教育成果”方式体现的社会利益主体,他们存在于教育实践系统之外;另一种是以在教育变革实践中获得个体发展和社会资本的方式体现的教育利益主体,他们存在于教育实践之内。前者对于教育变革以外部推动力的方式发挥作用,后者则以内部推动力的方式发挥作用。两种利益主体的关系有统一、转化的一面,也有冲突和相互抵制的一面。② 在笔者看来,存在于教育系统之外的社会利益主体,其实有一些并不是要通过教育改革享用“教育成果”,而只是教育改革的投机分子,他们从教育改革中直接获取利益,比如一些以出版营利为目的的出版社、考试培训机构。借助叶澜教授所讲的“利益主体”概念我们就会发现,当代中国基础教育改革的利益主体主要有这样一些,即教育决策者和管理者、专家学者、出版社、考试机构、教师培训机构、学生及其家长、教师和学校管理者等。

---

① 余清臣:《当代中国教育改革的动力机制分析》,《教育科学研究》2009 年第 10 期。

② 叶澜:《当代中国教育变革的主体及其相互关系》,《教育研究》2006 年第 8 期。

人本质上是利己的，追求个人利益的最大化也是符合人性的，这无可厚非。然而，在我们这个有着悠久的"耻言利"的传统的社会里，虽然各种各类参与主体在改革中可能都在计算着各自的利害得失，但是却很少有人愿意公开承认在改革中追求自身个人利益，或者自己所属群体的利益。他们更愿意承认或公开宣称，自己所进行的改革是为了所有人的利益或是为了最大多数人的利益。我们经常发现，不同的参与者在教育改革中经常言不由衷，他们所宣称的利益诉求经常不同于他们实际的利益诉求。他们说出来的与没有说出来的，往往差别很大，甚至截然相对。"进行高考改革、考研改革、人才培养改革、职称改革等一系列改革，必然牵涉到诸多人的饭碗——包括政府官员、出版行业、培训机构、兼职或专职教师、服务人员。由于以上原因，每当改革呼声甚高时，各种反对的声音便以关注民生、担忧公平的方式出现，最终让改革无疾而终，既得利益者安然地继续分割着既得利益，同时还在大谈为教育服务。"①未说出来的其实更为重要，因为它恰恰反映了某一部分人参与教育改革的真正动机，会真正影响教育改革的实施和发展。下面就让我们尝试着来揭示教育改革的参与者们说出来和未说出来的利益诉求。

1. 政府部门

政府是与教育改革有关的利益主体。② 改革开放 30 多年来，政府始终是我国教育改革的主导力量。政府经常代表社会，发动社会的多个群体或部门来参与教育改革，因此，政府部门的教育改革利益诉求，经常也是社会的利益诉求。③ 与教育改革有关的政府部门可以分为两种：一种是教育行政和管理部门；另一种是与教育有关的相关职能部门。

(1)教育行政和管理部门

教育改革政策分析中经常要考虑的一个重要因素是"教育官僚主义者"的自身利益是什么。以色列学者英博等人所提到的"教育官僚主义者"就是指"管理教育制度的官员"，"他们(总是)出于自身利益的考虑才维持对教育系统进行适度地扩展"。他们的利益"并不一定与教师，以及其他教育专业

---

① 熊丙奇：《怎样打破教育改革的困境》，《科学时报》，2007 年 12 月 25 日。

② 有学者认为，政府是教育改革利益主体的主要构成，也是决定教育利益分配的最有力、最关键的主体。政府部门的任何一项教育改革政策或措施，都具有牵一发而动全身的功效，直接影响着全国人民的利益分配格局和国家未来发展的状况。见叶澜：《中国基础教育改革发展研究》，中国人民大学出版社，2009 年，第106 页。

③ 随着中国"社会"的发展壮大和逐渐成熟，社会对教育改革的利益诉求也经常会出现与政府部门不一致之处。

人士或者消费者的利益相同”[①]。

在中国，教育决策特别是重大的教育改革的决策都是由中央政府来做出的。中央政府通过教育行政主管部门来实现自己的意志。因此，教育行政和管理部门实际上代表的就是政府的利益。政府下设多个职能部门，都是具体的行为主体在承担相关职责，行使相关权力，他们既可能代表政府部门和全社会的利益，也可能代表某些强势群体的利益，甚至还可能代表极少数个人利益。

在最高层的教育决策者和管理者那里，说出来的利益诉求是国家富强、民族振兴，教育改革是出于国家民族整体的长期利益，是为了学生个体生存与发展的利益考虑。没有说出来的利益诉求可能是，某项教育改革是本届政府在当初上台时的承诺，否则将威胁到政府在公众心目中的形象和地位，进而影响政权巩固和执政党地位。而作为下级的省、市地方政府，同样也有自己说出来的和未说出来的利益诉求。他们说出来的，既包括为整个国家教育的发展做贡献，为整个国家培养各级各类人才，也包括为本地经济社会培养各种人才，为了促进本地学生的发展。说出来的是他们要宣扬的，是他们想让上级政府知道的，也是想让社会百姓知道的。确实如此，我们不能否认地方政府上述参与教育改革的利益诉求。但是没有说出来的就要丰富得多，也要复杂得多了。地方政府参与执行中央政府倡导的教育改革，或者作为教育改革的示范区、实验区，中央政府不能只是倡导，而必须给予实质性的帮助。这种帮助就是，中央政府首先要给予地方政府相当数额的经费投入。[②] 至于这部分经费如何分配使用，地方政府其实十分希望中央政府充分放权，不要管得太多。这是直接的利益诉求，还有间接的，地方政府部门也不好意思直接说出来，即参与中央政府的教育改革，尤其是参与一些具有探索性、开拓性的教育改革试点，作为先行者，必须获得上级政府、社会更多的关注、重视，主持、领导这样的教育改革的人，尤其是那些教育主管领导，希望能够获得更多的晋升机会。

为了解决政府教育经费投入不足的问题，我国不少地方政府（当然都是

---

① 〔以〕英博（Inbar，D. E.）等：《教育政策基础》，史明洁等译，教育科学出版社，2003年，第106页。

② 中央政府层面和地方政府在参与教育改革方面时常会发生利益冲突。中央政府出台相关教育改革方案或政策，要求地方去实施，但是改革所需要的大量经费若完全或主要由地方去筹措，那么地方政府对此执行的力度则会大打折扣。地方政府进行教育改革，主要基于它能够改变本地区教育现状，促进地方经济与社会的发展，但是由于教育的公共性质，地方教育培养出来的人才更多地流向了外地，为整个国家社会服务，这可能会降低地方政府教育改革的积极性。因而需要中央政府对地方教育改革的推进和发展投入更多的经费。

在中央政府的决策领导下)在2000年前后开始实施教育产业化改革。这实际上是一场教育投入体制改革、办学体制改革。不少地方政府曾经把一些最优质的公办学校卖给了私人,甚至把义务教育推向市场,实行"公转民"的改制,在经费投入上实行"民办公助"。一些公办学校,尤其是那些国家财政重点支持的名校、重点学校,在"产业化的"的名义下大收高价"择校生"或有背景的"特批生",甚至实行"一校两制""一校两牌""校办名校",大搞高收费的"市场化"教育,在以特许权排除竞争者的背景下,以国有资源为私人与小集团进行无本万利的"创收"。[①] 这种改革,政府名义上是要解决教育经费投入不足问题,让更多的民间力量、社会团体参与办学,实现特色化办学,提高教育质量,而实际上却是政府想卸包袱,不想承担本应该承担的公共教育责任。导致的结果是:一方面,老百姓为了上好学校必须多掏钱;另一方面,民办教育在不平等的竞争条件下发展越发艰难。

21世纪初开始,中国政府认识到义务教育均衡发展的重要性,意识到教育公平之于社会公平和公正的价值,于是开始进行教育资源配置的改革。政府希望把传统的公办基础教育名校资源能够为更多学生所享用,名校效应能够扩展让更多人受益。然而,中央政府与地方政府的想法却存在很大不同。中央政府推进义务教育均衡发展,希望地方政府全力支持,由地方政府主要承担所需要的教育经费投入,用于一些薄弱学校的资源配置。但是,不少地方政府感到财政困难,但是迫于中央政府压力又不得不实施,于是很多地方政府依靠房地产经济,通过房产开发获得利益来支持教育财政的投入。地方政府这时候是很希望义务教育均衡发展的,因为他们可以名正言顺地与房产商合作,新建学校,让更多的名校集团化办学,名校办分校。地方政府从义务教育均衡发展的改革中,获得巨大利益回报。地方政府提倡或实施这种教育改革,说出来的是,对教育改革加大投入,让更多的孩子享受更高质量的教育;而未说出来的是,政府自己可以从学校的扩张和发展中,获得房地产发展带来的经济利益,获得因此带来的GDP增长。

21世纪以来,我国实施基础教育课程教材体制改革,各地中小学教材可以多样化,但是各地中小学教材出版发行遇到了很多问题,甚至是乱象丛生,以至于教育部出面公开叫停。最近,海南和广东江门就发生了突然更换教科书的事件。这两地的教育部门不顾老师反对,违反教育部"2013年秋季学期各地仍沿用2012年使用的教材版本"规定,顶风对学生教材大面积更换。一些地方的教育行政部门对所辖地区学校的教材使用进行地方保护或

---

① 秦晖:《变革之道》,郑州大学出版社,2007年,第174页。

者行政干预过度，实际上背后有很多不可告人、不能言说的利益诉求。①

> “教材是一块‘肥肉’，出版商在每个省都安排专人甚至团队跑关系，使出各种手段对相关领导进行公关，想尽办法为自己的教材攻城略地。”西部某省教育厅的一位工作人员透露说。
>
> 北京一位资深教材出版人士坦言，仅中小学教材一项，每年市场规模就高达300亿元。每换一次教材，都是利益的重新分割。“金钱开路，左右地方教育部门选用教材”，是教材出版界的潜规则。
>
> “一家出版社在某省的代理商，为把教材打进某市，一次拿出20多万元给当地教育部门，结果该地区教育部门领导，不顾教育部不许中途更换教材的指令，一个学期内就把一至九年级的某主科教材版本，全部换成了代理商推销的版本。”知情人士透露说。

地方教育部门掌握着教育改革的权力，所以不可避免地是，他们也会考虑自己的利益。他们说出来的是，我们要支持教育改革，支持教材的多样化，支持出版社经常更新、修订和完善教材，使学习这些教材的孩子受益。但是实际上，一些地方教育行政部门受到教材出版发行的巨大利益诱惑，开始自觉、不自觉地与出版商联合，结成了牢固的“利益同盟”，为自己的部门利益、小团体利益服务。他们利用自己的权力对学校教材的选择使用进行不适当的、过分的行政干预，成为出版商谋取利益的工具。至于教材的质量，以及其对教学质量的影响，就不是教育行政部门主要关心的事了。

教育行政部门在教育改革中不仅会考虑到部门利益，更会考虑个人利益②，否则，教育行政官员也不会有那么高的改革积极性。官员都是有任期的，也是要进行业绩考核的，不少官员往往将教育改革作为自己的重要政绩之一，在其任期内频频改革，即使没有发动大的根本性的改革，那也要搞一些小范围的改革或单项改革。教育行政官员们说出来的改革利益诉求是，为了本地区学校教育的发展，学生的发展，为了经济社会的可持续发展，或者说是为了满足本地区人民群众的高质量教育的需求；未说出来的利益诉求是，只有参与教育改革，不断地改革教育，才是执行上级行政部门“改革创

---

① 《教育部叫停多地违规换教材》，《都市快报》，2013年7月15日。

② “政府由个体组成，政府没有具体的思考与行为。政府的行动是作为个体的当选官员、任命的官员或政客以职务的角色所作决策的结果。因此，为了理解政府是如何行动的，我们需要分析在政府中的个体是如何选择与计算的。”见〔德〕柯武刚、史漫飞：《制度经济学：社会秩序与公共政策》，韩朝华译，商务印书馆，2000年，第483页。因此可以说，政府的官员或公务人员在制定或者推动实施教育改革政策的过程中，都会有个人利益的考量。

新”的意志或命令,才能成为有作为的领导,才能得到上级的重视,获得更多的社会资源和向上晋升的机会。在这种利益诉求之下,教育行政部门的官员们很热衷于教育改革,他们会给基层学校施加一定的改革压力。即使基层学校没有真正去改革,但是他们至少也要看到他们所呈送的汇报材料都是有关教育改革的实践探索,以及所取得的巨大成绩和进步。基层学校心知肚明,知道上级部门所需要的东西,于是在上级部门下来检查时,给他们汇报展示学校的教育改革进展情况,再加上一些书面成文(最好是公开出版的改革研究成果,或者获奖的成果),那就一切OK了。教育行政部门领导也可以再向他们的上级汇报,以展示自身的教育改革领导能力。

地方教育行政管理部门这些没有言明或未说出来的利益诉求,真正影响着教育改革的进程和发展水平。一旦教育改革不能如愿实现他们未说出的利益诉求,他们则不会有多少改革的积极性。即使一开始参与了教育改革,但是后来一定不会尽力,多数情况下是敷衍。这时候,他们曾宣称的“为了学生发展、为了国家社会发展”的利益诉求,甚至“为了改革敢冒杀头的危险”之类的豪言壮语也早被抛到九霄云外了。

(2)与教育有关的其他职能部门

政府下属的职能部门,除了教育管理部门,还有很多相关职能部门,如经济部门、财政部门、物价部门、出版部门等,他们也在不同程度上参与着改革。他们参与教育改革也经常有一些说出来的未说出来的利益诉求。利益诉求,经常反映在利益主体支持或反对教育改革的理由中,他们不会毫无理由地支持或反对,总会找一些“拿得上桌面”的理由来支持自己的行为或行动。教育的发展和改革最需要经济投入,但教育部门无法通过自身直接创造物质财富,因此只能向经济部门、财政部门申请。于是教育部门的教育改革与经济部门、财政部门等发生了联系。当这些部门不想给教育改革投入时,他们说出来的理由是,教育并没有培养出企业、社会所需要的人才,学生的素质不高;而未说出来的理由可能是,投资教育没什么经济回报,即使有回报也不明显,不知等到哪一天才能收回成本,我们把钱投资给教育发展和改革,肯定会“打水漂”了。

“政府通常被认为是全体人民利益的代表,是各个利益集团之间利益的协调者。不过,政府是由公务员或官员来使之运转的,他们在实际生活中有他们自己的特殊利益,构成特殊利益集团。因此,在关于教育改革的政策或决策中,常常会打上他们自己利益的烙印。”[①]例如在中小学教材和教辅读物

① 马健生:《教育改革动力研究》,吉林人民出版社,2001年,第89页。

的出版方面，有些地方政府的多个部门如教育行政部门、新闻出版部门、物价部门等，不惜违背国家的基础教育改革政策，出台一些有关地方保护的所谓“决定”或“意见”，从中获利。2004年华北某省新闻出版局、教育厅、物价局联合下发了《关于义务教育课程标准教材由省出版总社租型的意见》，《意见》明确要求：“自2004年秋季起，凡为我省选用的省外出版单位出版的义务教育课程标准教材，一律由省出版总社租型印制，定价由省物价局和省新闻出版局核定。”[①]出版教材由地方政府说了算，使用教材也由地方政府说了算，因为地方政府具有教育经费划拨权。如果各地学校没有选用地方政府规定的或所建议使用的教材，那么将直接影响其是否能够获得以及获得多少新课程改革所需要的经费。政府部门介入与教育改革密切相关的课程教材出版行业，他们说出来的利益诉求是，加强教材标准化建设，防止低劣质量的教材在市场、学校出现，影响学校教育和学生的一生发展；而未说出来的利益诉求则是，教材出版由政府相关职能部门统一管理乃至管制，相关的教材出版销售利润就归相关部门分享。中小学生教材循环使用制度改革呼吁了多年，为什么难以实施？除了与家长的观念有关之外，更多的可能还是与相关职能部门，特别是新闻出版部门、物价部门的利益密切相关，而学校也可能在其中分一杯羹。如果教材都循环使用了，多少年不更换，那么每年发行量最大的中小学生课本及相关辅导教材如何卖得出去？如果卖不出去，我们这些部门还怎么活？

政府部门的决策者、管理者对教育改革都很关注，一方面他们的子辈乃至孙辈就在学校读书，任何教育改革都会涉及他们，有时还可能损害到他们的既得利益，他们不可能不关心；另一方面掌握教育决策权、管理权，可以直接为其带来经济利益。前些年，关于取消重点学校的意见很多，认为重点学校占据了绝大多数的教育经费和资源，导致其他很多薄弱学校的出现，加剧了升学竞争，而且导致教育的不公平、不正义。这些年有所改善，开始重视义务教育均衡发展，加强薄弱学校建设，但是不容否认的事实是，重点学校依然存在，普通学校、薄弱学校与它的差距依然很大。为什么政府部门的决策者、管理者对于重点学校的改革积极性不高？他们说出来的利益诉求或理由是，我们国家教育经费短缺，资源稀缺，无法让所有学校齐头并进，因此必须集中资源发展一批重点学校，为国家社会培养一批拔尖人才，促进整个国家经济社会的发展。而未说出来的利益诉求或理由可能是，重点学校可以让我的儿子、孙子享受高质量的教育资源，能够在起跑线上就超过一般孩

---

① 马健生：《教育改革论》，安徽教育出版社，2007年，第169页。

子;而且重点学校的存在,对于其教育经费的划拨和资源的分配,我们都有审批权、决策权。为了保证重点学校永远是重点学校,这些学校就必须始终获得足够多的教育经费,因而就必须听从我们教育行政部门的管理和领导,甚至将其一部分经济利益让渡给我们。明白了这些没有言明的利益诉求,我们就能理解众多的普通学校、薄弱学校改造为什么那么艰难了,重点学校制度改革为什么那么步履维艰了。

部门对自身利益的考量,日益成为中国教育改革能否进行和深入发展的影响因素。基础教育作为一项公益事业,其带来的好处并不是为某一部门群体所独享,且其效果也不能在短期内显现,因此部门在面对教育改革时经常是能躲则躲。

2. 出版社、考试机构和培训机构

出版社、考试机构和培训机构表面上看与教育改革没什么关系,但实际上他们也以自己的方式参与着教育改革,有自己说出来的和未说出来的利益诉求。人才培养方式改革、教育内容改革等都是教育改革的重要组成部分,因此很多教育改革都会涉及课程教材的变革,比如课程教材体制改革。目前我们国家的课程教材体制已经发生了很大变化,由以前的"一纲一本",逐渐改革发展到"一纲多本"乃至"多纲多本"。不同地区学校,甚至同一地区的不同学校所采用的课本教材都是不一样的。多元化考虑到了地区差异和不同人群的需要,但也给很多出版机构提供了更多的谋利机会。我们国家的出版机构也正实现转制,绝大多数的出版社从原来的事业单位转变为企业,走向市场,因此,为了生存,他们就不得不竭尽所能,让更多的学校使用自己出版社的教材。

教育改革,往往伴随着新的学生课本教材、教辅读物,以及相应的新的教师培训指导用书等。因此,出版社主要是从这些方面牟利。2001 年的《基础教育课程改革纲要(试行)》规定:"实行国家基本要求指导下的教材多样化政策,鼓励有关机构、出版部门等依据国家课程标准组织编写中小学教材。""改革中小学教材指定出版的方式和单一渠道发行的体制,严格遵循中小学教材版式的国家标准。教材的出版和发行试行公开竞标,国家免费提供的经济适用型教材实行政府采购,保证教材质量,降低价格。"新课程改革打破了 50 多年来人民教育出版社在中小学教材出版方面一统天下的局面,各地方出版社或出版集团有机会在"一纲多本"的政策指导下,参与中小学教材的出版,从中分得一些利益。上文我们在论述政府相关职能部门的利益诉求时,也提到了出版机构,实际上两者之间的联合实现了双方利益的最

大化。出版社在支持教育改革的名义下，充分利用政府的相关教育改革政策、法规，甚至利用政府的政策法规漏洞，为自身谋利。

教材市场的开放，使得各出版社之间的竞争加剧。为了获得地方学校对本出版社教材的认同，各出版社纷纷组织强大的编写队伍，吸引学科专家、课程专家、优秀中小学教师等参与教材的编写，这在很大程度上提高了教材的质量，对教育改革是有利的。但实际上，出版社从中小学教材中获得的利润是很少的。据悉，研发并推广一套新课标教材的各种费用算起来大约为1500万元，而按照教育部和国家新闻总署的规定，教材的利润不得超过5%。“假定每册定价8元……如果情况好的话，以每本出版发行百万册以上计算，大约需要3～4年收回投资。这是最理想的状况。”①此外，如果编写出来的教材没有通过审定，那么前期的大量投入也将白费了。既然如此，为什么还有那么多的出版社趋之若鹜呢？看看如今各大书店或学生的书包就知道了。各种与新课程教材配套的练习题、测试题等占满了各大书店的半壁江山，学生书包里除了几本薄薄的课本教材之外就是大量的“一课一练”“单元练习”以及“考试辅导用书”等。教材与教辅读物是配套使用的，既然你用了我的教材，那就要用我的配套试题。而国家虽然对教材有明确的价格限制，但是对教辅材料却没有相应的规定或限制。各出版社也正是在教辅读物方面展开了激烈的竞争。于是我们就会看到，不同地区、不同学校使用不同出版社的教材，不同年级使用不同出版社的教材；这一段时间使用这个出版社的教材，另一段时间使用另一个出版社的教材。不同出版社的编写内容、安排的逻辑顺序等经常有很大差异，因此一旦换了教材，教师就必须重新备课，投入更多的时间和精力。

在国家规定的基础教育课程大纲指导下，出版社组织编写出版的教科书，总体上也是符合国家基础教育改革的宗旨和需要的，比如降低教材难度。这可能就是出版社说出来的，他们是支持国家教育改革的，支持教材的多样化，支持减少课程内容，降低教材难度的有关改革举措。但是未说出来的是，仅出版那些课本利润是很低的，甚至要倒贴，我们要盈利，就必须出版并向学校推销相关的教学辅导材料，特别是与考试密切相关的习题集。至于这些习题集是否符合教育改革的精神或理念，则不是我们主要关心的。

出版社除了从中小学教辅材料中获得丰厚利润，还从教育改革的教师读物中获利。比如，21世纪初的新课程改革提出了很多与传统课程不一致

---

① 王波、姚一宪：《教材出版利润有多大》，《中国新闻出版报》，2003年8月18日；转引自马健生：《教育改革论》，安徽教育出版社，2007年，第166页。

的地方，对教师的传统教育、教学观念产生了很大的冲击，教师为了能够适应新课程，或主动或被动地开始学习有关新课程的标准、理念以及具体策略。教师急切地想知道新课程新在何处，新课程如何教等问题。于是各种解读新课程的图书，如何上好新课程的课的图书、新课程的教案等都应运而生。现在出版社出版最多的有关教育的图书中除了中小学教材和教辅读物之外，可能就是新课程教师用书了。中小学教师可以说是中国最大的知识群体，如果掌握了这一群体的阅读需要，那么利润之大也可想而知了。如华中师范大学出版社在2002年6月到9月陆续推出了基础教育新课程师资培训系列教材，分"课标解读""通识读物"和"教学设计"三个系列，仅2002年下半年就累计销售100多万册，还一举获得了当年的全国优秀畅销图书奖。①很多出版社在出版教师用书时所说出来的利益诉求是，为了促进教师更好地适应新课程，为了促进教师专业素质的提升，适应教育改革的形势，也为了所有学生能够接受到更好的教育；但是未说出来的利益诉求是，教育改革要求教师素质提升，就需要多读书，就需要多买书（个人或所在单位谁买都行），买各种关于提升教师素养，提高教师教育教学能力的书。在此利益诉求下，全国各大书店里都充斥着各家出版社琳琅满目的关于课程改革的教师用书、丛书。

考试机构。这里主要指官方的考试机构，如各地的考试院、教育厅（教委）或教育局的教研室等。很多人认为，中国中小学生的考试过多，因考试而产生的负担过重，于是改革考试制度就成为教育改革的一种重要内容。现在，很多地方中小学的考试都有所改革，或者次数变少，或者方式内容发生变化。考试就是对学生的评价，因此考试改革其实也就是评价改革。在一些学者看来，考试改革、评价改革已经成为制约中国基础教育发展的瓶颈问题。那么，考试机构是如何参与教育改革，又是如何在改革中表达他们的利益诉求的呢？说出来的是，为了学生的发展，为了学生创新素质和实践能力的提高，我们应减少考试，即使考，也不能像过去那样仅注重学生记忆理解知识，而要综合考虑知识和技能、过程和方法、态度和价值观。但未说出来的是，基础教育课程改革不能降低教育质量，考试还是必需的，考试还是由我们考试院、教育局或教委的教研室来组织，因为我们是权威机构，对教育改革的精神、理念把握得更准确、更深刻；掌握组织考试的权力，我们考试机构才能像以前那样继续获得利益。因此我们会看到，一些地方的教育局

① 谭嘉：《新课标时代的教辅市场》，《出版经济》2004年第8期；转引自马健生：《教育改革论》，安徽教育出版社，2007年，第161～162页。

教研室的教研员成了“考”研员，他们比较关心的是如何考试，如何出题，如何将自己编写的习题集、试卷、考试辅导材料兜售给下面学校。新课程改革对教研员的角色也提出了新的要求，他们应充当专家学者和广大教师之间的桥梁，将新课程的理论加以传播、推广和运用，帮助教师更好地实施新课程，但实际上，一些教研员仍盯着自己的小集团利益，依然把工作重心放在如何帮助教师和学生应试上。很多有想法的一线教师，特别是那些有着强烈改革精神和意愿的教师，迫于教研员的半行政、半专业化的权力，往往放不开手脚，依然在老路上行走。①

培训机构。这里的培训机构，主要包括两种类型：一种是针对学生的；另一种是针对教师的（也包括学校管理者）。针对学生的培训机构，是指那些社会辅导班、培训班，当然，有的社会辅导班、培训班会与学校联合，一起承担对学生的培训工作。社会培训机构的培训内容各种各样，既有语数外、数理化这些学科知识，也有琴棋书画之类的艺术科目。这些社会培训机构也是基础教育改革的重要影响因素，他们的利益诉求会直接影响教育改革的进展和成效。学生在学校学习的课时减少，而作业又不能布置过多，否则违反上面的教育改革规定要受处罚，这时候社会培训机构必然会介入进来，给予学生相关学科知识的继续辅导和补充。很多家长对学校减少课时、降低课程难度的改革心存疑虑，于是对社会培训机构的补充辅导欣然接受。加之，我们的一些社会培训辅导机构善于宣传，充分利用了家长的功利之心，因此当今中国的社会培训市场异常火爆。还有一些家长，想让自己的孩子学点琴棋书画之类的艺术科目，掌握一些艺术特长，好在将来的考试竞争中占得先机。但是学校里平时主要学习的还是学科知识，因此不得不在校外进行，占用孩子的课外或休息时间。社会培训机构举办的各种艺术辅导班便占据了很多孩子的业余时间。这些社会培训机构，实际上从自己的角度参与着也影响着教育改革。他们举办学科竞赛辅导班，如奥林匹克数学班、物理班、化学班，说是为了发展孩子潜能；他们举办艺术特长班，说是为了促进孩子全面发展，甚至是开发孩子所谓“多元智能”——当代先进的教育理念都成为他们办班的依据。而未说出来的却可能是，交钱给我们就行了，我们能够让你的孩子接受到学校里没有的教育，至于你的孩子是否真能成功，那就看他自己是否是那块料了。如今，针对学生的社会培训机构越来越多，他们或有自己的固定场所和人员，是独立的企业机构，或者借青少年

① 教研室隶属教育行政部门，掌握着教师职称评定的权力，但是他又有一定的专业性，教研员一般都是由教有所成的优秀教师转变来的，他们比较懂教学。

活动中心、图书馆等场所，对孩子进行各种各样的所谓素质拓展和技能提升活动。这些社会培训机构遍布大街小巷、角角落落里，时时刻刻冲击着家长们那些渴望成功、渴望出人头地的脆弱的心灵，让他们形成某种攀比、赶超的焦虑情绪，自觉自愿地花钱将自己的孩子送入其中。培训机构制造出了教育的市场需求，也充分利用了家长的心理，打着全面提升孩子素质的旗号，在扎扎实实地走着应试教育的老路，让学校推行的素质教育改革步履维艰。

针对教师的培训机构也有很多，既包括综合性大学、师范大学、教育学院或教师教育学院、继续教育学院，也包括地方教育行政部门的教研室和省市教科院、教科所、教师进修学校、电大，还包括有关部门临时组织的假期培训班等。一般而言，每次教育改革都会对教师提出不同的要求，教师也需要经过或长或短时间的培训。有时候，上级教育行政部门甚至强行规定，某次教育改革，教师必须经过培训(经过某某单位组织的培训)才能上岗。不管教师是否愿意、是否需要，都要参加这样的培训，并取得所谓的结业或合格证书。参加培训当然要交培训费，不管是教师个人支付，还是有关学校支付，或者各自分摊，反正都要交。只要交了培训费，至于你去不去，去了是否会认真学习，就显得不那么重要了。正是看到了这一市场所具有的巨大的潜在利益，各级各类培训机构纷纷利用自己的权力或社会关系网络，争夺对教师的培训资格或机会。

这里我们选取师范院校与综合性大学这两类培训机构，考察他们是如何争夺教师培训这个市场的，揭示他们冠冕堂皇地参与教师培训(教育改革)理由背后的没有言说的利益诉求。综合性大学想介入、参与教师教育和培训，而师范院校则不愿意它们介入。综合性大学说出来的理由是，“综合性大学具有强劲的学科优势与浓郁的学术氛围，更有利于高素质教师的培养”。未说出来的可能是，综合性大学要拓展学科覆盖范围，也要占领教师教育和培训市场，也要从中获利。而师范院校不愿意自己曾经独享的利益与他人均分，还想继续维持这一由垄断带来的利益。但是却不能明说，而只能说，“综合性大学没有师范教育传统、没有较强的(教师)教育学科及其队伍、对基础教育缺少了解和研究，因而不具备从事教师教育的资质等等”①。教育改革，尤其是涉及范围广泛的教育改革，与过去差异较大的教育改革，总需要教师素质的提升，教师的培训和再教育就在所难免。但是培训不是免费的，要么是个人、所在学校出钱，要么是国家下拨有关教师培训经费。

---

① 吴康宁:《中国教育改革为什么这么难》,《华东师范大学学报》(教育科学版)2010 年第4 期。

师范院校和综合性大学，特别是设有教育学科的综合性大学必将展开激烈的利益争夺。从2010年7月开始实施的“国培计划”①，我们或许可以更清楚地发现各类培训机构在其中未言明的利益诉求。

“国培计划”：改变中国教师

一次培训，终身受益。作为落实全国教育工作会议和教育规划纲要启动的第一个教育发展重大项目，承载着重要使命的“国培计划”甫一启动，就万众瞩目。2010年“国培计划”投入之多，规模之大，覆盖之广，机制之新，效果之显著，影响之大，在此前的国家级培训中是前所未有的。半年多的时间过去了，100多万参培教师从中收获了什么——

……

2010年7月26日，全国中小学教师培训暨“国培计划”启动实施工作会议在京召开，标志着“国培计划”全面启动实施。

所谓“国培计划”，即中小学教师国家级培训计划。与以往不同，此次“国培计划”的出台，中央财政首次投入5.5亿元专项资金，目的非常明确，就是为了进一步加强中小学特别是农村中小学教师培训，促进基础教育改革发展。

“国培计划”包括“中小学教师示范性培训项目”和“中西部农村骨干教师培训项目”两项内容。其中示范性项目主要包括中小学骨干教师研修、中小学教师远程培训、班主任教师培训、紧缺薄弱学科教师培训、培训团队研修等五类项目。

根据教育部师范教育司提供的数据，2010年“国培计划”培训教师110多万人。“示范性项目”集中培训优秀骨干教师1万名，远程培训30万人；“中西部项目”培训农村骨干教师82万人，其中置换脱产研修1.9万人，短期集中培训10万人，远程培训69.4万人。

毫无疑问，这是一个繁复浩大的工程。这110多万教师在接受培训后，又会将培训的内容和模式进一步辐射到更为广大的人群。正如教育部部长袁贵仁在启动实施工作会议上强调的：“要充分发挥‘国培计划’的示范引领、‘雪中送炭’和促进改革的作用。”

那么，如何确保“国培计划”的质量，为广大农村教师雪中送炭，培训方案至关重要。

---

① 康丽、冯永亮、高影：《“国培计划”：改变中国教师》，《中国教师报》，2010年2月23日。

> 对此，教育部师范教育司司长管培俊打了一个比方："如果说'国培计划'是一出大戏，那么，项目规划和项目实施方案就是这出大戏的脚本，如果没有好的脚本，没有好的分镜头剧本，纵使导演和演员再出色，也无法演出威武雄壮的剧目。所以，现在我们首先要把功夫下在规划方案研制上，精心组织，精心研究，精心筹划，做好顶层设计，这是事半功倍的事情。"
>
> 如何设计培训方案，成为每一个培训项目承担者首要的任务。北京大学是此次参加"国培计划"为数不多的综合性大学。与教师培训方面的主力军——师范院校不同，他们充分发挥了综合性大学的优势。"国培计划(2010)——培训团队研修项目"北京大学语文班项目主持专家蔡可副研究员告诉记者，研修项目的理念是"拓宽问题视野，聚焦能力素养"，以新课程进入攻坚阶段的典型问题、疑难问题出发(同时避免"头痛医头、脚痛医脚式"琐碎问题的解决)，通过设计"学习培训＋学习语文"的双线教学内容，落实"拓展问题视野＋解决实际问题"的双层培训效用，充分利用"专家多年积累＋学员问题生成"双重课程资源，形成富有梯度的培训内容。
>
> 北大还承担了国培示范项目的高中语文骨干教师的培训、国培中西部教师远程培训。北大充分利用学科优势，专家团队里既有学科领域的知名学者，又有长期关注中小学课程教学的教授，有专事教育学及培训研究的学者，还有在培训一线长期从事教师教育及教师培训的学科专家、优秀的教研员代表和教师代表。这样的师资组合结构合理，保证从宏观理念、学科知识到具体的课堂教学，从培训方案到语文教学，都能给学员以到位的指导。
>
> 当然，更重要的是培训内容的设计，项目首席专家、北京大学中文系温儒敏教授反复强调："培训不能讲空道理，也不能纠缠概念，重要的是要务实，从培训的针对性入手，突出围绕解决一线教师最容易碰到、最困惑的问题，共同研讨解决的出路。这是研究的收获，也是进步。"
>
> ……

旨在提升中小学教师素质的"国培计划"是直接由教育部发起的国家级教师培训项目，又包括很多具体的子项目，中央财政首次就直接拨款 5.5 亿元，可见中央之重视程度。就连没有学科教育和教学传统的北京大学这样的中国顶尖的综合性大学也参与了进来，不容否认一批北大学者对中国基础教育的热情与关心，对教师专业素质提升的关心，但是，我们应该追问的是，为什么北京大学这样的综合性大学会参与到教师培训中来，为什么其他师范院校、地方教科院、教科所都要参与教师培训中来。《中国教师报》的记者们可能没有看到，当初国家推出这个计划时，曾发文通知全国各地高校、科研院所乃至教育行政部门申报培训计划。国家以类似招标的方式，拟定一个培训计划每年多少经费，吸引有关培训机构申报。包括综合性大学、师范院校在内的诸多培训单位，于是开始围绕国家的“国培”计划要求，组织精兵强将，根据自身特点和优势，竭尽所能，策划新颖而独特的培训方案等，希望能够中标，获得国家下拨的教师培训专项经费。这个市场巨大，第一批就培训 110 多万教师，还有第二批、第三批，对每一批国家都会投入大量的经费。面对如此巨大的教师培训市场，面对如此大的利润，即使学者们有崇高的理想、理念，不为所动，但是其所在单位部门却绝不会放弃。从某种程度上说，培训机构对教师培训十分热衷是一件好事，至少说明他们是希望教育改革的，也正如他们所说出来的，为中国基础教育改革出一份力，为中国中小学教师专业发展做一些贡献，但是未说出来的，或者不好意思直接说出来的则是，参与教师的培训和指导工作，可以获得国家提供的大量的专项经费。照理说，组织一次这样的教师专业培训，需要利用社会多方面力量，耗费多种资源，开销也不少，但是为什么大家还要争着去做呢？原因在于，这样的培训是流水线作业，一批搞定，之后就都一样，形成一套操作流程，成本大大降低，而且还可以借助这个平台，吸引更多的地方政府和教育部门将教师送来培训。有人可能说，国培计划教育部拨付培训单位的专项经费是每个教师每天 350 元，经过成本核算下来，承办单位赚不了几个钱。确实如此，利润很低，但是国培项目的附加值比较高，如果某培训机构申请到了国培项目，将获得本单位的配套基金，即如果教育部拨付 10 万元经费，单位将配套 10 万元甚至更多经费给培训承担机构。这样从国培计划获利还是颇丰的。而且，承担单位因为具备了国家级培训的资格，就可以以此为名去承担其他各级各类的培训项目，从中获取利润。

除了国培计划，每个省（自治区、直辖市）甚至地区也有类似的教师培训计划，比如所谓的“省培计划”“名师、名校长工程”“教育家培养计划”等。省级财政每年拿出一定的教师专项培训经费，用招标的形式，让所在省份地区高校、科研院所、教师培训中心等根据自身的特点，申报各种各样的项目。有时候还会放开，让外省份的大学科研院所、教师培训中心来申报，共同参与名师、名校长的培训、培养。省级教育行政部门对这些项目进行审核，然后发通知让本省中小学教师、校长报名。如果某家单位的项目真正能够得到实施，省级教育行政部门将根据实际教师、校长报名人数给予财政补贴。

某省省培项目的经费标准是每个教师(或校长)每天 300 元。很多有能力承担教师培训任务的机构会积极申报此类项目,其出发点和动机主要也不是为了提升中小学教师专业素质,而是为了本单位、部门经济效益。所以,他们会为此主动与地方教育行政部门联系,鼓励、发动当地学校教师到本培训机构报名。一些地方教育行政部门还与培训机构建立了一些不可言说的秘密协议。

在这种未言明的利益诉求之下,很多大学、科研院所丧失了自己应有的精神和品格。很少有培训机构会反思:这样的教师培训是否真的有必要,是否与以前的培训差不多,甚至就是重复;这样的教师培训是否真正有利于中小学教师的专业成长?利益蒙蔽了培训机构的双眼,可就苦了那些被动的中小学教师。自 2001 年我国基础教育课程改革正式实施以来,教师培训实际上从来没有停止过。教师们被迫一会儿参加这个培训,一会儿又参加那一个培训;一会儿在这里培训,一会儿又在那里培训。结果是大同小异,甚至连颁发的培训结业证书都差不多。然而,这样的培训却始终多如牛毛,个中的原因多脱不开未言明的利益动机或诉求。

3. 专家、学者

专家学者也是参与教育改革的重要力量。① 他们既有教育学科的专家学者,也有教育学科之外的人文、社会科学领域的专家学者,如经济学者、社会学者、法律学者等,理工、自然学科的专家学者,如数学家、物理学家、化学家等。由于学校教育所传授的知识与现代学科建制大致相当,学校教育围绕知识所进行的相关改革,总会与学科专家的知识背景紧密相连;加之自身曾接受过多年的中国学校教育,自己的子孙也正在接受教育,他们对教育的切身体会比一般人更加深刻,对教育改革的具体内容也更加了解,因此他们也会以各自的方式参与教育改革。他们可能直接参与设计、规划教育改革,比如不同地区义务教育均衡发展的经费如何分配,农村学校布局如何调整才能达到学校效益最大化,学校课程中应设置什么样的课程,学生应该学些什么知识,达到什么样的标准等等;还有的是间接参与,比如参与制定国家中长期教育发展规划,各省(自治区、直辖市)地方的教育改革发展规划等。

---

① 学以致用是中国传统学术的一个重要原则。古今学者虽专心治学,但都有一种将自己的学术理论或理念付诸现实的冲动。而官方发起的教育改革正可以为其提供这样一种合法渠道。专家学者们怀揣对教育的不同理想和渴望,有的甚至对未来的理想的教育有自己的一套设计方案。他们的被官方所认同的改革方案,既实现了自己教育理想,也实现了个人社会地位的提升。因此,必将展开对教育改革专业话语权的争夺。

教育学科领域的专家学者，如果按照教育学下面的二级学科分类，可能有十几个学科领域的专家学者。但是那样分类过细，我们不妨笼统地将其分为这样几类：课程与教学论专家、教育管理与政策专家、教育心理专家和教育理论专家。当然这里有一些重合之处，一些专家可能身兼多重角色。教育专家以教育学为自己的专业研究方向，探索教育领域的相关问题，他们也当然会以各种各样的方式参与教育改革，参与教育改革的各个领域。比如直接参与国家教育改革和发展规划的制定，参与国家某方面教育改革政策的制定，还有的通过自己的研究成果为教育改革出谋划策，有的教育专家甚至亲自参与实施教育改革——他们有自己的实验学校、实验区，可以定期进入学校教育的改革现场，亲自指导和实施改革。

专家学者在教育改革中的利益可分成两个方面：一是内在专业成就性的利益；而是外在物质性的利益。[①] 教育改革具有复杂性，会有很多新情况、新问题出现，需要专家学者予以回答。专家学者运用自己的知识，对教育改革进行分析阐述，发表相关成果，获得专业成就感，以及同行的尊重和认同。这种内在专业成就性的利益是专家学者十分在乎的，有时候即使没有外在的物质利益，他们也会不惜一切去追求这种内在利益，因为研究教育、研究教育改革本身就是他们的专业旨趣。当然，专家学者的外在物质性利益也是需要引起我们关注的，因为这往往是他们不愿意说出来的。

这里，我们丝毫不怀疑参与教育改革的专家学者个人的利益诉求，也不否定相当一部分人参与教育改革的崇高的利益诉求，即为了国家、民族未来的发展，为了造就新一代合格公民，为了“中华民族的复兴，为了每位孩子的发展”，这是他们说出来的，或者说是他们所主张的，但是仍不能不追问其背后一些未说出来的利益诉求。他们想参与教育改革，想通过参与教育改革政策的制定实现自身或保持自身的既得利益。他们会批评国家的教育改革，没有听取各方面专家的意见，认为（也是这样说的）教育改革政策、法规的出台应该听取专家学者的意见，这样才有科学性、民主性，实际上可能是国家、政府应该听取自己这个专家的意见。为什么要听取自己的意见呢？因为这样可以保持我对教育改革的话语权，可以让我获得政府资助的项目课题，而且还可以保持自己的既得利益。只有参与官方的教育改革政策制定，成为政府咨询的专家成员，自己对教育改革的研究才更有权威性，才有

---

① 叶澜：《中国基础教育改革发展研究》，中国人民大学出版社，2009年，第108页。

更高的信度。[①] 专家学者们利用从官方获得的权威，去影响中小学一线的教育改革，具体指导中小学实施符合官方意志和要求的教育改革，这既让专家学者们获得很多的社会资本，也让他们获得巨大的经济回报。专家学者们，尤其是以教育学为主要研究方向的教育专家和学者们，会被中小学邀请参与指导他们的教育改革，进而奉送一定的咨询费；专家学者们也会主动出击，以从官方层面获得的教育课题作为诱饵，吸引广大中小学校参加，通常采取的手段是给予这些学校以"实验学校""合作学校"或者"教育改革试点学校"等名头，专家们出思想、出理论，中小学出课题经费。

这里，我们绝不否认相当一部分教育专家和学者参与中国教育改革的积极性，更不否认一些专家推动教育改革与发展，为孩子一生幸福奠基的崇高理想追求，但同样值得注意的是，还有个别专家的主要诉求并不在此。他们要参与中小学的教育改革，说出来的是，教育改革需要专家的理论指导和指引，否则就是盲目的，没有出路的，最终必然走向失败。而未说出来的是，教育改革需要我们这些专家的指导，只有经过我们指导的教育改革才是科学的，才是有前途的、有效果的。而为了让我们亲自指导，你们必须邀请我们去给你们做讲座或报告，给你们的教师提供培训，当然同时你们必须提供培训经费或咨询费。为了更好地宣传自己的与教育改革有关的思想、理论，专家学者们也会向实验学校和培训机构推销自己所编写的教育改革有关指导书籍，甚至推销自己所主编或参与编写的中小学教科书。这些都是少数专家学者们没有或不愿意说出来的利益诉求。

在实际的教育改革中，不同专家学者之间经常也会发生个体（群体）利益上的冲突，但是都不会说出来。说出来的是，对方的教育改革方案违背教育发展规律，会影响教育发展和儿童发展。为了专家个人或群体利益，某些专家可能与决策者联合，或受雇于决策者，论证某项改革的合理性，而对其缺陷则"遮遮掩掩"，或"避而不谈""视而不见"。更不好的是，某些专家学者可能从个人利益考虑，去制造基础教育改革的"问题"，夸大问题的严重性，

---

① 一般说来，在我国，改革专家依附于教育行政部门，在改革中扮演的主要是决策咨询、顾问和指导的角色。他们参与决策，发表论文和著作，收取稿费和版税，但不用对决策的后果负责，因为这是个人观点、一家之言；他们指导改革，获取咨询费和指导费，但不用对改革的实践负责，因为这仅代表个人意愿、没有强迫性。专家群体不仅能够从改革中获得声名和实利，甚至在改革失败了的时候还能保持理论工作者的优越感，对改革本身发表所谓有权威的反思文章或批判言论。见叶澜：《中国基础教育改革发展研究》，中国人民大学出版社，2009年，第108页。专家学者参与教育改革的决策和实践，从中获得自己所需要的内在专业成就性利益和外在的物质利益，但是却不用承担决策和实践带来的风险，这一点，其实作为决策者的政府部门和作为实践者的教师、学校管理者都看到了，因此他们对待专家学者的理论观点或态度、建议，就持十分谨慎的态度，或者干脆不征求他们的意见。看来专家学者参与教育改革的未说出来的利益诉求也为决策和实践者所知晓了。

将个别领导人的偶发“思想”放大为教育改革的严重问题，进而去研究、制定所谓的教育改革方案。

总之，专家学者最根本的未说出来的利益诉求是，掌握参与教育改革的专业话语权，在学术界乃至政府社会层面占有不可动摇的优势和地位。

4. 教师和学校管理者

教师是教育改革的最终实施者，教育改革也会涉及教师的利益，而利益直接制约着教师是否参与以及如何参与教育改革。受传统文化的影响，当代中国社会中的很多人还是倾向于将教师与“清贫”“无私”“奉献”词汇等联系起来，似乎教师就是追求“道”“义”，而不应该追求“名”“利”，即使追求，也不能随便说，以免对学生产生不好的影响。在这种无形的文化传统影响下，教师只能将自己对“利”的追求或考虑埋在心底，因为一旦说出来，就意味着教师自身道德角色的偏离，就意味着不再适合为人师了。所以，在教育改革中，很多教师不敢也不好意思公开表达自己的利益诉求。他们自觉或不自觉地将自己真实的利益诉求隐藏在那些可以说出来的、名正言顺的话语之中。当学校教学时数减少时，教材难度降低时，有些教师会这样告诉学生，学校课堂里讲的这些还是很不够的，同学们课后还需进一步努力，这样才能取得好的成绩，考上好的学校，这对你们将来的发展是大有裨益的。实际上，教师还有别的未说出来的利益诉求，那就是同学们在课后要好好努力，多做一些有难度的题，这样才能取得好成绩，班级的整体成绩才能提高，升学率才能提高，我才能获得好的名声、高的奖金等。现在很多学校都将教师的工资、奖金与学生的成绩（所谓的绩效）联系起来，因此，为了这个目的，教师就会将自己所接受的改革任务要求学生配合执行。一方面是为了学生更好的发展，但是另一方面则是为了学生发展（以学生分数的提高为标志）给教师带来的可观的经济效益和社会效益。

有些教师不赞成教育改革，因为担心自己不能适应这样的教育改革，被淘汰，进而损失既得利益。有些教师赞成教育改革，但是这种赞成背后却往往隐藏着一些不便说出的利益。比如实施教育改革，减少教学时数，减少学生在校时间，降低课程难度，不少教师是支持的，但是他们支持的重要原因却是，可以有更多的时间在学校之外办家教，赚外快。原来教学时间长，教学任务重，没精力也没时间在业余时间办家教辅导学生，现在时间充裕了，这都是教育改革带来的好处。这部分教师说出来的理由是，解放学生，让学生有更多的时间发展个人兴趣，促进学生的个性自由发展，而未说出来的理由却可能是，解放了教师，让教师有更多的时间和精力办家教赚钱。这种教育改革的利益动机不可谓不大也，否则各地教育行政部门三令五申出台的多项禁止在职教师有偿家教的法令、条文，早就能发挥作用了。面对教育改革，少数教师不是将主要精力放在如何更好地提升自身专业素质，推动教育改革，而是将主要精力放在有偿家教上，这种表面上支持教育改革的行动，实际上却阻碍着教育改革。①

很少有教师愿意承认，自己不适应教育改革，不能担当实施教育改革的重任，因为如果那样的话自己就要下岗，就要彻底失去教师职业工作给自己带来的利益。但是他们会以另一种方式言说教育改革，比如有的教师会说，某种教育改革是专家、学者们在书斋里冥想出来的，脱离实际，或者现在不具备实施的条件。他们不愿意花费大量的人力、物力和财力去改变自己，提升自己。但还是有不少教师，特别是青年教师，他们思想活跃，观念新潮，更容易接受新事物，进行大胆的教育改革尝试。他们说出来的是，我们要不断努力，才能提升自己专业素质，才能适应教育改革和发展的需要，才能促进学生的可持续发展；而未说出来的可能是，中老年教师已经有多年教育教学经验，掌握更多的资源，占有更多的优势，青年人要迅速超过他们，只能寻求教育改革，推翻他们过去所熟悉的那一套，大家在同一起跑线上，青年人更有优势。中老年教师已经形成相对固定的教学模式、教育观念，很难在短期内改变，进而建立新的教学模式、教育观念。青年教师的教育经历短，教育经验也少，尚未形成那些固定的教学模式，因此参与教育改革的成本就低。总之，重大的教育变革相当于“重新洗牌”，各方不再具有以前的优势，青年教师可以利用自己年纪轻、学习能力强、善于接受新事物的特点迅速成长进步，进而获得更多的经济和社会资本。这就不难理解，为什么青年教师相对于中老年教师而言，他们更喜欢改革，更善于改革，也更能适应改革了。在教育改革的实践中，很多青年教师迅速成长为骨干教师、优秀教师，成为教育改革的先锋力量。

面对教育改革的浪潮，面对一次次的教育改革，同时也面对青年教师对自身地位的挑战，中老年教师也感觉到了改革的压力。然而，多年形成的“惯习”很难轻易放弃或改变，若改变这些则要付出更多人力、物力和财力资本，自然地，他们对教育改革可能就会采取拒绝乃至反对的态度。他们说出

① 有些教师是赞成类似的减轻学生负担的教育改革的，但是他在减轻学生负担的同时，并没有努力研究专业，探索如何“轻负高质”，而是让学生课后去补习班，去找家教。而补习班、家教班的授课老师正是他们自己。为了学生发展，需要减轻学生负担；还是为了学生，又要求他们课后去补课。说出来的都是为了学生，而未说出来的却是，减轻学生负担的教育改革，可以为个人谋得更大的利益。出发点很好的教育改革，却为一些教师所利用，成为牟取私利的工具，真是很可悲的事情。

来的是，教育改革没有必要，根本是瞎折腾，劳民伤财；或者是，教育改革的时机还未成熟，仓促行动必然会降低教育质量，影响学生的发展；再或者是，教育改革过于激进，步子过大，许多问题还没有搞清楚就开始实施，后果不堪设想，等等。这些说出来的理由很有道理，似乎是从学生发展、整个教育发展的长远利益角度考虑的，但是未说出来的又是什么呢？教育改革将我们和青年放在同一起跑线上，一起重新学习，重新接受培训，一方面我要付出很多的金钱和时间、精力，另一方面我在青年教师面前的优势也全然没有了。即使我学习、接受了培训，教育素质提升了，也会采用教育改革所需要的新的教学方式，但是如果导致我所教的学生的学习成绩下降了怎么办。这也会直接影响我的个人经济利益。

学校管理者作为教育改革的直接领导者、组织者，组织、领导教师实施教育改革，而管理者自身也需要实施一些教育改革，比如教育管理体制的改革。这里的学校管理者主要指学校校长及有关部、处的领导干部(学校中层干部)。学校的管理者基本上都是从基层教师选拔上来，他们有着多年从教的经历和经验，许多也都是优秀教师、骨干教师，在成为学校管理者的同时，不少人依然兼任着有关学科课程的教学。既是教师，又是管理者的身份决定了他们在参与教育改革时的心态和言论更加复杂。

处在管理者的位置上，他们自然地要考虑自身的利益。教育改革需要层层落实，需要管理者时刻监督教育改革的进程，政府教育行政部门不可能直接去指挥、指导一线教师实施改革，而只能依靠学校的管理者，更直接地说就是依赖于学校校长(包括书记、副校长)。校长直接影响教师参与教育改革。校长要求学校教师参与实施教育改革，说出来的是，为了学生的发展，为了学校的发展，也为了教师个人的发展，但未说出来的可能是，为了我校长个人的发展，为了我校长能够获得上级教育行政部门的重视和奖赏。现在很多地方义务教育实行绩效工资制度，校长的绩效不是放在学校内与普通教师一起测评的，而是放在整个县、市、地区的所有学校中进行测评的。地区学校的所有校长一起接受地方教育行政部门的绩效考核，校长们必须服从、依赖教育行政部门。教育行政部门也会将学校是否参与教育改革，参与教育改革取得什么样的成效等作为考核校长绩效的重要指标。在这种情况下，校长能不出于自身利益的考虑，而将教育改革的压力转嫁于学校中层管理者与教师身上吗？

实际中，还有一些学校管理者不愿意率先参与实施教育改革，充当改革的先锋。他们说出来的理由是，我们学校教师素质还存在不足，生源质量也不高，参与实施教育改革的条件还不成熟。未说出来的理由是什么呢？教育改革是有风险的，万一参与实施了上级教育行政部门倡导的教育改革，学校的学生的学习成绩下降了怎么办？中考、高考升学率下降了怎么办？如果因此而导致本地生源质量下降，学校教学质量下降，学校社会声誉下降了怎么办？家长们对学校有意见怎么办？家长们不再将其孩子送到我们学校，学校的收入下降了怎么办？而且，升学率是考察学校领导业绩的重要指标，也是学校领导职级晋升的重要依据，如果因为参与教育改革而导致低的升学率，岂不影响我校长的政治前途？

中层管理者，大多也承担一线教学工作，他们也需要向一线教师那样去参与实施教育改革。不仅如此，他们还要成为教育改革的典范、先进者，这样他们在领导一线教师时才有更强的说服力。在组织教师参与教育改革时，他们一方面要考虑到学校发展的整体利益，考虑学校教师整体的专业发展问题，这是他们说出来的；另一方面他们也不得不考虑自己从参与教育改革的组织领导工作中能够获得什么。管理者从事直接的教育改革领导与管理工作，可能会耽误业务方面的发展，其他一线教师的专业水平在改革中提升很快，无疑对他们原本可能占优势的业务能力造成威胁。他们也可能会顾虑，我对校长负责，对学校发展负责，全身心地投入教育改革中，可是教育改革的效果却并不总是确定的，更不都是积极的，如果得到不好的效果，如学生成绩下降，优秀教师流失，那么校长对我的工作还会持积极态度吗？对我领导教育改革的能力不会怀疑吗？我的职务、职位还能保得住吗？中层管理者也可能退回到一线教师岗位，如果在当初领导教育改革时对普通教师要求过于苛刻，采取的工作方式过于粗暴、专断，那么如何继续保持与那些老师的关系？等等。这些都可能是中层管理者在参与教育改革时会考虑的因素，既涉及经济社会效益，还涉及情感关系。虽未明说，却会直接影响管理者的行动。

学校管理者和教师共同组成校方，借助和利用教育改革（如办学体制改革）为自身牟利。在优质教育资源很不均衡的情况下，广大学生及其家长的高质量教育需求不能得到有效的满足。政府为了让更多的学生享受到高质量的教育资源，也为了更好地实现公平，开始倡导、实施学校办学体制改革，名校可以办民校，实行集团化办学。学校特别是名校、重点学校，在政府政策的指引下，也打着为更多学生享受优质教育资源的口号，兼并一些薄弱学校，开办很多分校，而这些分校多是国有民办性质的。既然是民办性质，那就可以名正言顺地向学生家长收取巨额的学费、择校费或赞助费等各种名目的费用。学校会开设更多的班级，吸取择校生，而择校生的规模经常大大超过正常通过考试招生的规模。家长们也乐此不疲。学校收取的巨额费用，一部分可能还要上缴教育行政部门或政府有关部门。政府不但不用给这些学校投入什么经费，反而能够获得不少额外收入，何乐而不为？这就是教育改革背后的利益，家长、学校、政府有关部门各取所需。

5. 学生及其家长

学生及其家长也是教育改革的重要参与者，他们也经常出于利益考虑，通过自己的方式发出教育改革的声音。[①] 学生虽然缺乏足够的社会影响力，但是其天然的同盟者"家长"，经常会作为其"代言人"，对教育改革发生作用。

在现代社会，由于家长掌握着越来越多的资源和资源配置的权力，因此他们参与学校教育和教育改革的机会越来越多，积极性也越来越大。我们时常能够在网络、报刊媒体上看到家长对教育改革的观点、声音。至于学生，他们发出的声音相对较弱，我们想当然地认为，所有的教育改革其出发点和最终目的都是为了学生发展，他们在享受着我们成人所设计的教育改革带来的利益，因此他们一定是教育改革的受益者。但实际上并没有如此简单，他们也会出于利益考虑反对某项教育改革，这是我们以往经常忽视的一个问题。

学生们并不总是认同教育改革，当然也不是都认为教育改革会对其发展带来好处。有时候，我们构想设计得很好的教育改革，并不为学生所欢迎，相反倒引起他们的一些不理解甚至反对。在"南京高考之痛"的有关报道中，《扬子晚报》的记者援引了一位高考成绩不理想的南京六中马同学的话说："高中3年学校用上课时间组织我们做社会调查，开展第二课堂等素质教育内容，占到全部学习时间的两成多。可这些东西对高考却没有用，我真后悔当初浪费了那么多时间。"据说这个马同学原来成绩还不错，但是在南京大力实施素质教育的改革中，却没有能够在高考中考出好成绩。我们暂且不管导致马同学高考失利的主要原因是否真的与素质教育改革有关，只是就其个人而言，他认识到也感受到了教育改革与自身的利害关系。本来是为了学生的教育改革，却并不为学生所领情，这样的情况其实并不少见，只不过我们不愿意去从学生那里了解其改革意愿。

学生之间都是有差异的，不同地区、不同群体之间都有差异。学生实际上是教育改革的施与对象，很多教育改革都与学生有关系，因此他们也会根

---

① "当成人考虑学生时，往往不言自明地将其视为改革潜在受益者——他们想到的只是成绩、结果、技能和工作，而完全没有把学生作为改革过程和组织生活的参与者。"见林丹：《在互动中制衡——当代中国基础教育渐进主义改革研究》，东北师范大学出版社，2010年，第209页。

据教育改革可能给自己带来的利弊得失去衡量改革的好坏、优劣，去决定是否支持改革，进而决定是否接受这种改革对自己的影响。比如，学校实行的减少学生在校学习时间的改革，有很多学生实际上并不赞成。因为这样的话，他们就会被家长送进各种各样的辅导班、培训班，去承受因为不感兴趣而带来的无聊和痛苦，而且还浪费金钱。在学校里可以做家庭作业，还可以参加一些体育、娱乐活动。

当然也有不少学生是赞成这项改革措施的，但是赞成的动机却是不同的。有些学生可能对学校学习的知识不满足，希望去各种辅导班继续拓宽、加深，可以发挥、发展自己的特长，将来在考试竞争中占得先机。而另一些学生可能认为，学校学习时间的缩短，为课后或放学后的娱乐、休闲、体育活动提供了可能，他们可以放学回家上网玩游戏、看电视，因为这段时间家长还没有下班，正是处于一个自由的“真空”时间。学生们其实也经常会掩饰自己参与改革的利益动机，特别是不愿意说出那些与社会主流思想和价值观念不一致的动机。比如减少学校学习时间可以回家上网玩游戏、看电视的学生，恐怕就不会明说他之所以喜欢这项改革，是因为他可以在家长不在家时打游戏、看电视。他们很可能告诉你，自己有了更多的时间，可以多阅读课外书充实自己，可以参加体育活动锻炼身体之类的。

家长也会出于自身利益需要评判教育改革利弊，考虑如何参与教育改革。家长所考虑的利益既有自己的利益，也有孩子的利益，当然孩子的利益经常是为自己服务的。孩子因为某项改革而受益，有更多的机会上好的学校，接受高质量的教育，获得好的社会职位和地位，这不仅使家长脸上增光，而且可以获得子女的回报。我们现在普遍实行的按所在学区入学制度，是对以前的按学生分数入学制度的改革，但是这并不能让家长们都满意。有些学区的学校是重点学校，有些学区的学校是非重点学校甚至是薄弱学校，如果按照学区划片入学，有些家长就不乐意了，因为他的孩子成绩很好，本可以考上原来的重点学校；而另一些家长则很乐意，因为他们的孩子学习成绩较差，若考试定考不上所在学区的重点学校。面对按区划片入学的制度，家长们使出各种招数来化解应对。有的家长到好的学区买房子，甚至到好的地区谋职(因为那样孩子的户口相应就可以迁到好的地区)，有的就采用托关系、走后门，交赞助费、借读费等方式上好的学校，有的交纳高额的学费去读教学质量高的贵族学校，还有的干脆将孩子送至国外读书。中国家长们为了孩子接受好的教育，甚至愿意倾家荡产，其精神实在令人称赞。家长与孩子的利益根本上是一致的，但是家长们在支持或反对某项教育改革时，一般都不会直接说那是损害到了自己的利益，而是说会影响到孩子的发展，影响到孩子将来获得什么样的社会地位和经济利益。对于家长来说，教育实际上就是一种投资，经济的投资、感情的投资，尽管我们经常说母爱或父爱是无私的，是不需要子女回报的，但实际上有几个家长真正做到只顾付出，不用回报，也不管回报。特别是那些为了孩子的教育倾其所有的家长，难道他们不需要孩子的回报？从人种学的意义上讲，父辈对子辈的抚养、教育，是为了自己这个种系得到更好的繁衍，而只有高质量的后代才能获得更多更好的资源，才能实现这一目标。

家长经常代表学生发出教育改革的声音，虽然二者根本利益一致，但是两者也会在一些具体问题上存在冲突，对教育改革持有不同的态度。学生总喜欢学习轻松点、简单点，老师不要布置那么多课后作业，因此他们对教育部门推行的关于减轻学生负担的改革规定总体上还是很赞成的，但是，家长们就不愿意了，他们会认为，学习内容简单了，但是考试内容不一定简单，而且考试竞争的激烈程度也没有丝毫减弱，如果自己的孩子因为这种改革在考试竞争中处于下风，那么还是不要改革为好。或者你改你的，我们还是得给孩子加码，让他不能懈怠。孩子的自由发展的时间、空间都被家长大大压缩，剩下的依然是没日没夜的苦读。家长实际上都是从个人利益或者从孩子个人纯功利角度来考虑教育改革的，什么孩子"健全个性的形成"，什么"每位学生的发展"，什么"中华民族的复兴"，在其个人利益面前都显得微不足道。

家长经常完全替代孩子参与教育改革，替孩子决定是支持还是反对某项教育改革。家长参与教育改革的根本目的就在于自己的孩子是否能在其中获益。这种"益"不是长期的，而只是短期的。教育改革往往对学生的长期发展作用巨大，但是家长们却宁愿只要短期利益回报，而不愿意期待长期利益回报。南京大学高教研究所所长龚放教授说，大家往往注意到高考失败者的痛苦。实际上，尽管不少学生在应试教育的培养下顺利进入了高校，但他们在高密度课业负担下同样付出了代价，思维火花和发展潜能已被渐渐消磨，令人痛心。高校更欢迎基础扎实、发展全面、富有活力的学生。然而，家长对高校专家的这种观点却不屑一顾。他们说，高校说得比唱得还好听。我也知道素质教育好，思维开阔，素质全面，会吹拉弹唱好，但高考毕竟是按分录取，我孩子差一分也进不了你高校的门。这是一个非常现实的问题。孩子要发展，将来有点小出息，首先得迈进高校的大门。大门都进不去，素质教育又有何用？一些家长直言：还是先对付高考，考上大学以后再来搞素质教育吧![1] 南京实行的减少校内学习时数、减少课业负担的素质教育改革,很多家长只看到短期的利益受损,而看不到长期的收益——素质更好(基础扎实、发展全面、富有活力)的学生。

家长们面对教育改革,出于自身利益的考虑,经常会躲避、逃避教育改革。由于各地教育改革实施的程度、力度不一样,家长尤其是一些比较有能力、有财力的家长会将自己的孩子送到那些未实施某种教育改革或者改革力度较小的地区学校就读。比如21世纪初南京市教育部门开始认真贯彻实施国家有关素质教育改革的政策,努力减轻学生负担,少布置或不布置家庭作业,让学生自主学习,自由支配课外时间;竭力禁止学校拖课和不按时放学,更禁止利用双休日、寒暑假等补课;各中学引导学生开展研究型学习,做社会调查,写学术研究小报告。同时,针对学生的兴趣爱好,进行个性化教学,等等。[2] 但是,一些家长认为南京本地的教育改革不好,会降低孩子高考成功、进入名牌学校的机会,而外地学校却可以实现其子女进入大学或名牌大学的机会。拥有全省一流教育资源的南京,每年却有相当多的同学到南通、泰州、扬州等地高中"借读"。所谓"借读",就是学生保留南京学籍,在高一或高二去那些地方的中学读书,在高考前夕返回南京,成为另一种意义上的"高考移民"。不少学生高考还真的取得了好成绩。赵敏(化名)是南京一中的学生,高二时到南通市启东中学借读。启东中学是闻名全国的奥林匹克竞赛金牌得主制造者,每年总有学生获得奥赛金牌,而高考高分段考生当然也是人数众多。在这个学校借读两年,赵敏受益匪浅。今年,他高考取得了653分的好成绩,从而顺利被南京大学录取。赵敏说,我感受两地教学最大的区别是,农村中学学习抓得太紧,而南京学校到点就放(学),留给学生自由支配的时间很多。[3] 南京家长们正是看到外地学校素质教育改革实施不力,应试教育比较扎实,才将自己的孩子送到这些地方的学校读书。南京家长对南京实施的素质教育改革很不领情,他们埋怨说:"让学生做社会调查,写研究报告,学吹拉弹唱,可高考并不考这些东西,浪费了时间,耽误了学业,影响了前程。"这些倒是家长们的真心话,没有丝毫掩饰。还有些家长不选择让孩子到外地或别的地区学校就读,而是为孩子择校,选择那些在他们看来"抓得比较紧、比较严、比较狠"的学校。在我们国家公办学校受到行

---

① 丁卯:《南京高考年年全省倒数? 高考刺痛南京》,http://www.people.com.cn/GB/jiaoyu/22223/2660505.html。

② 丁卯:《南京高考年年全省倒数? 高考刺痛南京》,http://www.people.com.cn/GB/jiaoyu/22223/2660505.html。

③ 丁卯:《南京高考年年全省倒数? 高考刺痛南京》,http://www.people.com.cn/GB/jiaoyu/22223/2660505.html。

政部门的管理比较多,执行教育改革政策的力度也比较大,但是民办学校却很少受制于教育行政部门关于教育改革的政策,他们的经费主要来源是社会、家长,因此不得不听从于家长的意志和要求,按照传统的"死抓、硬整"方式实施严格的以应试、高分为主要目的的教育。面对整个区域乃至全国范围内的教育改革,这种学校往往会拒斥改革,敷衍改革,却不受相关政策、规范的约束。

二、纵横交错:教育改革参与者之间的利益博弈

1. 纵向:政府①主导下的利益链

"由于任何改革都不可避免地涉及对原有权力行使空间与资源配置格局的重组,并最终导致对原定利益占有份额的调整,因而对绝大多数人来说,最终决定他们是否以及在多大程度上参与或支持教育改革的主要因素,并不是对理念的守持,而是对利益的权衡。"②因此,在崇高的教育改革理想和理念(有一些人确实是真心坚守)背后,参与者参与教育改革更多的可能还是利益的权衡、抉择,围绕着利益展开与其他个人或群体的竞争、博弈。而要实现自身更多的利益,或者保持自身的既得利益不受损失,使教育改革朝着自己所期望的方向发展,那就要努力争取把握教育改革的主导权。利益由政策决定,政策由权力部门做出。权力部门当然要经常运用自己的行政权力,出台相关政策去干预教育改革,维护或争取更多的利益。政府相关部门对教育改革的参与,有时候采取的是消极参与的方式,他们甚至会设置一些障碍来阻碍某些教育改革的政策的实施。因为若真要实施,所在部门或群体的利益可能受到损失,甚至丧失多年来一直享有的特殊利益。因此,政府相关部门必然要牢牢控制着教育改革的主导权,怎么改,改到什么程

---

① 这里说的政府,实际上其内部也是存在不同部门、不同层级之间的利益冲突的。就不同层级政府而言,中央政府和地方政府之间的改革利益就时常存在矛盾。中央政府出台全国范围的教育改革政策指令,总是责成各级地方政府贯彻实施。对于改革的配套保障,中央政府会通过发改委、财政部给予地方政府支持,但是这往往是不够的,甚至是杯水车薪。地方政府在实施教育改革时,也就自然会打折扣。因此,更具体地讲,中央政府掌握着教育改革的主导权,省、市、县各级政府需要根据自己的条件,特别是经济条件贯彻实施中央政府的教育改革政策。比如办学体制改革,中央政府出台相关法律、规定,支持社会力量参与办学,支持民办教育发展,同时要求各地方政府(县以上)根据本行政区域的具体情况设立专项基金,用于资助民办学校,奖励为民办教育做出突出贡献的组织、学校和个人。一些地方政府连公办教育的经费都难以保障,更不用说去设立什么专项资金资助民办学校了。

② 吴康宁:《中国教育改革为什么这么难》,《华东师范大学学报》(教育科学版)2010年第4期。

度，什么时候，但即使在不想改、不想那么深入持续改的时候，他们会说教育改革千头万绪，异常复杂，非短期所能实现，而实际上则是不想触动或损害自身利益。

在中国基础教育改革的场域中，掌握主导权的基本上是政府部门，而专家学者作为智囊团，或者作为政府政策制定、实施的帮助者，只是协助政府部门掌握教育改革的主导权。说政府“基本上”掌握教育改革的主导权，专家、学者也是这样，是因为他们确实在宏观方面主导着教育改革的方向，但是还有一部分微观的教育改革，特别是在课堂教学领域里，教师的教育改革与探索实际上是不受政府和专家学者的制约的。他们以自己的方式参与教育改革，可能这种改革并不符合政府的意志，也不符合专家学者的理念、理想。但是，教师这些微观领域的改革绝不能超出一定的范围，否则外在的政府行政力量、专家力量必然会干预，因为它可能侵犯到了部分利益集团的利益。

在政府部门主导下，各类教育改革相关群体根据需要各取所需，根据实际利益的多少决定参与的程度，各利益群体因此形成某种“利益链”。处于这个“链条”上的任何一个环节出现问题，都将破坏整个“利益链”。决策者要进行教育改革，因为这已经列为本届班子的工作计划或所谓要办的大事之一；主政者要进行教育改革，因为自己新官上任，必须尽快出政绩，否则没法获得继续升迁的机会。要进行教育改革，课本要更换，教学辅导材料要更换，这些要找出版社；教师要培训，培训要教材，培训也要课程专家与教学专家。这其中，教育决策者、出版社、培训机构、课程专家或学科专家群体组成了一条“利益链”。谁不希望进行教育改革？特别是出版社、培训机构，更希望进行频繁的教育改革。因为改革越是多，越是频繁，要出版的教材和教辅读物就越多，而每次教材的更换必然需要重新对教师进行培训。决策者、管理者们实现了任期内的业绩，课程专家、学科专家们可以不断地去培训教师，不断地提供给教师一些短期内就“研究”出来的有关理论。试想，这条“利益链”中如果某个环节出问题了，将会出现什么情况？教育决策者们不想改革，那么出版社就没法不断更新教材和教学辅导读物，培训机构也没必要寻找专家去培训教师。如果培训机构不愿意参与教师培训工作，那么有关教师教育的用书就没有多少市场了，出版社无疑在这方面就没法牟利。如果课程专家或学科专家不愿意参与教育改革，那么教育决策者、管理者就会缺乏足够的教育改革的勇气和信心，而出版机构就无法从出版专家们有关教育改革的书籍中获利，培训机构也无法从频繁的教师培训中获利。教育改革的各相关利益群体或部门，尤其是教育领域以外的一些群体、部门，他们参与教育改革的自由度很大，在改革发动、规划阶段会比较投入，但是到了改革真正运行和实施阶段，需要他们配合，需要他们落实教育改革所需要相关条件保障的时候，他们的参与积极性就锐减了。

政府对教育改革的主导权，其他群体基本上很难撼动。而为了保持或者获得更多的利益，他们只能被动参与。参与或许还可能获得利益，至少可以获得政府所许诺的利益，不参与乃至拒绝，则可能会遭受更大的利益损失。实际上，在教育改革中，相关利益群体都会参与教育改革的，他们会与政府主导的教育改革讨价还价，讨论服从政府主导权的条件，也即在政府主导下的教育改革中，他们可以获得什么。当然，政府在不违背基本原则，即不损害自身基本利益的条件下，会下放一些权力给相关群体，满足他们的利益需要。

政府往往代表着公共利益，担负着整个国家教育改革和发展的重任，要为全体国民提供其所需要的教育。但是，政府也常常为一些利益集团或部门所左右，成为他们在某些改革政策上的代言人，这就是我们平常说的政府被利益集团“绑架”了。在我们国家，一些教育改革政策难以出台，即使出台也难以实施，就与一些利益集团有着很密切的关系。他们可以直接左右政府，但是他们从来不直接说自己是谁，代表谁的利益，而只说自己代表公共利益。这就导致，我们明明知道教育改革遇到阻力，知道改革的利益链十分牢固，知道改革触犯了某些利益集团的利益，但是却不知道这“利益链”的有关组成环节到底是谁。它们像一堵看不见的墙，竖立在教育改革面前。

利益群体还经常以教育改革进入了“深水区”为由，拖延、延缓改革，不愿放弃自己的既得利益。其实，所谓的教育改革“深水区”不少是他们杜撰出来的。改革不能坐等机会出现，而要创造机会、创造条件。退一步讲，即使真的面对“深水区”，如果长期不考虑如何进入，不去触碰那些教育改革的老大难问题，不去想办法努力解决教育改革过程中的困难，那么“深水区”就会越来越深、越来越多，“深水区”的“水”也会越来越浑，最后我们的教育将积重难返，丧失改革和发展的大好时机。

2. 横向：被主导群体之间的利益纷争

政府对教育改革的主导权很难被撼动，有关利益群体都明白这一点，但是可以更接近政府改革的主导权，影响政府进行什么样的教育改革，却是他们可以做到的。最有可能接近政府主导权的是专家学者群体。他们内部经常也会产生利益上的冲突。但是他们维护自己利益的手段主要是通过自己的理论影响政府教育改革决策。政府是中国基础教育改革的真正主导者，充当着裁决教育改革中相关问题的判官角色。政府自己也十分清楚,任何一项教育改革方案的出台和实施,都会在学界有不同的意见,而若等学者们争论到达成共识是很难的或者根本就不可能,即使有可能,那也不知道是猴年马月,而那时再出台这样的政策显然已错失良机。因此,政府自己这时必然会做出决策。这些决策可能是站在某一派专家那边,或者可能是更多地采取了某一派专家的理论和观点。专家们也正是看到了政府最终决定权的力量,于是在没有办法说服对方,取得压倒性优势的情况下,自觉或不自觉地寻求政府的支持。而当政府发现学界的讨论最终都绕不开政府,自己可以充当"学界判官的角色"时,它当然十分乐意,因为这样既显得自己重要,更可以借助学界实现自己的意志。

政府的意志经常发生变化,或因为时代社会发展需要的变化,或因为领导决策层的变化,而对于专家学者们而言,不管他们哪一派取得优势地位,恐怕主要都不是他们专家的理论更具有合理性或说服力,而在于哪种理论或方案更符合某一时刻政府的意志或需要。这样看来,专家、学者们的地位其实也不怎么好,他们所获得的利益都要依靠政府,需要以他们的人格独立和学术自由为代价。他们表面上可以直接参与教育改革,有很多专家也确实应政府之邀参与有关教育改革政策方针的制定,但归根到底这种权力是暂时的,不重要的,因为它是被赋予的,随时可能被剥夺的。

上述专家学者是靠近或接近政府主导的群体,而作为教育改革的重要组成部分的广大教师,其参与主导教育改革的可能性就小多了,即使有个别优秀教师、杰出教师参与,但是也会经常笼罩在专家、学者的阴影之下。教师作为被主导群体的代表,一方面与其他群体存在利益之争,比如与专家学者,与培训机构;另一方面教师群体内部也存在利益之争。他们与那些教育改革主导者或者接近主导教育改革的群体相比处于弱势,很难在利益争夺中占得上风,但是自身的利益却又不得不追求。于是在外在教育改革的压力之下,群体内部就会逐渐分化,有一部分人成为教育改革的获利者,有一部分人成为教育改革的失利者或受损者。在教育改革中我们经常会发现,有一些走在改革前列的教师,他们在政府主导的教育改革中,能够得心应手、游刃有余。教育改革需要教师转变观念,树立新的观念,改变过去的教学方式,建立新的教学方式,这些教师很快就能转变;不仅如此,他们还能够发表或出版很多相关教育改革的经验成果。他们因此还获得更多的经济回报和社会地位、社会声誉。但是还有一些教师,他们在教育改革面前显得很迟疑,甚至批评、拒斥改革。他们可能认为新的教育改革是换汤不换药,与原先的教育一样,或者与曾经有过的教育改革一样,也可能认为新的教育改革过于激进，如果实施风险太大，不一定能取得既定的效果。这一批教师就不会成为教育改革的积极参与者，更不会为教育改革去出版、发表相关研究成果，因此就很难在教育改革中脱颖而出。两部分教师经常在教育改革中产生冲突，前者说后者因循守旧，不思进取，只想维护既得利益；而后者会说前者是机会主义，是教育改革的投机者，仅为了自身名利而不顾学生利益。

教育改革各参与群体组成的“利益链”，实际上是教育改革发展的一种动力。“利益链”上的各方，对对方未说出来的教育改革利益诉求也基本上心知肚明，只不过都不明说出来，假装不知道，大家都在说出来的差不多相同的利益诉求的“幌子”下，承担着教育改革的各方面任务。在政府主导下，各方根据自身的利益需要，展开利益的博弈，据此采取各式各样的方式参与教育改革。

在政府主导下，不同的群体会根据自己的利益诉求影响政府，出台或不出台相关的改革政策。异地高考制度改革就是很典型的一个案例。下面我们将描述一个关于异地高考制度改革的案例，分析作为不同地域家长的利益群体，他们的教育改革利益是如何发生冲突的，又是如何影响某项教育改革的实际进程的。家长群体是一个很复杂的群体，内部分化很严重，不同地域的家长、城市和农村的家长，教育改革的利益诉求经常存在很大差异，甚至截然对立。

2012 年的最后一天，北京异地高考过渡方案出台，符合条件的外地户籍学生，2013 年可以参加中职考试录取，2014 年可以参加高职考试录取。大学本科的录取则尚未公布放开的时间表，只能借考，回原籍录取。目前可以开放给非京籍学生的主要通道有如下几种：中等职业学校、高等职业学校、开放大学（原北京电大）、网络高等教育、高等教育自学考试、北京市成人高考等考试录取。

就在北京异地高考的过渡方案刚公布之后，知名教授张千帆和北京市民阿庆就异地高考进行了辩论，言辞犀利。① 非京籍家长也致信北京市教委抗议异地高考方案。其实在此之前，非京籍家长和京籍家长就曾多次通过不同形式向有关教育部门，特别是向教育部、北京市教委反映，表达自己对高考制度改革的看法和利益诉求。非京籍市民当然是希望北京放开高考，让自己的孩子能够接受平等的教育、高质量的教育；而大多数京籍市民（主要是京籍、三代或以上住在北京的市民）当然是反对北京放开高考，让自己

① 《知名学者和京籍市民就异地高考激烈辩论》，http://edu.163.com/13/0106/13/8KHPP7QC00294JD0.html。

的孩子依然能够独享高质量的教育。非京籍市民范玲认为:“大家希望集全国之力破除特权,现在发现根本撼动不了,根本看不到它的反思,尤其是北京根本看不到孩子未来的前途,被分配的就是中高职的命运,从政府解决这个问题的态度来看,我们也非常失望。”①京籍市民代表阿庆,在和张千帆教授辩论时为了维护现在的高考制度时这样说道:“你想过北京人也有家乡吗,北京人也有乡愁吗?我作为一个土生土长的北京人,我生于斯,长于斯,将来也要死于斯,面对着城市巨大的变迁,胡同没了,京片子没了,由于大量的外来人口,给我们造成困惑,我们也有乡愁。”她在反对异地高考改革时,说出来的是“乡愁”,是自己对北京这个故乡的久远的历史眷念和回忆,是一种浪漫主义的、略带伤感的惆怅,总让人觉得有些矫情。而实际上,她没有说出来的反对教育改革的动机却是,为了自己孩子享受更多机会、更高质量的教育,为了自己的社会地位、经济回报,就要拒斥更多的外地人来北京与其分享、均分。

非京籍市民表面上在与京籍市民的利益相对,与他们在做斗争,但实际上在和出台教育改革政策制度的政府部门做斗争。在上述案例中,政府部门的领导和工作人员绝大多数都是京籍人士,他们在该制度改革中的利益诉求与阿庆等京籍市民是一致的,因此会坚守既定的制度而拒绝改革,拒绝实施意义上的改革。很多非京籍人士因此很失望。即使做了少许改革或改变,但也是出于自身地方或部门利益考虑。为什么北京市的高考制度改革首先在中职、高职方面着手,让非京籍考生报考这类教育?据悉,北京市开放中职、高职,与此前职业学校在京招生长期处于“吃不饱”的状态有关。以2009年的一组数据为例,当年北京市人力资源和社会保障局公布北京技工学校招生计划,预计北京市的28所技工学校计划招收8000名考生,比2008年减少1000人。“就这8000人的指标,现在都招不满,学校要想很多‘特殊’的办法抢生源。”中国就业促进会副会长陈宇表示:“北京市这两年一直在叫苦,说职业教育生源危机。”②原来如此!代表了京籍考生及其家长利益的北京市教育行政部门,让渡了极小部分的利益,却又是为了换取更大利益的回报,而这些又是他们不好意思也不敢公开言说的。

---

① 《非京籍家长致信北京市教委抗议异地高考方案》,http://edu.163.com/13/0105/10/8KETB4HV00294JD0.html。

② 《非京籍家长致信北京市教委抗议异地高考方案》,http://edu.163.com/13/0105/10/8KETB4HV00294JD0.html。

3. 个体判断:教育改革“利益链”的变化

教育改革各方组成的“利益链条”并不是牢不可破的,更不是一成不变的,有时候可能因为某一部分人、某个群体的认识变化而使这个“利益链条”出现断裂。教育改革的过程是动态的,因此改革各方组成的“利益链”也是动态的,有时他和你串在一个链扣上,有时却又和我串在一个链扣上。教育改革参与群体的利益增加还是损失,并不完全是客观的事实,而是经常依赖于参与者的主观认识和判断。在其他群体看来,你是受益者,可是在你自己看来却可能是受损者。因此,当事人对教育改革的深刻理解就显得尤为重要。表面上看,某群体是受益者,可实际上却是受损者,或者相反;也可能现在看是受损者,但是从长远看却是受益者,或者相反。教育改革在初始阶段,经常需要有关各方付出很多努力乃至牺牲相当一部分既得利益,但是随着改革的进展,先期的利益付出逐渐获得回报,而且可能是更大的回报。但是个体或个别群体并不能充分认识到这一点,即缺乏长远的眼光,导致改革利益链的破损。教育改革参与群体即使有长远的眼光,能够看到改革给自身所能带来的巨大利益,但是也并不一定能够保证利益链的完整。为何?他们不仅仅是看自己能够获得多少利益,看看自己的付出是否能够获得更大的回报,而且,他们还会与其他群体比较,同样的付出,其他群体却获得远比自己多的回报,那么,一旦看到或预测到这一点,他们可能就不会那么积极地参与改革了。教育改革的利益链这时候就会出现断裂。在整个教育改革过程中,个体或群体经常会权衡利益得失,决定是否继续参与教育改革,是真的参与还是敷衍应付。

还有一种情况,那就是个体或群体目前看不到或者无法预测,某种教育改革会给自己带来什么样的利益,而如果要获得什么期望的利益,目前的条件还不具备。这时候,他们虽然在“利益链”之中,也是作为重要一环,但却不会那么积极地投身改革,而是对教育改革采取中立或观望的态度。这时候的教育改革“利益链”虽然存在,但是却缺乏一定的“韧性”,经不起“大风大浪”,一旦改革的环境稍微恶劣一些,出现的问题尖锐一些,这个链条就可能断裂。

个体对利益的判断会发生变化,既与个体的认识能力和水平有关,更与个体的身份、地位变化有关。“屁股决定脑袋”说的就是这样的事情。某学生做学生时看待教育改革和自己的利益关系与自己做老师时可能是很不一样的,做教师时看待教育改革改革和自己的利益关系和自己做校长、做教育局长时更可能是不一样的,即使同一个人,在承担家长角色和教师角色时看待教育改革与自己的利益关系时也是不一样的。这些判断，这些对教育改革与自身利益关系的理解和认识，经常发生矛盾和冲突，使个体在决定是否参与教育改革，如何参与教育改革时长心存疑虑，不知如何是好。

三、多方平等、民主参与决策，构建教育改革的利益分配与补偿机制

教育改革错综复杂，涉及多方群体或利益集团[①]，因此为了保证教育改革不至于因为利益分配的不均而步履蹒跚，我们有必要让多方平等参与教育改革的决策，建立相应的利益分配与补偿机制。

1. 多方参与，民主决策

是否进行教育改革，进行什么样的教育改革，首先就会涉及教育改革的决策问题。教育改革的有关群体之所以出现利益上的冲突，之所以对教育改革存在异议，很重要的一个原因在于有些群体没有能够参与到某项教育改革的决策中去。为了保证教育改革决策的科学性、合理性，我们有必要让尽可能多的主体参与其中，充分考虑他们的改革意愿或意志。

多方参与决策，虽然各方基于自身利益诉求的差异而出现对改革不同乃至相对的意见或观点，但是却可以在一些问题上达成初步共识——这就是哈贝马斯所说的“重叠共识”。“重叠共识”的产生本身就说明改革决策的民主性，就为将来多方不同利益诉求的分配与补偿提供了可能。平等地参与教育改革的决策，即使利益受损，但是参与决策本身可以使他们感到被尊重，可以减少以后改革实施的阻力，因为他们更理解教育改革的艰难，能够从大局审视自己的利益损失。而且，参与教育改革的决策，在决策中就能与多方群体权衡对比，也为将来减少利益损失提供了可能。通过这种程序，可以赋予改革方案以足够的合法性、正当性。这样，在改革方案的执行过程中，就可以尽量避免某一方利益被严重侵害的事情，也就不会在事后引起广泛的争议，不会导致改革的搁浅。

在教育改革中多方主体参与，对那些涉及切身利益的教育改革进行公

---

① “利益集团是由具有相同价值需求和利益取向的个人所组成的团体或团体间的联盟。它代表成员的利益，履行利益表达的功能，其对教育决策的影响一般取决于团体的规模、资金及其他资源条件、团体的凝聚力、领导层的工作技巧、团体的社会地位、竞争性组织是否存在、官方决策者对其态度以及在政治权力系统中所处的位置等因素。”见祁型雨：《利益表达与整合——教育政策的决策模式研究》，人民出版社，2006 年，第 166 页。作为教育改革决策者的政府，经常会被某些利益集团绑架，成为其实现自身某方面教育意志或利益的工具。

开辩论。而对改革道路、改革方略、改革任务、改革举措进行公开辩论，让大家知道什么样的改革对“我”最有利，什么样的改革会损害“我”的利益，这样，那些谋于“密室”，对个别利益集团有利的改革就很难出台，最后达成的改革就是一个相对公平的改革。实际上，这就是一个公共政策的公开过程，在改革的大辩论中，反易达成改革的共识，凝聚改革的动力。同时，对利益集团也是一种极大的约束。① 多方主体参与的民主决策机制，为社会成员参与教育改革决策提供了制度基础。“每个公民都应当具有充分的、平等的机会来发现和论证对有待决定之问题的可能最好地服务于公民利益的选择……因为公民的诸善或利益要求关系到公共的诸善或利益，所以公民应当有机会获得对这些问题的理解。”②政府部门虽然仍是教育改革的决策者，主导者，但是他们在制定和执行相关政策时应该公开自己的活动，即公开自己的意见，公开自己的行为，公开办事的结果。唯有如此，才能既促进公民的知情权的实现，又增强公民对政府部门工作的信赖，加强对政府部门的监督。

教育改革中的利益固然十分重要，但是教育改革的决策参与权同样重要，甚至更重要。因为谁也没有办法保证，自己没有参与的教育改革决策，下次依然能够让自己获利。因此，为了保证自己拥有决定利益分配的权力就显得十分重要。这也正是人们重视改革的程序正义之真正原因所在。

此外，由于人的理性的有限性，独占教育改革的决策权的少数群体，无法完全准确预测某项教育改革会惠及哪些人、哪些群体，会在哪些方面、什么时间惠及哪些群体，又会在哪些方面、什么时间会损害哪些群体的利益。这就需要更多的群体参与教育改革的决策，在决策中畅所欲言，表达对教育改革的理想和诉求。

民主是人民主权的体现。它离不开公民的政治参与，需要公民以“主人翁”的意识，将自己的思想和情感投入到关涉自身利益的活动中去。教育改革的决策就是这样的活动。教育是公益性的事业，具有公共性，因此代表各利益群体的公民参与教育改革的决策过程，就是行使公民的正当权利的过程，就是各利益群体表达各自利益诉求、进行互动、交流、协商的集体决策过程。每个人、每个群体都有自己的利益和利益诉求，也都有各自存在的价值或合理性，而要在一定基础上达成一致，那就必须相互妥协。妥协不是一方对另一方的完全屈服与服从，而是在民主协商的基础上达成的一种相对均

① 邓聿文：《“顶层设计”的困境和破解》，http://gb.chinareviewnews.com/doc/1017/7/6/1/101776130.html? coluid=0&kindid=0&docid=101776130&mdate=0724083756。

② 刘世清：《教育政策伦理》，上海教育出版社，2010年，第87页。

衡。民主在本质上隐含着对强势集团或群体(政府就是典型之一)权力的否定或制衡。民主虽然有时候效率不高,甚至会损害弱势群体的利益,但是民主至少创造了一种开放性的竞争秩序,容忍更多的可能性、创造性,为弱势群体的利益和利益诉求实现创造了可能。

在我们国家,政府主导的教育改革很常见,或者说是自上而下的教育改革模式比较常见。这是客观事实,也是历史决定了的,但是并不意味着它与"民主"相悖,或者说"民主"不能很好地发挥作用。自上而下的政策制定和执行模式,也完全可以遵循民主的原则。莫兰就说:"自上而下的政策制定并不一定意味着对民众的压迫或者剥削。国家精英集团的行为有时是出于狭隘、自利的目的,有时也会出于开明、为公的动机。他们有时为了大众的利益而发起改革,甚至自己偶尔还会慷慨解囊。他们这样做的动机也许是利他主义使然,但更多的可能是一种开明的自我保护。就是说,国家精英集团会进行广泛的改革,以保持现有的政策体制,维护他们在此体制中的角色地位,保证民众对此政策体制的支持,以避免民众的不安定。"①换言之,政府部门自上而下的改革决策,即使是为某些利益集团的利益考虑,但是为了社会的安定,更为了由此而带来的安定的社会统治秩序,它必须也应该发扬民主,吸纳各社会群体代表参与民主决策。共同的改革思想、意愿或意志,当然是改革成功的必要前提,但是思想意志的统一,应该是公开、透明而自由的充分讨论的结果,是不同利益群体思想、诉求自由交流、相互作用的结果。

民主决策的过程是一个多元主体主动参与的相互协商、相互博弈的过程,是各社会阶层广泛参与、表达自身利益诉求的过程,在利益冲突中寻求共识或一致。著名政策学研究专家林德布洛姆教授认为,"民主的智慧"就在于能够而且必须在动态的相互竞争与妥协中达成均衡,形成决策。决策主体包括直接决策者、利益集团、政党和公民等,他们有不同的利益要求和价值偏好,也必然产生冲突。如何缓解这种冲突?在林德布洛姆教授看来,只能通过政治的方法,即"政策本身取得一致意见"。他提出建立一种规则,在这种规则下,授予人们一定的权力,并通过人们彼此行使权力或影响力的互动过程来做出统一的决定。林德布洛姆教授的思想启发我们,像教育改革这样的公共事业,要实现民主决策,必须首先尊重公民的权力,不是以武力去迫使别人认同,而是采用说理、有理性的说服的态度,让各群体公开讨论或辩论。

---

① 〔法〕埃德加·莫兰:《复杂思想:自觉的科学》,陈一壮译,北京大学出版社,2001年,第119页。

2. 弱势群体的“平等”参与

然而，在多方参与教育决策的过程中，实际上的“平等”参与并不容易，尤其是对弱势群体（比如教师）而言。即使有多方参与教育改革的决策，但是多方中的一方或几方仍然会利用自身的优势，谋求在决策过程中的话语权。比如官方会利用其行政权威，对教育改革决策施加影响，通常的情况是官方已经有了较明确的改革意向，甚至已经拿出了改革方案，然后邀请社会各方代表参与讨论。再如专家、学者会利用自己的学术专业优势，对教育改革决策施加影响。专家学者经常组成利益集团，或者代表某些利益集团，对教育改革决策施加影响。他们对于那些没有多少学术专业知识的社会群体或代表时，容易以权威自居，以对方不懂、不理解为由，肆意发表对教育改革的决策意见。而这些意见有时与民众的常识不相一致。在行政权威和学术权威的双重压迫之下，其他群体虽参与了教育改革决策，但很可能只是举手投票的配角，以证明有关部门的教育改革政策确实是在“征询多方意见”后出台的。这既与政府、专家学者不适当地发挥权威有关，也与弱势群体个人的不作为有关。

想让政府、专家学者根本放弃其权威恐怕是不可能的，我们应考虑适当减弱其权威和发挥作用的范围。政府在谋划教育改革时，所草拟的改革决策文本应该吸纳多方参与，而不仅仅只是几个职能部门，加上几个专家。这个决策文本应是开放的，或许只规定改革的方向或原则、目标，具体的改革内容和相关举措不宜过细，而应留由接下来的多方参与讨论。专家学者不能仅为政府部门出谋划策，也不能只为自己所在群体说话，还要站在最大多数人的社会公众立场，利用其专业知识为他们呐喊，表达其利益诉求。而对于弱势群体而言，他们人数众多，但是要建立相应的代表机构或组织，通过他们的组织或代表参与决策。换言之，可以在人数众多的大集团内部组建代表其利益的小集团，这样更能有效地参与决策。笔者这个建议来源于美国著名经济学家曼瑟尔·奥尔森《集体行动的逻辑》一书中的思想。

奥尔森认为：“实际上，除非一个集团中人数很少，或者除非存在强制或其它某些特殊手段以使个人按照他们的共同利益行事，有理性的、寻求自我利益的个人不会采取行动以实现他们共同的或集团的利益。”他认为集体利益是一种“公共物品”。这种物品的消费具有非排斥性和非竞争性的特点，即集团中任何一个成员对此类物品的消费都不会影响其他成员的消费。换句话说，即使一个大集团的所有个人都是有理性的和寻求自我利益的，而且作为一个集团，它们采取行动实现他们共同的利益或目标都能获益，它们仍然不会自愿地采取行动以实现共同的或集团的利益。他认为，较大的集团不能增进它们自身的利益的主要原因有如下几个方面：第一，集团越大，增进集团利益的人获得的集团总收益的份额就越小，有利于集团的行动得到的报酬就越少。第二，由于集团越大，任意一个个体，或集团中成员的任何（绝对）小子集能获得的总收益的份额就越小，他们从集体物品获得的收益就越不足以抵消他们提供哪怕是很小数量的集体物品所支出的成本。第三，集团成员的数量越大，组织成本就越高，这样在获得任何集体物品前需要跨越的障碍就越大。于是对每一位成员来说，最理性的行为就是自己不分担任何成本（即不参加集体行动）而坐享其成。如果所有成员都采取最理性行为，其结果就是每个人都想"搭便车"，集体行动无法实现。

从奥尔森的思想我们可以发现，弱势群体往往是人数众多的大集团，规模庞大，成员之间的关系松散，个人付出的代价高，而得到的收益却为整个集团个人所分享，个人所得利益过低，因此个体不愿意行动，也就不易联合。相反，强势群体人数少，规模小，每个人付出的成本清晰，容易计算，而所获的回报只有少数几个人分享，因而容易采取行动，个体之间更容易联合，去维护小集团的利益。或许，这也正是弱势群体之所以是弱势群体，而强势群体之所以是强势群体的原因所在。

鉴于此，笔者认为，像教师这样的"大集团"必须分化或分解为若干小集团，由小集团中的代表去参与教育改革的决策，这样弱势群体"平等"参与教育改革才有可能。① 中国其他群体，比如进城务工人员、农村居民、城市低收入者和下岗工人等，都需要建立能够代表自己的小的集团机构，参与有关教育改革的决策，发出自己的声音。当然，这样的道路将十分漫长，也很艰辛。

3. 建立利益分配与补偿机制

教育改革必然涉及参与各方的利益，进而是各方利益的重新分配和调整，既然如此，我们就不要对"利益"问题遮遮掩掩，而是将其公开呈现出来，建立相应的机制来分配、调节或补偿有关各方的利益。在中国目前情况下，这种机制仍需要政府主导，通过多方平等参与建立。

第一，要建立利益分配机制。长期以来，我们的教育改革实际上很缺乏这种机制，所以在利益分配不明确的情况下，各方哪怕是本没有多少关系的利益群体也会介入到教育改革中，参与利益分成。不管是否符合教育改革

---

① 除了在组织层面进行调整之外，作为弱势群体的个人，也要加强自身的专业素养，提高对教育和教育改革的学识，这样才能真正平等地参与教育改革的决策。

与发展的规律，只要有利可图，则是用尽各种方法介入。利益分配的首要原则应该是获得与付出对等，谁付出多，效果好，谁就能获得多。因此，我们要在此基础上建立分配机制。利益分配机制应规定，谁应该做什么，做到什么程度，在大致期限内完成什么任务，实现什么目标，然后才能获得相应的利益。所参与群体或个人，能够明确知道自己应该做什么，做了什么，做到什么程度就可以获得什么。这个机制规定了教育改革成效的评价标准，参与教育改革的群体或个人，能够据此标准去行动，而不需要根据领导人的意志随意、随便行动。机制规定了参与各方的职责，也规定参与各方不应该有的行为或行动，并且规定好相应的惩罚措施。由于教育改革可能有很多阶段性目标或任务，在前期阶段某些群体或个人可能要付出更多，在中期或后期阶段另一些群体可能付出更多，这时候的利益分配机制中就要有不同阶段的利益分配计划或举措。分配机制还要考虑利益分配的具体形式，比如是直接下拨经费支持，还是授予地区、学校或个人名号等。利益分配机制甚至还要规定，哪些利益群体不得随意进入教育改革领域，即使进入也要有条件、有限度、有底线，否则就要受到相应的惩罚、制裁。叶澜教授在论述素质教育推进改革过程中的利益关系时就曾指出："在行动上，政府需要清理与应试教育相关的利益市场，让谋利者只能合法谋利。规范教育市场须以有利于人的健康发展为基准，要有底线，要有范围的限制，使它不得侵犯不可侵犯之处，一旦侵犯就要受到惩罚。与此同时，还要有利益机制来支持、保障、激励素质教育的实质性推进，……让那些即使想获利的人，也要从认真做好素质教育中得益。要想让素质教育得到发展，不能只靠超功利的精神力量，还要形成有利于改革者发展的利益机制。"①总之，我们要承认教育改革参与者的利益动机，也充分利用这一动机，而不是否认它、漠视它，尽可能公开教育改革的利益分配机制，让所有参与改革者都能清楚地看到自己在其中的利益关涉。

第二，要建立利益补偿机制。教育改革可能会损害到一些群体或个人的利益，或者会让他们付出更多的成本。我们无法想象人们会长期从事损害自己利益或无法从中获取利益的活动。但是，如果让其看到参与改革之后获得的补偿，他们就会容忍暂时的利益损失，而去支持改革、参与改革。这就要求我们建立教育改革的补偿机制。受损越多，付出的成本越多，所得到的补偿也就越多。教育改革中的弱势群体，他们在改革中的利益受损的可能越大，因此越要考虑给他们更多的补偿。比如，从 21 世纪初开始实施的

① 叶澜：《素质教育推进现状及其原因辨析》，《教育发展研究》2011 年第 4 期。

新课程改革，对教师的学习方式提出了很多不同于以往的要求，如发现法、体验法、活动法，重视学生的学习过程。这固然很好，但是对广大农村地区特别是中西部偏远地区农村学校来说，却有可能带来很大的不利。因为这些地区学校的教师本身素质还不够高，地方和学校所能提供的学习资源和保障又很少，连基本的讲授式教学方法都没有能够很好地掌握。在这种情况下学生掌握基本的课程大纲知识都存在一定问题。如果按照政府的教育改革要求，采用一些新的教学方法让学生学习，学生掌握的知识可能更少，离课程大纲的标准可能相距更远。当这些学生去与那些城市学校里的学生一同参加高考时，他们必然因为知识的缺陷而处于下风，"过程与方法"的课程目标更无从谈起。这时候，加大对农村学校的投入，保证其较充分的教育资源和保障，当然十分重要，但是这还不够，还需要对这些学生一些补偿，比如在高考录取方面给予这些地区适当的倾斜。[①] 这既能使这些学校学生获得与城市学校学生平等的发展权利和机会，也能使这些地区学校能够积极参与教育改革。在笔者看来，这种"逆向歧视"政策实际上是对偏远农村地区学校以及学生个人利益的一种补偿，也是对教育改革中弱势群体的关心和关注，更好地体现了社会公平和正义。

教育改革有很多不确定性，参与了教育改革，并不一定能够取得既定的成效，获得相应的回报。参与教育改革本身需要投入很多人力、物力和财力，对学校、群体或个人都是如此。然而付出这些也并不一定能够获得好的回报。很多教育改革都对教师素质有所要求，希望相应的教师素质也有一个好的提升，来适应教育改革的需要。教师就必须主动或被动地去学习、接受再教育，这期间必然要花费更多的时间、精力和金钱。但接受过这些培训的教师，或者已具备教育改革所要求素质的教师，他们在短期内并不一定能取得比过去更好的教学业绩，也不一定取得比那些未接受培训、不具备改革所需素质的教师的教学业绩。在以教学业绩为主要标准考评教师的今天，那些真正参与教育改革者可能并不能取得相应的回报。这时候，我们的利益补偿机制就要发挥作用，来调节、引导教师参与教育改革的积极性。比如对他们所付出的改革努力予以肯定，同时给予他们一定的精神激励和物质补偿。

---

① 2014 年 9 月 4 日公布的《国务院关于深化考试招生制度改革的实施意见》，即广受关注的"新高考改革方案"中就有"增加农村学生上重点高校人数"的意见要求："继续实施国家农村贫困地区定向招生专项计划，由重点高校面向贫困地区定向招生。部属高校、省属重点高校要安排一定比例的名额招收边远、贫困、民族地区优秀农村学生。2017 年贫困地区农村学生进入重点高校人数明显增加，形成保障农村学生上重点高校的长效机制。"

建立利益补偿机制，除了考虑补偿弱势群体或个人之外，还应补偿那些教育改革的先行者、失败者。教育改革是一项不确定的事业，特别是一些带有探索性的教育改革，其不确定性更强，但是它也是一种必要的试验，为未来全局性的教育改革展开提供经验教训。因此，我们对这些教育改革的先行者要特别尊重和宽容，对于他们的失败给予足够的补偿。在现实生活中，我们都希望成功，赞赏成功，成功者是英雄，成为我们顶礼膜拜的对象，而失败者则不是英雄，更不会得到人们的关注、赞赏。中国教育裹足不前，教育改革进展缓慢，缺乏前进的动力，与我们害怕失败，害怕失败带来的利益受损有很大关系。渴望成功，使我们对改革的期望值过高，不敢随便承认，更不敢宣称改革失败。这就产生了一个十分奇怪的现象，只要改革都成功，没有不成功的改革，教育改革亦是如此。这跟我们缺乏某种利益补偿机制有很大关系。我们的补偿机制应仔细审查教育改革先行者在改革过程中的失误乃至错误，分析改革的预期效果和所付出的成本，明确改革者自身的责任。只要改革者的行为符合有关法律法规，确实是为教育事业的发展和学生的发展考虑，而不是为个人和单位小集团牟取私利，那么一时的失误就完全是可以理解，可以原谅的。不仅如此，他们在改革中的努力付出能得到足够的补偿，他们有更多的机会成为先锋模范人物，进而获得他们应有的社会荣誉和晋升机会。这种利益补偿机制的建立，一方面可以使教育改革过程中的问题能够很好地暴露出来，为未来相似的或者更大范围的教育改革提供参考建议，避免重犯错误；另一方面使改革的参与者，特别是组织者和领导者没有了后顾之忧，他们的改革积极性和胆略将充分展现出来。

随着教育改革的发展，利益总量也是变化的，如果说初期的教育改革是一种“增量”改革，既得利益群体可以通过增加利益总量而不损害自身既得利益的情况下实施改革，那么到了改革的中期乃至后期，改革进入了“深水区”之后，进入了更为艰难的体制、机制改革之后，那么既得利益群体的“存量”利益必须进行重新分配和调整，必须割舍既得利益，去实现更大范围的“增量”改革。既得利益群体应割舍既得利益，也就是将自己的利益重新分配给原先利益受损者，并给予他们一定的补偿。唯有如此，既得利益群体才能在新的改革利益调整中继续分得利益。

第三章　改什么

——教育改革的"文化"逻辑

教育与文化有着天然的联系。从人类学的观点看，教育是文化传递与传播的过程，是人类文化延续与发展的必需手段，是人类所特有的活动，因而是一种文化行为，教育也就是文化系统的一个构成要素。[①] 既然如此，那么教育改革就不能不考虑"文化"这一因素。于是我们在此提出教育改革的"文化"逻辑问题。

文化是一种社会现象，是人们长期创造形成的产物；同时又是一种历史现象，是社会历史的积淀物。文化的核心信息来自历史传统。确切地说，文化是指一个国家或民族的历史、地理、风土人情、传统习俗、生活方式、文学艺术、行为规范、思维方式、价值观念等。具体可以分为这样几个层面：一是人类所创造出来的思想文化成果，如文学、艺术、科学、哲学等；二是人类的审美情趣、思维方式、价值观等；三是人类的生活方式、行为方式和规范等；四是人类所创造出来的制度、体制等。

在第一章中，我们已经陈述改革开放以来我国主要一些改革文件或政策，其中都涉及"改什么"的问题。比如《决定》中提出要改革落后的教育体制；《纲要》中提出要改革教育投入不足、教师待遇偏低、办学条件较差的状况，要改革脱离实际的教育思想、教学内容与教学方法，要改革学生思想政治工作，改革落后的教育体制和运行机制等；《计划》中提出要改革教育结构和体制、教育观念和方法以及人才培养模式等；《素质教育决定》中提出要改革相对滞后的教育观念、教育体制、教育结构、人才培养模式、教育内容和教学方法等；《规划》中则提出改革教育观念、内容方法、人才培养方式、教育机制、教育结构和布局、教育投入等多方面。对照上面几个文化的概念层面，我们的教育改革实际上也就是一种文化的变革，比如教育内容、课程知识的改革；教育目的观、价值观的改革；教育教学方法手段的改革；教育管理体制和运行机制的改革等。

从表面看来，教育改革"改什么"的问题似乎很好解决，无非是改掉那些落后的、不适应现实需要的方面，按照国家发展、社会发展和人的发展的需

---

① 肖川：《教育与文化》，湖南教育出版社，1990年，第2页。

要，改掉那些不好的东西。但实际上，在“改什么”的问题上并不是个简单和容易解决的问题，因为它除了涉及背后的利益之外，还会涉及更深层次的“文化”问题。教育改革为什么改这些而不是改那些，为什么这些教育问题而不是那些教育问题成为改革的对象，为什么过去改过的现在还需要改，为什么老是要改那些东西，为什么有人认为需要改的东西其他人却认为不需要改，诸如此类的问题，在深层次上其实都受到“文化”逻辑的影响乃至支配。而这些，都需要我们深入探究。

一、为什么改“这些”而不是改“那些”

为什么要进行这样的而不是那样的教育改革？其中固然有时代社会背景的因素影响，但是教育改革既然是人的社会活动，那就必然会涉及人对改革背景的认知和持有什么样的价值观。因为面临同样的形势和问题，不同的改革者会做出不同的判断，进而提出不同的教育改革政策。那么，改革者的背景认知与价值观是如何影响“改什么”的呢？

1. 教育改革者不同的背景认知

所谓“背景认知”，就是人们对事物、事件所发生以及将要发生其中的环境或背景的一种理性认识。教育改革者，特别是那些掌握决策权的教育改革者，他们会根据所掌握的信息资料，如国家所面临的时代，所处的国际社会的竞争态势，国民经济、社会各部门的发展现状，确立教育的改革方向，即需要什么样的教育，或者需要教育进行什么样的改革。当今中国的教育改革决策者，学历层次越来越高，专家出身的比例也越来越多，这决定了他们在决策时就很可能从自己的专业学科出发，遵照学科的逻辑（比如经济学、管理学、自然科学等）看待教育与个人、社会的关系，考虑教育改革的问题。在确认“改什么”的决策过程中，专家学者也会发挥他们的作用。专家学者会运用他们的学科专业知识，探寻国家社会发展需要与教育改革、发展之间的内在关联，提出教育改革的具体建议。这些具体建议，主要就是关于教育改革“改什么”的问题。

每个人或每个群体的背景认知水平实际上是有差异的，他们在某些时期甚至无法准确判断其所处的形势，所面临的挑战和机遇，因此无法提出有效的改革行动计划或措施。教育改革亦是如此。在新中国成立以后就曾发生过这样的例子。经济社会发展成为国家的主要任务，与发达国家之间的差距依然巨大，但是我们却认为阶级斗争仍是我们的主要任务，只要大干快干，我们很快就可以赶英超美，由此，我们所进行的教育改革不是加强科学技术教育，培养现代国家社会所需要的各行各业人才，而是抛弃课本，离开学校，强调到生产劳动、阶级斗争的实践中去，培养阶级斗争的接班人。结果不但没有赶上英美强国，反倒与他们差距越来越大。所以说，关联性的背景认知是一种能力，是一种需要培养和提高的能力，只有具有这样的能力，我们才能在纷繁复杂的环境背景下，离析出、分辨出真正有关联的各方，确立教育改革的内容和方向。

如今，中国社会处于一个什么样的发展状态或阶段，并不是一个自明的问题，因而需要什么样的教育，需要进行什么样的教育改革仍存在争议。中国现阶段处于工业社会还是后工业社会，抑或是前工业社会？是否存在西方工业社会发展所带来的那些问题，如科学主义膨胀，“工具理性”僭越“价值理性”？中国现阶段发展，是否还需要科学知识？学校是否还需要培养大量掌握现代科学技术知识的专门人才？在今天是否还需要传授中国儒家伦理知识？是否还要学习“国学”？对诸如此类的问题，教育改革决策者的认识水平，决定了我们的教育改革将向何处去。

教育改革的背景有很多，换言之，在特定历史时期，一个国家所面临的问题很多，需要解决的问题也很多，这时候作为决策者的政府部门，是否会将所有这些都与教育改革建立关联，提出相应的教育改革内容呢？不会的，任何明智的政府都不可能指望通过教育改革来解决所有相关国家、社会问题，因而只是选择一些那些他认为最重要的、当前迫切需要解决而且通过教育改革或许可以解决的问题，作为教育改革的背景。这样看来，教育改革者的背景认知还具有选择性。

教育改革者们在描述教育改革面临的社会背景时，往往聚焦在那些他们自己认为是“重要的”社会发展趋势、任务或要求，着力于分析这些被认为是“重要的”社会发展趋势、任务或要求对整个教育工作和青少年发展提出的挑战。至于哪一些社会发展趋势、任务或要求进入到改革者的视野当中，并被改革者作为背景参照或提出改革目标的依据，则取决于许多复杂的因素，如某些社会趋势的社会共识程度、某些社会任务的紧迫程度、实现某些发展要求的政治意愿以及它们与教育实践之间的关联程度等。[①] 可见，背景认知并不是全景式的，无所不包，而是有选择性的，选择的主要依据就是决策者的价值观。

---

① 石中英、张夏青：《30年教育改革的中国经验》，《北京师范大学学报》（社会科学版）2008年第5期。

2. 教育改革者不同的教育知识

如果说教育改革者不同的背景认知是从更宏观的角度确认“改什么”的教育改革的话，那么改革者不同的教育知识则从中观、微观的角度对“改什么”作出判断。教育改革者，尤其是充当教育改革决策智囊的教育专家、学者，他们经常直接参与领导教育改革，其教育知识存在很大的差异，因而必然会影响到教育改革的具体对象和内容。

教育知识是人们关于教育的知识，是对教育的某种理解或认知，教育专家、学者具有这种知识，其他领域的专家学者也具有，他们参与教育改革的决策，对教育改革“改什么”，向什么目标发展，也会有不同的见解，影响政府最终决策进而影响教育改革。比如对教育属性的认识，有的学者认为教育具有经济属性，应该按照市场经济的规律办，教育应该进行产业化的改革；有的学者则认为教育具有公共性、公益性，遵循市场规律，进行教育资源配置方式和教育管理体制的改革是十分必要的，但是却不能进行完全市场化的改革；等等。

教育知识既可能是专家学者们自己从中国教育实践中总结提升出来的知识，也可能是从别的国家引进、吸收来的，还有可能是从中国的教育历史和传统中继承、发展而来的。教育改革改什么？实际上就是要改那些现存教育所存在的问题，所存在的不能适应时代社会发展和人的发展需要的问题。但是由于教育知识的不同，因此教育改革者们提出的改革对象就存在很大的不同，有时甚至根本对立。有的专家会说，某些教育问题应该改，而且必须改，不改，将直接影响到人的发展，也将直接影响到国家、民族复兴大业。可是另一些专家却可能说，这些并不是问题，不仅不是问题，而且还是我们中国教育的优势，我们现在的工作不是要彻底改变它，而是如何更好地完善、发展它。比如21世纪初的基础教育课程改革，在《基础教育课程改革纲要(试行)》中规定了基础教育课程改革的具体目标：

> 改变课程过于注重知识传授的倾向，强调形成积极主动的学习态度，使获得基础知识与基本技能的过程同时成为学会学习和形成正确价值观的过程。
>
> 改变课程结构过于强调学科本位、科目过多和缺乏整合的现状，整体设置九年一贯的课程门类和课时比例，并设置综合课程，以适应不同地区和学生发展的需求，体现课程结构的均衡性、综合性和选择性。
>
> 改变课程内容“难、繁、偏、旧”和过于注重书本知识的现状，加强课

程内容与学生生活以及现代社会和科技发展的联系，关注学生的学习兴趣和经验，精选终身学习必备的基础知识和技能。

改变课程实施过于强调接受学习、死记硬背、机械训练的现状，倡导学生主动参与、乐于探究、勤于动手，培养学生搜集和处理信息的能力、获取新知识的能力、分析和解决问题的能力以及交流与合作的能力。

改变课程评价过分强调甄别与选拔的功能，发挥评价促进学生发展、教师提高和改进教学实践的功能。

改变课程管理过于集中的状况，实行国家、地方、学校三级课程管理，增强课程对地方、学校及学生的适应性。

这些具体目标所对应的实际上就是教育改革要"改什么"的问题，如改革课程过于重视知识传授的倾向；改变课程过于强调学科本位、科目过多和缺乏整合的现状；改变课程内容"难、繁、偏、旧"和过于注重书本知识的现状；改变课程实施过于强调接受学习、死记硬背、机械训练的现状；改变课程评价过分强调甄别与选拔的功能；改变课程管理过于集中的状况。但是在另一些专家看来，基础教育课程改革所列的这些中国基础教育存在的问题，或者是不存在的，或者是不确切的，或者虽然存在，但绝不是问题，相反倒是优点。在他们看来，本次课程改革的政策颁布、实施，都是少数专家运用他们不确切或者片面的教育知识的结果。他们针对性地提出了很多不同意见。比如，认为知识本位、学科本位没有错，学校重视知识传授，重视教师的讲授，让学生在尽可能短的时间内掌握人类千百年来流传下来的科学文化知识，也即间接经验，这也没有错。不是要摒弃知识传授，抛弃讲授法，而是要更好地研究它、发展它，如何更好地向学生传递知识。学科知识本位也不是问题，因为知识本身就对学生发展就具有不可替代的价值，其他的素质如情感、态度、价值观、意志等，都需要通过知识的传递学习来实现。学生学习的主要方式仍是接受式学习，我们要做的不是抛弃这种学习方式，让学生建构式学习，如探究学习、合作学习、讨论学习等，而是改变那些让学生单纯地机械记忆和背诵式的学习，即便如此，在一些情况下，机械记忆和背诵、训练也是必要的。他们还认为，现实的教育不是"应试教育"，"素质教育"包含了"应试教育"，"应试教育"也培养、提高了青年一代的素质。"为考试而教，为考试而学"，也不能笼统说是弊端，它既有积极的一面，也有消极的一面。应试是社会生活必不可少的素质，而且也符合青少年“争强好胜”的“美好人性”。①

双方不同的教育知识直接影响其对“改什么”存在不同意见，进而，他们认为的教育改革的理论基础也存在很大不同，各自认为对方的理论不足以指导中国当今的基础教育课程改革。而他们的很多具体改革“什么”的建议也都受其更深层面的理论知识的支配和影响。如果哪一方的理论基础存在缺陷，或者与中国和中国教育的国情不相适应，那么其具体的改革“什么”的建议也就是站不住脚的。在教育改革中，一方掌握了当代西方的一些教育知识，如多元智力理论、建构主义、后现代主义等；另一方则掌握了苏联的教育知识，如凯洛夫等人的教育理论思想。一方批判另一方所掌握的那些教育知识已经过时，不符合当今世界的发展潮流，而且是我国教育诸多弊病产生的重要根源；另一方则认为一方的那些所谓当代西方新理论并不适合中国国情，而且在实际中造成了很多混乱，会直接影响学生的发展，降低中国基础教育的质量。

专家学者的教育知识有很多是从西方发达国家引进的，因此这些知识必然带有很大程度的西方文化色彩，或者说这些教育知识本就是西方社会文化的一部分，是西方国家依据其社会文化传统，发展教育、改革教育而产生的教育智慧、教育经验。这些国家本身的文化传统的差异，导致其教育知识也是差异很大。或者因为某种偶然性，比如懂得某国语言，经常有机会去某些国家访问交流，我们中国的教育专家学者引进、学习、吸收了某国或某些国家的教育知识，不同国家之间的教育知识差异就转化成了中国专家学者的教育知识差异。当中国学者们运用这些教育知识来为中国的基础教育改革出谋划策时，也就很有可能出现“改什么”的分歧。

3. 教育改革者不同的价值观

价值观是指个人对客观事物（包括人、物、事）及对自己的行为结果的意义、作用、效果和重要性的总体评价，是对什么是好的、是应该的总看法，是推动并指引一个人采取决定和行动的原则、标准。它使人的行为带有稳定的倾向性。价值观是人用于区别好坏，分辨是非及其重要性的心理倾向体系。一个人的价值观是从出生开始，在家庭和社会的影响下，逐渐形成的，一个人价值观的形成受其所处的社会生产方式及经济地位的影响是决定性的，在一定程度上是不可逆的。具有不同价值观的人会产生不同的态度和

---

① 王策三：《认真对待“轻视知识”的教育思潮——再评由“应试教育”想素质教育转轨的讨论》，《北京大学教育评论》2004年第3期。

行为。

教育改革者对于“改什么”也受到其价值观的直接影响。个人价值倾向的改革者,认为个人的自主、自由和独立性更有价值,会提出相应的改革对象,如教师在课堂教学中的绝对权威地位要改变,只有必修课而没有选修课的课程体系结构要改变等。国家、社会价值倾向的改革者,则会提出,学校课程知识过于简单的状况要改变,选修课过多影响教学质量的状况也要改变。注重公平、正义价值的教育改革者,会主张逐步取消重点学校制度的改革,改变薄弱学校的办学条件,推进义务教育均衡发展。注重效率的教育改革者,则会提出加强重点学校投资和建设的改革举措。认为学生的情感、态度很重要的改革者,则会提出改变教育中过分强调认知和知识的教学的状况,而主张加强对学生这方面的教育。认为掌握知识学习过程和方法很重要的改革者,则会提出改变过去教师单方面传授知识的教学方式,让学生去发现学习、探究学习。不同类型的价值观,支配着教育改革“改什么”,进而影响教育改革成为什么类型和价值倾向的教育改革。①

认为教育改革需要改什么,就会制定或倡导颁布什么样的教育改革政策。改什么或许与改革者的利益密切相关,但同时也和改革者自身的价值观、政治信仰等密切相关。在确定改革改什么之前,改革者通常会进行一些调研、考察,获得一些数据资料。但是,持有不同价值观的人在看待这些数据资料时,却会有不同的改革要求。“我们可能会分享相同的数据,至少我们相信我们分享相同的数据,但这一事实并不意味着我们看到同一件事。价值观、信仰、意识形态、利益以及偏见等都塑造我们对事实的感知。”②

正是因为价值观带有很强的个人色彩,所以价值观经常显示出差异、不同乃至对立,受此影响,教育改革在“改什么”的问题上就会存在激烈的争论。教育改革所面临的背景是客观的,但是每个改革者去认识这一背景,确立背景与教育改革的内在关联时,个人的价值观就已经开始起作用了。他会根据个人的价值观判断,什么是重要的,什么是更重要的,重要与否是就谁而言的,教育改革又是为了实现什么样的价值。

为什么改这些而不是改那些?“这些”和“那些”有时不是共时性的,而是历时性的。因为根据改革者的价值观,“这些”和“那些”都很重要,都是发

① 改革者的教育知识和价值观经常是密不可分的,因为教育是人类的社会实践活动,本身就蕴涵着人们对这个活动的一种价值期待,在实然地描述教育的同时,也必然会有应然地描述教育的冲动和期望。人们对未来教育的向往,对理想教育的追求,必然渗透到他们对现实教育改革的态度之中。教育改革改什么?也可以说是改那些与自己理想中的教育不相符合的地方。从此角度看,教育改革实际上也是人们将实然教育转变为应然教育的过程。

② 陈庆云:《公共政策分析》,北京大学出版社,2006年,第97页。

展所需要的，但是，现在只能选择改"这些"；而另一些改革者，依据其价值观，却认为现在只能选择改"那些"，而不是"这些"。这样，改革者之间在"改什么"的优先性问题上就存在分歧。这其实可以看作是教育改革者的价值观序列存在差异。

二、为什么改"这些"与改"那些"反复出现

1. 教育改革的"钟摆"现象

在很多国家的教育改革中我们经常会发现，这次改革改的是"这些"，下次改革改的是"那些"，而再下次改革改的却还是"这些"。教育改革似乎就是在"这些"与"那些"两者之间反复，形成教育改革的所谓"钟摆"现象。比如，在20世纪美国的几次教育改革，一会儿强调学生的个人经验，一会儿又强调书本知识；一会儿强调学生掌握基本的社会与生活技能，一会儿又强调掌握高深的现代科学技术知识；一会儿强调让学生自由选择学习材料，一会儿又强调加强必修课，对学生严格要求；一会儿强调教育效率和效果，强调精英教育；一会儿又强调教育公平和正义，强调大众教育，等等。苏联的教育改革也是一会儿强调学校与社会联系，加强生产劳动环节，一会儿又强调书本知识的学习，加强科学知识的教学，一会儿强调增加知识难度，提高教育质量，培养更多精英，一会儿又要缩减书本知识，降低难度，让每个学生都得到发展。一会儿强调教育管理的集权制，一会儿又强调赋予地方更多教育管理权，一会儿又回过头来认为分权太多，需要集权。

我们国家在刚成立之后，也是一个时期批判学校课程过多、学生负担过重，要削减课程，一个时期又加强学生与现实生活的联系，提倡教育与生产劳动和现实生活特别是政治生活相结合。这种现象在"文化大革命"中发展到了极致。改革开放以后，那种极端的改革虽然不见了，但是教育改革中仍存在"这些"与"那些"左右摇摆的现象。一会儿强调学生知识，一会儿又强调学生能力；一会儿强调学生书本知识的学习，一会儿又强调学生个人经验或体验；一会儿强调教师在课堂教学中的主导地位，一会儿又强调学生在课堂中的地位；一会儿强调放权、分权管理，一会儿又强调集权、集中管理；等等。综观教育改革的历史，我们还可以发现很多这样的"钟摆"之"两极"，同一性的课程与多样化的课程、必修课与选修课、中央集权式与地方分权式教育管理模式、学科课程与经验课程以及学生中心与教师中心，等等。在某次或某一段时期教育改革中被强调的东西，在下次或另一段时期就成为教育

改革的对象,反之亦然。

我们不得不根据自己所处时代和社会发展的需要在两者之间选择。当发现某一种选择经过一段时间给实际造成了不良的后果时,我们又会选择与其相对者,而相对者正是当初需要改革的对象。钟摆有两极,随着时间的变化,这一次"钟摆"所处的一极,可能与上一次"钟摆"所处的一极很相似,但其中的内涵却可能发生了一些变化。比如,同样是学科中心课程,布鲁纳的结构主义课程强调的是学科知识的结构,而要素主义课程强调的却是基础知识和基本技能;同样是强调探究和发现,杜威的经验主义课程强调的是儿童的经验活动,而布鲁纳的结构主义课程强调的却是学生像科学家那样去探究学习。布鲁纳的结构主义课程在吸收杜威的探究学习和发现学习思想的同时,也对其过分强调儿童的经验和兴趣予以必要的反思和批判,也就是说,新的教育体系在批判旧教育体系的同时,经常会其实也应该吸收旧的教育体系的积极方面,这样,教育改革的进步才有可能。正如马克思主义所认为的,事物的发展似乎是重复以往的阶段,但却是另一种重复,一种在更高基础上的重复(否定之否定)。因此,教育改革也不应是新教育对旧教育的简单否定,而应是将旧教育作为联系和发展的环节,如此,新教育才能站得住脚。

教育改革的"钟摆"现象,有一些确实是教育自身发展过程中的演变,人们只是根据其演变规律进行相应的教育改革,为其演变创造一定的条件。但是还有一些,却是人为的"瞎折腾",是不顾教育自身发展演变规律而强行介入、干预教育,是不顾教育发展所需要的条件所进行的改革,是旨在满足少数人利益要求的不适当改革行为。这样的教育改革受一些人二元对立式思维方式的影响,应该引起我们必要的警惕。

2. 不变的教育领域基本关系范畴

"钟摆"贯穿着教育改革,"钟摆"会以不同形式出现在改革的不同阶段。为什么会出现这样的"钟摆"?钟摆实际上代表着教育领域的一些基本范畴关系。这些范畴关系,是教育领域的一些基本问题,如在教育内部,学校书本知识与社会生活实践的关系问题,儿童自由与严格纪律的关系问题,教师指导与学生学习的关系问题,传递书本知识与培养能力的关系问题;在教育外部,中央集权式管理与地方分权式管理的关系问题(这一范畴关系问题是从近代民族国家产生开始的),学校与社会的关系问题,等等。这些基本问题,恐怕是任何国家的教育发展都无法回避的问题,当然也是教育改革中始终要处理的关系问题。

在某一历史阶段，某一些基本关系范畴或许会成为我们改革的对象，但是，只要学校教育存在，不管它如何变化，都离不开这些关系范畴，因为这些共同组成了教育。教育能不传递知识吗？不能。教育能不重视培养学生的社会适应能力吗？不能。教育能不要教师的指导吗？不能。“钟摆”之两极本就是一对矛盾关系，双方谁也离不开谁，一方的存在以另一方的存在为前提。既然这些就是教育领域的基本问题，那么教育改革也就只能在这些问题上翻来覆去，只不过不同历史时期某些关系范畴会有一些新的时代的内涵。

既然是教育领域的基本关系范畴，那其实就不再仅仅是“钟摆”那样的“历时性”范畴，更是现实的“共时性”范畴。学习知识和培养能力、学习紧张与宽松、教与学等，①都是不能截然分开的。每一个都是“教育”不可或缺的，两者的有效结合才更体现出“教育”的真正内涵。教育改革，不能把“教育”改没了，脱离教育的本质。因此，这方面的教育改革都无法用一个去取代另一个，而要考虑改革的“平衡”或“度”的问题。

教育领域的基本关系范畴，这也是由教育本身这一独特的人类社会实践活动规定的，即使时代再进步，社会再发展，只要仍存在我们称之为“教育”的事物，我们的教育改革恐怕就脱离不开这些基本范畴。

3. 不易改变的观念和行为方式

为什么我们中国的教育改革经常强调要改变落后的教育观念，包括教育目的观、教育价值观？而这些的改变却又不是容易的事情。这些观念根深蒂固，很多都是来自中华民族几千年的文化传统，有的已经内化为我们的国民性格和思维方式。我们很多家长都认为，教育的目的就是让自己的子女出人头地，教育的价值就在于实现个人升官发财。读书做官、读书挣大钱，而不是为了个人修养，更不是为了个人全面发展，这就是我们长期形成的一种实用主义、极端功利主义的价值观。中华民族尤其是汉民族，非常注重现实生活，凡事强调“实用”“实际”和“实在”。这种对现实利益的过度关注，内化为中国人的气质性格、行为习惯和思维方式，并构成中国传统文化的重要组成部分。著名学者李泽厚将这一文化概括为“实用理性”。“实用主义”既已成为我们思考很多问题的价值依据、思维方式，那么改变它就绝不是一件容易的事情。改革开放以来，我们十分重视教育观念、教育价值观

---

① 黄济教授曾撰文指出，要辩证地处理当前教育改革中出现的新问题，比如学习知识与培养能力的问题，紧张与宽松的问题，师与生和教与学的关系问题。见黄济：《关于教育改革的几点思考》，《教育学报》2005 年第 1 期。

的改革,出台了很多文件和规定,要求政府部门、社会各界摒弃那种过分功利主义的教育观念,不要片面强调升学率,要重视学生多方面素质或能力的培养。教育改革文件要求我们必须改革只重视学生知识学习的、甚至以应试为唯一导向的教育,注重培养学生德、智、体、美、劳全面发展的素质教育。然而,以应试为主要特征的教育并没有什么实质性的改变,甚至有加剧之势。

照理说,在"实用理性"的影响下,我们中国人应该十分重视学校教育的实用性,应该重视学生所学知识的实用性,更应该关注所学知识与社会生产和实践的关系,关心与现实生活关系密切的实用的职业技术教育。但实际上并不是如此,近些年来职业技术教育发展困难,生源严重不足,广大家长普遍不愿自己的孩子去读职业学校,即使这个孩子的学业成绩再差,家长也希望他(她)能够进入普通高中,甚至不惜花费高额学费进入高质量的民办普通高中。因为,这样可以将来参加高考升入大学。在选择大学时,家长都愿意选择那些普通本科院校,而不愿意选择高职院校。由此可见,我们中国人的"实用理性"其实并不同于美国实用主义哲学所倡导的重视经验、实践,重视知识的工具价值,以有用与否来评价知识的真理性。我们的"有用""实用",只是就知识本身是否可以作为进入下一层级的"敲门砖"而言的,一旦进了门,"敲门砖"就没有什么用了。所以我们不会重视知识能否联系实际、解决社会生产实际问题的价值,而只会看,学了这种知识,可以获得什么样的资格,进入什么样层级、类别的学校。针对家长、社会轻视职业教育的问题,政府出台了很多关于重视职业教育,改善职业教育办学条件的专门政策文件,也在很多整体的教育改革计划中提出普通教育与职业教育结构调整的方案、建议,但是在实际中都很难取得应有的效果,实现改革的目标。职业教育改革的根本难点恐怕还在于人们不易改变的"实用理性"。今后,我们中国的职业教育改革还是会不断地被政府、社会提起,但是可以预料的是,如果我们这种"实用"的观念不变,职业教育改革将仍然只是一场空。

我国政府多年来一直倡导中等教育结构调整改革,也颁布多个文件,其核心就是希望有更多的学生及其家长能够选择中等职业教育,能够尽早掌握一技之长,能够尽快地适应国民经济社会发展的需要。如今,给中等职业教育、高等职业教育等更多的经费和政策支持,但似乎家长并不怎么"买账",依然将其孩子推入普通高中的"怀抱"。在家长们的根深蒂固的观念中,职业教育是没有用的,是没有前途的,没法让他的孩子获得将来社会竞争的文化资本、社会资本。职业教育乃是"形而下之器",在社会中是低人一等的。职业的类别不同,被认为是等级的不同、高低贵贱的不同。对不同类型教育进行分等，对不同职业及从事该职业的人进行分等，差异不再是差异，而都是等级，这种中国千百年来流传下来的等级观念一直在影响着我们的社会，让我们的中等教育结构调整改革步履维艰。这种观念也是我们的教育改革要改的对象，在一些政府相关教育改革文件中也总会提到。

参与教育改革或者说受到教育改革影响的社会大众，对于学校是什么、教育是什么、什么是好的教育等问题，都已经形成某种“定见”。教育改革若与社会大众的“定见”相符，或者相差不太远，则容易为其所接受，教育改革也就顺利些；反之，教育改革就很难进行，更难取得成果。社会大众的这种“定见”受到其多年受教育经验的影响，受到其所处的时代、社会环境影响，也受到传统文化的影响，一旦形成，就很难改变。社会大众的“定见”改变也不是不可能，只不过需要较长的时间。一般需要八年、十年，甚至有时需要一个时代，也就是二三十年，才能彻底将教育改革的言说，顺利地转变为社会大众所能普遍接受的信念或文化。① 社会大众“定见”改变的艰难，意味着教育改革要获得社会大众的理解，进而获得社会舆论的支持，并不是件容易的事。

在教育改革中，学生负担问题也一直是改革的对象之一。一会儿学生课程内容过于简单，学生没什么课业负担，教学质量没有保证；一会儿又是加深课程内容，加强考试和考查，保证教学质量。学生负担过轻，导致学生过于散漫、自由，学生负担过重，导致学生生理、心理压力大，不利于其全面发展。我们国家也是如此。近些年来，通过与一些发达国家的比较，我们认为本国中小学生的学业负担过重，很多学生承受着巨大的压力，因此减轻学生负担就成为教育改革的对象。为此，政府相关部门出台了多项改革举措，也多次出台相关举措，包括减少学校课程学时，减少课程内容，降低知识难度，甚至禁止学校节假日补课，但是结局又如何呢？学校依然在通过各种方法、借口给学生补课，有些地方教育部门、学校虽然不再给学生补课，确实减轻了学生课业负担，但是很多家长却不愿意，他们或者将其子女送到社会培训机构补课，再学习，或者直接呼吁、要求学校节假日给学生补课，布置更多的家庭作业。社会、家长这种极端功利主义的价值观，使得政府有关部门即使三令五申，出台再多的政策文件，对教育实践的改善也没有任何实际的意义。与此紧密相关的是家长们的学习观。家长们认为学习就是刻苦用功，就是“死揿”，不能有半点空闲，否则就会被别人赶上；要想超过别人，想出人头地，那就必须比别人付出更多；你不加班加点，补课，别人也会这样做，到

① 单文经：《教改性质的历史分析：逡逡巡巡步向理想》，《教育学报》2006年第2期。

时候落后的就是你。

上述观念的存在，很难在短时期内有什么改变，而且在当代中国社会这个竞争激烈的背景下，更难指望中国人不那么功利。所以，教育改革中的有些问题，始终成为教育改革的对象，虽然难改，但是还是要改，仍是我们不断改革、反复改革的对象。

人的行为方式、习惯也很难在短期内改变。在中国的教育传统中，教师的角色就是“传道、授业、解惑”，就是一个知识权威的形象或代表。教育、教学的过程就是教师向学生系统地传授知识，让其理解，并能够运用这些知识解决一些问题。在教学过程中，教师是主导者、控制者，学生听从教师的教学安排，认真倾听老师的讲解。教学就是老师教，学生学，在老师的指导、带领下学习。虽然中国的教学传统也强调学生主动学习的地位和作用，但是作为教师的“教”的过程，也是必不可少的。自从19世纪末20世纪初从日本翻译学习德国教育学家赫尔巴特的教学阶段理论之后，重视“教”的传统与现代西方教学理论实现了接轨。赫尔巴特及其继承者的“四步教学法”“五步教学法”因其方便易行、操作性强，而为中国中小学教师广泛采用。可以说，教师们对这种教学法已耳熟能详，并将其转化为教师的行为方式和习惯，一旦走进课堂，他们都会采用这种教学方法。在一些人看来，教师们这种教学方式，在某很大程度上忽视了学生的主动性、积极性，不利于培养新时期所需要的创造性人才，因而必须成为教育改革的对象。

上好课，就是一个教师的主要任务。为达到此目的，他必须认真备课，准备好需要传授给学生的知识，然后逐步讲解透彻，让学生理解掌握。在我们的观念中，教师就是上课的，为上课做准备，课后布置作业，检查学生掌握知识程度。教学内容都是教科书上的东西，不需要教师考虑教科书以外的教学内容。换言之，现在的校本课程开发，都不是教师的事情。课程是国家设置的，课程内容也是带有统治阶级意识形态色彩的，它不需要广大教师参与设计，教师只需要考虑，如何将那些代表国家意识形态的课程内容有效地传递给下一代。中国几千年的大一统的中央集权式管理体制，中央政府对教育有绝对的统治权，教育所要传递的内容都是经官方修改、审核的，国家也是将这些内容作为统治阶级的意识形态，要求自己国家的读书人学习接受的。自隋唐以来，中央政府开始通过科举考试的形式来选拔官员，而科举考试的内容就是官方所审核确认的四书五经等儒家伦理知识。新中国成立以后，共产党领导的中央人民政府依然采用中央集权式的教育管理体制，全国统编教材，也是将学校教育内容作为维护统治阶级地位的意识形态的重要组成部分。普通教师是没有也不能对所选择的课程内容有多少自主权的。可以说，自古以来我们中国就缺乏现在所说的“课程传统”，而有着丰富的“教学传统”。广大教师在如何教学上面可以充分发挥自己的聪明才智，实际上，中国的教师们也确实创造出了非常丰富的教育、教学智慧，并将教育教学发展成为一门艺术。很多教师能够熟练地驾驭课堂，也能高效率、高质量地完成传递课程知识的任务。他们不需要对所传递的知识内容过分操心，而只需要通过各种可能的教育、教学方式，传递既定的知识内容。在此过程中，学生的自主性、主动性，学习的积极性也可以得到很大程度的发挥。即使只是采用传统的讲授式教学，很多教师依然可以让他的课十分精彩，让学生获益匪浅，让听课的人回味无穷。

中国教师这些教学行为方式，接续传统且今日依然十分有效，要想通过几次改革就可以转变成为今天的发现学习、探究学习、合作学习，可能只是我们的一厢情愿了。我们要知道，“在过去与现在之间存在着双向的交通，现在是由过去铸造的，然而又不断地再现过去”①。这种植根于历史文化传统的人的行为方式或习惯，岂能随便改得了？这些行为方式或习惯的改变不是一蹴而就的，需要长期的过程，因为，“教育实践是一种文化，而文化变革越是缓慢，才越能得到确实的成果”②。

每个国家都有自己的教育传统，这是该民族若干年来形成的文化遗产，是其所创造的“教育价值观、教育制度和教育活动方式等的表征；它使代与代之间、一个历史阶段与另一个历史阶段之间保持了某种连续性和同一性，构成了一个社会创造与再创造自己的教育密码，并且给教育发展带来了秩序和意义”③。改什么？并不能由我们随意决定，也不能仅靠一腔热血就能实现。“改什么”实际上就是在教育传统上的调整、变化。这种教育传统，特别是像我们这个有着五千年历史和文化传统的国家，经过了长期历史检验和重新选择，已经积聚了很多优秀的至今仍十分有效的教育传统，它们的存在本身就证明了自身的价值和价值优越性。它们贯穿着我们整个民族的历史发展，其自身的“连续性、同一性”并不容易改变。

---

① 〔英〕E. H. 卡尔：《历史是什么》，陈恒译，商务印书馆，2007 年，第 6 页。

② 〔日〕佐藤学：《静悄悄的革命》，李季湄译，长春出版社，2003 年，第 8 页。

③ 柳海明、孙阳春：《中国教育改革的理性诉求》，《教育学报》2005 年第 3 期。

三、改什么:中国基础教育改革的文化自觉

1. 教育改革与文化自觉

改什么? 教育改革中涉及的很多内容都是文化的不同层面,因此也可以说,教育改革根本上是一种文化改革。面对世界各国基础教育改革的趋势和潮流,我们中国不断向西方学习,改革那些落后的、不适应自己需要的文化,但是却出现了简单移植、全盘西化的现象。一些学者则认为,中国今天的基础教育改革仍然要继承、发展中华民族数千年来的传统文化,甚至在某种程度上"复归",这样才能彰显中国特色。在全球化的今天,世界各国之间文化交流、交往日益频繁,以儒家文化为主的中国传统文化与以基督教文化为主的西方文化之间的冲突与融合并存,我们到底应该如何看待本国文化和他国文化,直接关系到我们进行什么样的教育改革。这就是费孝通先生提出的"文化自觉"。

在费先生看来,"文化自觉"是指"生活在一定社会中的人对其文化有'自知之明',明白它的来历、形成过程、所具的特色和它发展的趋向,不带任何'文化回归'的意思,不是要'复归',同时,也不主张'全盘西化'或'全盘他化'。自知之明是为了加强文化转型的自主能力"①。在全球化时代,我们中国人应该"深入到中国的文化中和中国人的生活中去认识自己文化的历史和现状,……用科学的态度去体会、去认识、去解释"②。费先生的"文化自觉"可以归结为16个字:"各美其美,美人之美,美美与共,天下大同"。

乐黛云教授认为,费孝通先生事实上给"文化自觉"提出了一个坐标:"纵轴是从传统和创造的结合中去看待未来,结合过去同现在的条件和要求,向未来的文化展开一个新的起点,这是一个时间轴;横轴是在当前的语境下找到民族文化的自我定位,确定其存在的意义和对世界可能作出的贡献,这是一个空间轴。任何民族文化都可以在这个坐标上找到自己的定位。"③就当代中国而言,我们一方面应该深刻认识和反思自己的民族文化,积极发展、弘扬自己的文化,以使其适应当今社会发展的需要;另一方面应该积极主动地参与国家文化交流,深入了解和吸收世界各国先进文化,学习

---

① 费孝通:《费孝通论文化与文化自觉》,群言出版社,2007年,第190页。

② 费孝通:《费孝通论文化与文化自觉》,群言出版社,2007年,第174页。

③ 《乐黛云谈文化自觉:各美其美,美美与共》,http://news.xinhuanet.com/school/2006-08/14/content_4958207.htm。

他们的优秀文明成果，用以发展我们自己的文化，为世界文化发展做出贡献。

文化自觉，从根本上说就是对本民族的文化和别国的文化有充分的认识和理解，认识到两种不同文化的差异性和不可完全替代性，明白各自优势和缺陷，进而寻求改进发展本民族文化之路。因此，文化自觉就意味着，在文化反思中重建自身的民族文化。文化自觉既不是全盘西化，也不是全盘复归，而是在反思、对话基础上的文化保存、维护，是在反思、对话基础上的文化改造、创新。

诚如上文所述，教育改革在根本上是一种文化的变革，因此教育改革必须有费先生所说的“文化自觉”意识，这也是中国教育改革应该具有的一种态度、立场。

2. 美国基础教育改革的文化特质

这里我们还是选择美国作为研究比较的对象，因为正是这个发达资本主义国家——当今世界第一强国，近些年来一直是中国基础教育、高等教育学习的对象，我们的很多教育改革甚至都是以美国为模板进行的。美国改什么，怎么改，成为一些改革者在计划和实施中国教育改革时首先考虑的问题。我们向美国学习、借鉴他们的基础教育改革经验，首先必须深入了解内蕴于其中的文化特质。

(1)个人主义。个人主义是美国文化的核心，在美国人的思想中占据主导地位。个人主义影响到美国的政治领域、社会生活诸多领域。个人主义的精髓是宣扬自我，表现自我，个人价值至高无上，它强调自我支配和自我控制，反对权威、宗教、国家和社会以及其他以任何方式干涉个人自由和发展的外在因素。个人主义主张，个人是一切价值的中心和主体，社会只是实现个人目的和意志的手段、工具，个人才是最终目的。每个人都是独立的个体，可以按照自己的意愿、意志去生活、选择。衡量个人价值的标准就是物质财富的多少，即个人赚钱多少。个人前进的动力就是赚取更多的物质财富，以证明自己的价值。所以在美国社会，企业家普遍受到尊敬，人人都想个人创业发家致富。个人主义深深地影响着美国的学校教育，在美国，学生的个性受到高度的重视，与别人不同就是一种令人称赞的品质。学校、家庭也十分尊重学生作为独立个性的人，提供机会、创造条件让学生自己独立。比如鼓励他们参加社区公益活动，自己经商打工挣钱，购买自己想要的物品，等等。学校教育也鼓励学生自我表现，鼓励他们通过自己的努力实现自己的个人价值。个人主义对学校教育实际上是存在戒心的，因为学校往往代表社会主流意识形态，会对个人的思想、价值观产生影响，妨碍个人的个性和思想自由。因此，一些美国家长就不让学校教师干预学生的思想或价值观，甚至一些家长不将自己的孩子送到学校接受教育，而是将其留在家里自己教育。

(2)冒险、创新。美国人喜欢冒险。从首批英国移民登上北美大陆那一刻起，恶劣的自然环境，从没有人开垦过的大片土地，就造就了美国人开拓进取，敢于冒险的精神。在这片土地上，没有什么既定的文化传统要去遵循，没有什么既定的社会法律制度要去遵守，而且，最早进入北美大陆的移民，就是原居住地的一些叛逆者，他们对传统的制度已失去好感，希望建立新的自由的天地。严峻的自然环境，逼迫美国人必须冒险，确立与传统不一样的生存方式。美国人不满足于传统，更不满足于现状，而是不断创新，寻找各种可能的更好的生存方式。美国不像欧洲，也不像中国那样有较为久远的历史文明，他们没有什么"历史"的包袱，可以根据自己所面临的环境和问题自由创造新思想、新理论，而不需要考虑这些新思想、新理论是否符合历史上某位权威的思想、理论。冒险、创新精神可以说已经成美国人的一种生活方式。他们总是不满足于现状，不惧怕任何权威，不断寻求新的刺激和挑战。在学校教育中，学生的创造性受到老师的重视和赞赏。美国教育主张，老师不应把现成的答案传递给学生，而是让学生去探究，经历"思想的探险"。老师的答案并不是无可置疑的，学生完全可以通过自己的独立探究推翻老师提供的答案。学生自由探究问题，虽然可能步骤繁琐，答案结果也可能不正确，但是老师依然要给这样的学生打高分。所以，美国的学生很自信，他们敢于向专家、权威挑战。

(3)自由、平等。在美利坚民族的形成过程中，许多从欧洲大陆来的移民将资产阶级自由思想也带到了美洲。美洲大陆没有欧洲社会那样严格的社会等级，在广阔的天地中，每个人都必须通过自己的辛勤劳动才能获得生存的可能。移民本身就是因为所在国家不能给他们充分的自由，包括宗教自由、政治自由，所以才来到美洲新大陆的，因此他们分外热爱自由、珍视自由、崇尚自由。在美国，除了法律明文规定加以限制，并由执法机关及其人员执行限制外，任何机关或个人不得非法剥夺或限制他人的自由。在教育方面，由于宪法并没有规定教育权在联邦政府，因此各州就享有自己的教育权。美国的教育管理体制是分权式的。每个州由于有了教育权，因此就可以根据自己的情况建立多样化的、富有特色的教育体制，甚至每个学校可以自由设置学校课程，每个教师也可以自由选择所要传授的课程内容。美国是个移民国家，不同国家的移民群体都有不同的文化、价值观，但是在美国这个“大熔炉”里，基本上都能受到应有的尊重。每个人都是自由的、平等的，只要凭借个人努力，就能实现个人理想和价值，而个人实现理想的领域、范围是开放的、多元的，并不仅仅局限于政界、商界等少数几个领域。在美国的学校里，有很多课程可供学生自由选择，特别是品种繁多的选修课程，为学生个人提供实现个人价值的机会。要给每个学生自由，那就必须给每个人实现个人理想和价值的均等机会。所以美国人对教育中的不公平或歧视现象十分敏感，他们倾向于大众型而不是精英型的教育价值观。

(4)实用主义。实用主义是美国土生土长的哲学思想，并且也已内化成为美国人的价值观或思维方式。美国实用主义的形成，实际上也有英国经验主义哲学的影响。开发北美大陆，向西部进军，需要人们打破一切的条条框框，服从于实际问题的解决，而不是去抽象地思辨，建构理论。判断理论是否是真理，唯一的标准就是看它是否有用、有效、有利。只有经过亲身经验或实践验证，才知道是否有效、有用，而停留在抽象思辨、概念游戏上的逻辑论证，无法解决实际问题，更无法判断理论是否有效、有用。重视实践的美国人，不喜欢欧洲传统哲学的形而上传统，走上了另一条截然不同的新路——实用、实践之路。他们立足于现实生活和经验，搁置那些悬而未决的观念，把采取行动作为主要手段，把是否有效、有用、有利作为判断依据，一切为了实际的效益和结果。这也影响到美国的教育，他们十分重视学生的动手实践能力，重视其探索、冒险精神的培养。什么方法能取得效果，能取得什么效果，光坐在那里空想是不行的，学生得做，得动手实践或实验操作，得通过参加实践去检验。美国人喜欢动手实践，喜欢参加社会实践活动，而不是抽象思辨、冥想，因此很多中小学生在选修课程时，会选择家政、园艺、驾驶等动手实践性课程，而对于那些需要抽象思维的课程如数学、科学则少人问津。

3. 中国基础教育改革的文化特质

与美国文化相比，中国文化中有很多不同之处，这些是我们在进行中国的基础教育改革时必须首先自觉的。

(1)社会主义。在中国传统文化中，个人是作为家庭、家族的一个成员存在的，他也是有着独特的社会身份角色的人，个人的思想和行动也都是以家庭、家族乃至整个国家的价值为标准的。个人始终是作为家庭、家族的一分子在承担使命，行使职责。个人的价值就体现在为国家、社会服务，承担相应职责之中。当个人利益与国家、社会利益不一致或相冲突时，个人必须做出牺牲。传统文化中非常重视个体的献身精神，并且将献身于国家社会利益作为衡量一个人道德品质的最高标准。个人努力和奋斗，不是为自己的个人价值实现，而是为自己所在的家庭、家族的繁荣兴盛。在我们的传统文化中，个人学习或经过其他努力成功，都是为了“光宗耀祖”“光耀门楣”。在社会和集体中，个人不能突出自己，显示自己在集体中的能力或价值，而要经常贬损自己，表现得十分谦虚，将成绩归功于他人和集体，这样才能获得别人的认同和尊重。个人在集体中是不能表现出很强的独立性的，也不能表现出很强的个性，因为那样很可能受到集体中其他成员的孤立。传统文化的这种影响，一直渗透在当今中国的教育改革中。我们虽然也开始强调学生个性，但同时仍十分强调个人利益服从集体利益，强调个人利益的牺牲以成全国家、社会利益的实现。

(2)保守、守成。由于个人没有多少真正的独立性，他对社会、集体不能也不敢提出质疑、批判，而只能接受既有的一切。将既有的这些奉为圭臬，特别是对于那些前辈祖先创造出来的思想成果，更是不敢随便有什么异议，而只是保存、接受。其实，并不是中国人本身就缺乏创新精神、创造意识，实乃缺乏这种动力。中国传统社会的结构是“超稳定结构”，社会变化十分缓慢，人们只需要按照祖宗定制按部就班地生活就可以了。不创新，社会依然运行良好，甚至更好，这使得社会中的个人就只需守住“祖宗的基业”即可。人们也不敢创新，因为创新使本来熟悉的东西变得陌生，需要更多的成本，创新往往带来更多的不确定性乃至混乱。因此，在学校教育中老师也不鼓励创新，学生也不被容许创新，只需要接受教师所传递的书本知识即可。

(3)等级观念，惧怕权威。中国文化中有着很强的等级观念，上级与下级层次分明，下级对上级只能绝对服从，而不能批判、质疑。中央集权制的管理模式被认为是有效的管理模式，因为它可以快速、有效地实施、实现上层的意志。因此在中国，中央政府对教育一直有着绝对的领导权，地方政府最多只是执行中央政府的教育理念和方针。地方政府若想对本地的教育有所革新，那么首先必须征得中央政府的批准，否则很可能被视为非法，被叫停。尽管这30多年来我国教育管理体制也在不断改革，管理的重心不断下移，地方政府和部门、学校获得越来越多的权力，但是相关体制改革并没有配套，比如教育经费分配拨付的主导权仍由中央政府部门牢牢掌控，传统的“中央集权制”仍实际发挥着至关重要的作用。下级部门对上级部门负责，对上级行政领导负责，唯上级马首是瞻。这种传统观念，使得基层教育部门的办学自主权常常有名无实。在学校教育领域，师道尊严的观念也一直存在，虽然近年来随着学生地位的上升有所弱化。教师代表上层统治阶级，传递统治阶级的意识形态和观念，学生必须接受。教师就是知识的权威，是传

"道"之人，他们掌握着"道"，掌握着真理，学生通过接受"道"而获得个人修养的提升和进步。在学生那里，教师就是权威，是神圣不可侵犯的，是不可随便质疑的，必须尊重这种权威。因此，中国学生在思考和解决问题时，经常会自觉或不自觉地去想，我的答案是否符合权威的意见，是否符合标准答案。

(4)实用理性。上文已经述及中国人的实用理性，不同于美国的实用主义。美国的实用主义重视经验、实践，主张一切都依赖于人的实践经验去验证，而不是形而上学的思辨。因此，美国基础教育十分重视学生的动手实践能力，重视学生探究问题的意识，自由探险的意识，而中国的实用主义所理解的"实用"，却截然不同于美国，它是指那些本身没什么用的东西，如果它能够带来别的我们所需要的"用"，那就是有用的。就好比那些枯燥无味的奥林匹克数学、物理或者化学知识，本身没有什么实际用途，只是一些智力游戏、文字游戏。美国孩子就不喜欢学习这些无用的知识，但是我们很多中国孩子却喜欢。其实中国孩子也不是真的喜欢，而是他们的家长喜欢，因为他们认为这些对于孩子将来考学加分有用。中国人理解的"用"十分狭隘，似乎并不是某种事物或事件真的有什么用，因为一切都是工具，都是跳板，最后的、也是真正有用的，就是那些极端功利性的价值目标，如考学、就业。判断事物有用与否的标准就是能否实现最后的功利目标。学校里学习的不同科目，其价值如何，都是看考试是否会考，是否能够获得高分。如果认为没"用"，那么就尽可能地回避，如果认为有"用"，那么即使它会让自己感觉很无聊、很痛苦，依然会坚持去做。

中西文化差异客观存在，与这一文化差异相伴随的是教育传统的差异。有学者系统比较了中西教育传统。[①] 在理想人格上，西方教育家提倡个人本位，注重个性的培养，追求人格的自由独立个性；中国教育家主张社会本位，强调群体人格塑造，追求人格的内圣外王和群体独立精神。在人性与教育功能的定位上，西方教育家强调，人之所以为人的根本在人是有理智的，中国教育家则认为，人之所以为人的根本在于人是有道德的，注重人的道德本性。在课程设置上，西方课程结构属主智型，体现了西方教育传统的自由品性。中国课程结构属重德型，反映中国教育传统的伦理精神。当今中国的基础教育改革，是在自身的文化基础上进行的，但是这种文化也是在与西方文化冲突、交融的过程中进行的，我们的基础教育内部的内容变革、方式变革、过程变革和评价变革，就不得不考虑这种文化基础或背景。历史发展、

① 黄书光:《中国基础教育改革的文化使命》，教育科学出版社，2001年，第205～212页。

社会进步,文化也在自觉不自觉地改造着中国的基础教育,也成为中国基础教育改革中需要认真考虑的一个问题。

4."文化自觉"与学习以美国为代表的西方教育改革

改什么呢?向美国基础教育改革学习什么呢?又如何学习呢?上文已经分别揭示出中美两国基础教育改革的文化特质,美国确实有很多值得我们学习的东西,但是具体学习什么,却并不是不言自明的。"取其精华,去其糟粕",是我们学习别国经验或其他民族先进经验的套语,实际上并没有什么实际的指导价值。什么是精华,什么是糟粕,我们如何判断?我们又依据什么去判断?对某国来说是精华的东西,对别国来说就一定是精华吗?即使我们能够确定那就是精华,但是我们能够确定我们的基础教育能够学得了吗?以"文化自觉"为基础,要求我们中国在向以美国为代表的西方国家学习其教育改革经验时,要考虑以下几点:

第一,基础教育改革的"文化"特性,使得我们不能随便照搬西方国家教育改革经验。基础教育的改革,在很大程度上就是一种文化的变革。文化并不像具体的技术或工具,想随便拿来就能拿来的,想移植就移植得了的。文化就像植物一样,它有根,是扎根于土壤中的,而这些土壤却是搬不来的。鲜花没有根,虽然移植过来,但很快就死了。同样的道理,要想移植、照搬国外的先进文化和教育经验(教育经验也是一种文化),也是不可能成功的,因为文化和教育的母体、土壤,即其赖以生存的国情、民情无法同时移植过来。我们学习别国的教育改革经验,而忽视其文化的基础,那么也无法学到其精髓。

文化渗透于国家或民族的生活方式之中,它类似于生物体内部的"基因",影响人们的社会实践活动和行为。具体而言,这些看不见的"基因",影响着人们实施什么样的教育改革,以什么方式实施教育改革等。这里我们主要探讨"改什么"的问题。基因本是生物学领域内的核心概念,指生物体携带和传递遗传信息的基本单位。基因通过复制把遗传信息传递给下一代,使后代出现与亲代相似的性状。基因是生命的密码,记录和传递着遗传信息。我们借用基因来比喻文化,意指文化在一个国家基础教育改革中的作用和地位,它使得一个国家一次又一次、一轮又一轮的教育改革保持着某种连续性、发展性和独特性,也意味着基础教育改革的艰巨性和复杂性。

我们必须明确,向西方学习、引进其先进教育经验或文化,只是一种借鉴,而绝不是移植。借鉴的"鉴",乃镜子也。别国教育乃镜子也,镜子是用来照自己的,看看自己如何,看看自己与别人的不同,看看自己与别人的差距在哪里。当然，为了更好地照清楚自己，把镜子擦干净是先要做好的工作，也就是先看清楚对方长得什么样。照镜子的最终目的是改造自己，让自己更好、更漂亮。“变革中的借鉴就是指借人之鉴照照自己的实际，然后从这个实际出发，在本根本土的基础上改造自己。就课程与教学变革来说，借鉴当然可以是借发达国家的课程与教学变革的精华之鉴，而借鉴的用法是比照，比照的目的是对自己本根本土的课程与教学进行改造、创新。”①可见，我们学习、借鉴别国先进文化和教育经验，最终目的还在于如何结合自己的本土实际，建立或建设符合本国需要的基础教育。比照的对象不能代替我们自身。借鉴的过程，是本土化的过程，也是一种对话的过程，是中国基础教育和文化与西方基础教育和文化的对话过程，而绝不仅仅是个拿来的过程，移植、照搬的过程。

同样的，在美国受到尊崇的文化价值观，不一定就适合我们中国，更不一定就能够作为我们的基础教育改革要改的内容。② 一个民族之所以区别于另一个民族，非常重要的一点就在于他们各自尊奉不同的文化、价值观和信仰。向以美国为代表的西方基础教育改革学习，绝不是要将其基础教育信奉的文化，比如资本主义社会的个人主义完全照搬进来，而不顾我们国家的集体主义、社会主义的传统与现实，况且个人主义本身就有很大自身难以克服的弊端。再如冒险精神、创新意识，可能是我们中国学生所需要的，也应该是我国基础教育改革的重要内容，但是我们也不能简单移植、照搬，需明确冒险精神、创新意识的具体内涵，在中国特定的环境背景下应该有什么不同于美国的地方。有一些双方共同尊奉的文化价值观，虽然名称可能一样，但是仍有不同的内涵，需要结合自身实际有选择地学习、借鉴。比如美国的教师有更多选择课程内容甚至自己创造课程的自由，而中国教师也有自由，他们的自由是教育教学的自由，可以采用或创造各种各样的方式、方法去教学，进而发展出高水平的教学智慧和教学艺术。即使有一些人类普适的文化价值观，也代表人类社会发展的潮流，比如对个体生命、自由的尊

---

① 杨启亮：《守护家园：课程与教学变革的本土化》，《教育研究》2007年第9期。

② 文化是扎根于母体的国情、民情的，是自身演化发展的结果，带有很强的民族性，我们不可能仅仅将其发展的某一个片段拿来，植入到我们自己的国土中让它生根发芽。文化是历史演变的结果，是若干代人的不断的实践活动产生的结果，有很多就是固定的习惯、思维方式、生活方式，若改变了这一切，那么这个民族恐怕也就不是这个民族了。就比如西方人早餐喜欢喝牛奶，吃面包加黄油，而中国人早餐则喜欢喝豆浆，吃油条或稀饭、包子，双方或许都可以偶尔吃几顿对方的早餐，但是若常年吃，并且从根本上改变早餐的内容，都是很难适应的。如果那样，中国就不是中国，西方也不再是西方了。文化亦是如此，保持各自文化的独特性，在此基础上互相学习借鉴，方是更为现实合理的态度。

重,在每个国家仍有不同的内涵,作为基础教育改革的“内容”更是要做一些转化,不能不顾民族信仰、习惯简单地照搬。

第二,深入反思,重新定位各国基础教育中存在的优势和缺陷。中国的基础教育存在诸多缺陷或弊端,是我们在与以美国为代表的西方国家教育比较中发现的,但是,对缺陷或弊端的认定和理解,并不是一件十分容易的事。或许,这些缺陷或弊端就是中国自身文化的一部分,而且还是文化中的精华部分。对中国基础教育中存在的优势,人们的认识也是不一致的。比如,有人认为,中国基础教育的优势是学生基本功扎实,基础知识、基本技能掌握的水平要远高于美国,这个优势应该继续保持。但是另一些人认为,正是因为中国学生掌握了过度的基础知识和基本技能,使得他们没有足够的时间去发展的创新意识、探究意识和实践能力等。这实际上并不是优势,而是缺陷,应该成为我们改革的对象。作为缺陷或弊病,却也可能蕴含着优势,相反亦如此。或者本是同一事物,同一活动,从这个角度看它就是缺陷,从另一个角度看却又是优点。不同的文化存在差异,或许我们很难去判断到底谁优谁劣,更可能的情况是两者各有利弊,利中有弊,弊中有利。中美两国基础教育的优势和缺陷,并不能简单认定,更不能孤立地看,而需要结合教育所处的时代社会背景来考察。能够很好地适应、满足,就是优势;反之,则为缺陷。

第三,将各有利弊的中美基础教育结合到一起,或许只是个梦想。在比较了中美基础教育之后,我们一般都会希望结合中国和美国基础教育各自优势,形成某种理想的教育,但笔者认为,这只是个无法实现的梦想,其改革的方法论也存在问题。比如中国基础教育中十分强调集体、社会,对个人重视不够,相反,美国基础教育中十分强调个人自由和个性发展。中国向美国学习,希望基础教育能够做些改变,将个人的自由和个性发展提到一定的高度。但是,在有着集体倾向、社会倾向悠久传统的中国,这种个人主义能够发挥到什么程度?与既存的社会主义、集体主义如何实现整合?文化都是植根于母体的国情、民情的,文化本身也往往有其两面性,既有积极的一面,也可能有消极的一面,我们期望学习他国文化的积极方面,并将其与本国文化的积极面结合,这可能只是一种幻想,是不切实际的。这也是我们在学习别国教育经验时经常容易犯的错误。一个国家教育在这方面做得比较好,另一个国家在那方面做得比较好,而我们国家将其好的方面结合起来,就成为我们的教育楷模。这是一种简单化、机械化的思维方式。看到什么好的,就往自己家里搬,就往自己身上堆,以为所有好东西就会组合成一件更好的东西。而全然不顾现实性、可能性,不顾教育、文化所赖以生存的土壤环境,不顾自身吸收、消化的能力。这样的教育改革是很难取得好的效果的。

实际上，如果我们能够客观而实事求是地学习他国文化，借鉴其先进教育改革经验，那就不可避免地会将其文化的消极面也一并带来。就如同你打开窗子透气，不仅带来了新鲜的空气，也进来了苍蝇、蚊子。如果你只想要新鲜空气而不要苍蝇、蚊子是不可能的。我们所能做的就是采用进一步措施尽量减少苍蝇、蚊子进来的数量，以及尽量减少苍蝇、蚊子给我们带来的不良影响。这也正如一枚硬币的正反两面，除非你不要那枚硬币，否则你都必须面对。这才是现实的态度。我们在学习西方国家的教育改革经验时，既要有接受的勇气，也要有改造、纠正的措施、办法。

第四，坚持“文化自觉”，向中国历史传统学习，继承、发展本民族优秀文化。如果说向西方学习其先进文化和教育经验是一种外来文化本土化的过程，那么向中国古代传统学习就是一种继承、发展本国文化的过程，这也正是文化自觉的含义所在。中国基础教育培养的是中国人，是在中国这个特定的时代场景中培养中国人，因此，对本国文化的坚守与发扬光大就成为中国基础教育改革的当然使命。以儒家为代表的中国传统文化中确实有很多阻碍我们进一步发展的内容，也与我们建设社会主义现代化国家不相适合，比如对人的个性的不尊重，压制个人，再比如不重视创新、革新，倾向于保守，但是这并不能成为我们全然抛弃传统文化的理由和借口。近代以来，对传统文化的完全否定给我们这个民族带来惨痛的教训。中国传统文化中有很多东西至今仍在发挥着作用，在影响着当代中国乃至世界，成为他国人民和学者学习借鉴的东西。“当西方人困惑于自己制造的人与自然的冲突，抉择回归自然复归人性的出路，呼唤高科技与高情感并重的时候，他们惊讶地发现崇尚天人合一的中国古代哲人竟一向重视自然科学与伦理与审美的和谐统一；当西方人困惑于自己创造的物质文明永远拯救不了人类物欲横流酿成的超越性病态的时候，他们回眸间发现了让他们叹为观止的东方伦理和道义人生；当西方人的科学技术理性把课程与教学的技术化演绎到极致的时候，也可能正是东方的生命哲学、自然人本主义教育哲学，给予了罗杰斯的非指导性教学法以某种启示。”[①]再比如中国古代的科举考试制度，曾是世界上最先进的考试制度，成为世界上很多国家竞相学习的对象。因此，我们要有文化自信，相信本民族的文化也有很多优点，这也是借鉴别国文化和教育改革经验的基础。文化是发展的，是在传承中发展的，是在各国自己的历史传统中发展的，只有当我们对生于斯、长于斯的文化传统有充分的自觉

① 杨启亮：《守护家园：课程与教学变革的本土化》，《教育研究》2007 年第 9 期。

和“自知之明”，才可能不是简单照搬、吸收西方的所谓先进文化，而是能够将其进行符合自身需要的改造和转化（创造性转换）①，从而使自身的优秀传统在新的时代背景下得到进一步发展。

从根本上说，是否具有“文化自觉”意识，在教育改革中坚持本国、本民族的文化、价值观，实际上还是一个教育安全问题。教育的安全，是非传统意义上的安全，但是在当今世界更显得重要。当今世界，西方资本主义国家凭借其发达的经济、科技，裹挟着其“文化”对中国等发展中国家施加影响。文化的渗透影响越来越明显。我们国家基础教育改革也受到西方发达国家教育改革的影响，有时不自觉地将其倡导的文化、价值观甚至意识形态作为基础教育改革的重要内容。文化的渗透、文化的霸权是十分可怕的，若不加以辨别，进行有效的抵制、抗拒，将直接影响到我们国家基础教育改革的性质，影响到我们的基础教育培养出什么样的人。《中华人民共和国义务教育法》规定：“义务教育必须贯彻国家的教育方针，努力提高教育质量，使儿童、少年在品德、智力、体质等方面全面发展，为提高全民族的素质，培养有理想、有道德、有文化、有纪律的社会主义建设人才奠定基础。”换言之，中国基础教育要培养的是现代中国人，是有理想、有道德、有文化、有纪律的社会主义建设者。这警示我们，在中国基础教育改什么的问题上，一定要有文化自觉、文化安全意识，自觉坚守自己的文化，有选择、有鉴别地吸收别国文化。

四、“改什么”的突破口——教育管理体制改革的文化逻辑

“如果没有实质性的体制改革、制度创新，不去触动、解决那些影响教育发展的深层问题，许多表面的‘乱象’就往往久治不愈，甚至愈演愈烈。”②教育体制改革就是影响教育发展的深层问题、根本问题，我们看到的很多教育问题之所以长期没法得到解决，即使解决了也不断出现反复，都跟教育体制改革的不彻底有关。为了更好地推进基础教育改革，我们国家的政府选择了教育体制改革（教育管理体制改革是重点）为教育改革的突破口，因为教育体制改革被认为是带有根本意义的、影响中国基础教育长远发展的问题。笔者也认同这一主张，但关键还是要落实，并长期坚持下去。早在1985年我

① 创造性的转换有两种基本情况：一种是吸收、接纳新思想、新内容、新形式，丰富已有的思想、内容和形式，但不改变自身的结构；另一种是改变自身的结构，将自己有生命力的思想、内容和形式融入新的结构、新的体系。袁振国：《教育改革论》，江苏教育出版社，2005年，第125页。

② 刘巍：《杨东平：“需要的是一场实质性的教育改革”》，《瞭望》2009年第10期。

国就颁布了《中共中央关于教育体制改革的决定》，这与当时国家经济领域实施体制改革是相适应的，政府希望通过教育体制的改革来进一步促进经济体制改革和科技体制改革。同时，这其实也是针对改革开放前一度被严重破坏的教育体制的恢复性措施。政府认识到了束缚教育发展，影响人才培养质量，进而影响整个国家经济社会发展的问题是教育的体制性问题。中央关于教育体制改革的文件颁布，并不意味着现实中的教育体制改革就在扎实有效地推进。事实也表明，这一教育体制改革的纲领性文件的贯彻实施是很不到位的，再加上缺乏相应的配套保障措施，中央政府所希望的教育体制改革并没有真正显示出效果。进入20世纪80年代后期、90年代初期，由于众所周知的原因，教育领域的意识形态色彩又变得浓厚起来，教育体制改革实际上陷入了停滞不前的状态。1985年所确定的关于教育体制改革的目标实际上被搁置了。1992年，邓小平南方谈话，建立社会主义市场经济成为我国社会发展的目标，经济体制改革进一步深化。在此背景下，教育体制改革才又引起了人们的重视。1993年的《中国教育改革和发展纲要》中第三部分又提出了关于教育体制改革的措施，其中还提到了相应的一些配套措施，如加强人事制度改革和分配制度改革等，与教育体制改革相适应。

尽管关于教育体制改革的内容在中央政府的文件里一再出现，但是总的来说，中国的教育体制仍停留在传统的计划经济模式之下，没有发生实质性的改变，不能适应社会主义市场经济体制的需要，老百姓对教育不满意，政府对教育也不满意。21世纪初，对教育体制改革的谋划再一次成为全社会关注的焦点。2010年，国家颁布《国家中长期教育改革和发展规划纲要(2010—2020年)》，《规划》中有一部分专门涉及教育体制改革。根据教育发展规划纲要的部署，国家决定于2011年在部分地区和学校开展教育体制改革试点。① 如果说，教育体制改革是一个总的较大的突破口，是就国家层面上而言的，那么具体的一些教育体制改革则是较小的突破口。本次具体教育体制改革的突破口(也就是教育体制改革的试点内容)包括哪些方面呢？国家教育体制改革领导小组办公室的负责人认为，本次教育体制改革试点，着眼于破除制约教育事业科学发展的体制机制障碍，着眼于解决人民群众关心的重点难点问题和突出矛盾，力争在4个方面取得新突破：人才培养体

① 中央政府将教育改革的主动权下放给地方政府和学校部门，他们可以根据自己的需要和本地区、学校部门的实际情况开展教育体制改革的试点、探索。我们希望这样的改革试点地区和学校再多一些，给他们的改革主动权再大一些，让其在更为宽松的范围内，自由探索出更多适合中国需要的教育体制改革之路。

制改革、办学体制改革、管理体制改革、保障机制改革。[①] 明确了这样几个教育体制改革的突破口，各省（自治区、直辖市）地方和基层学校应发挥积极性，根据自己的情况，选择其中一个突破口，或者多个小的突破口进行综合改革，为全国范围、教育各领域内的体制改革提供经验。

而教育体制改革背后的基础却是中国的文化。受文化的影响，教育改革具有艰巨性和复杂性，意味着我们不能指望通过出台几个教育改革的文件、政策就可以迅速改变教育领域中那些不符合我们需要的弊端、缺陷，实现我们既定的改革目标。但是，这也不能成为我们拒绝改革的借口。如果总以为那些教育领域的落后的思维方式、价值观念、体制制度等文化已经根深蒂固，无法改变，那就不是改革的态度了。有些已经被实践证明不适应社会发展、人的发展和教育发展需要的文化，我们应该拿出切实有效的措施来改变它，同时也要为新确立的文化提供可操作性的、具体而有建设性的方案、措施。

中国基础教育管理体制的改革就是这样的一种改革。[②] 教育管理体制是一种制度，也是一种文化，但是作为它基础的却是更深层面的权威主义政治文化，强调政府的集权和绝对权威，强调自上而下的控制和管理。中国人的综合思维方式，强调统一、协调，这种文化观念渗透到政治关系中，就是强调国与家的统一、君与臣的统一；大国家、小社会，社会隶属于国家，社会是国家的延伸。"中国国家形成以后的显著特征是靠宗法关系治理社会，国家无所不及地全面支配、吞噬了整个社会，社会随之被国家化。在近代西方政治文化中始终延续着自由主义传统，偏重个体本位，追求自主的独立人格。而中国传统政治文化则偏重群体本位，个人只是作为社会有机体的构件被纳入家族、社会的庞大网络系统。"[③]因此很自然地，我们国家就采取了集权型教育管理体制，作为社会组成部分的学校，成为政府直接管理、控制的对象。然而，这种传统政治文化已经不能适应当代和未来中国教育的发展，也与世界教育管理体制的改革和发展趋势不一致。实行集权型教育管理体制的国家也开始逐渐分权，而实行分权型教育管理体制的国家则也开始逐渐集权，总的趋势是集权型和分权型相结合。中国目前的教育管理体制还是集权型的，中央政府的权力过大，高度划一，地方政府和学校缺乏自主性、主

---

① 《国家教育体制改革领导小组办公室负责人就教育改革试点有关问题答记者问》，http://www.moe.edu.cn/publicfiles/business/htmlfiles/moe/moe_1485/201101/114578.html，2010-12-05。

② 如果说教育管理体制改革是制度文化变革，那么其背后价值观念、思维方式的变革则是政治文化的变革，后者更为基础。

③ 伍俊斌：《中国传统政治文化分析》，《社会科学论坛》2011 年第 4 期。

动性和灵活性。改革和发展的方向是要逐渐分权，让地方政府和基层学校有更大的自主权，发挥出更大的活力。因此可以说，教育管理体制的改革还取决于我们的文化观念的变革，尤其是政治文化观念的变革。

在目前来说，教育管理体制改革仍是教育体制改革的重中之重，核心是处理好政府与学校之间的关系，更好地实现政府教育管理职能转变。这已成为教育体制改革乃至整个教育改革的关键，很多学者也意识到了这一点。① 所谓转变政府管理教育的职能，是指把在计划经济体制下对教育的直接管理、微观管理转变为主要依靠立法、拨款、规划、评估、信息服务、政策指导、执行监督等手段对教育进行间接管理、宏观管理。政府应该尊重教育和教育改革的规律，对于那些涉及学校教育改革和发展的专业领域，应交由学校专业人士负责，自己只提供相应服务。政府应简政放权，减少对学校教育改革的不适当干预，鼓励教育家办学，鼓励他们自由探索教育改革。政府应该是服务型政府，不应将所有事情都包揽到自己的管辖范围。政府对教育的财政投入应该制度化、法律化，政府对公共教育资源的配置原则和规则应该公开透明，接受社会的监督。② 政府应该鼓励而不是束缚学校的教育改革和探索，对于学校内的微观领域，比如办学模式、教育教学方法、课程等，不应该过多干预，这样，不同学校才能多样化发展、特色发展。有学者研究指出，实现政府教育管理职能转变的关键有三点③：一是建立健全学校事业法人制度，使学校享有与政府机关平等的法律地位，具有独立的法人资格；二是创新现代学校的管理体制，包括领导体制、人事管理、激励机制以及财务管理体制方面的创新；三是建立对学校的监督约束机制，培育多元化的监督与制约主体，以制止或减少因信息不对称而造成的学校“败德”行为。建立现代学校制度，从制度上保障政府与学校之间的关系，充分释放学校自主决策与变革的能量。有学者指出，教育体制改革而言，建设现代学校制度可谓是体制改革的轴心。④《国家中长期教育改革和发展规划纲要（2010—2020年）》在第十三章“建立现代学校制度”中明确指出：“适应中国国情和时代需要，建设依法办学、自主管理、民主监督、社会参与的现代学校制度，构建政

① 《专家：教育改革的难点在于理顺政府和学校的关系》，http://www.china.com.cnnews2010-03/01/content_19497457.htm，2010-03-01。

② 《国家中长期教育改革和发展规划纲要（2010—2020年）》也明确提出：“各级政府要切实履行统筹规划、政策引导、监督管理和提供公共教育服务的职责，建立健全公共教育服务体系，逐步实现基本公共教育服务均等化，维护教育公平和教育秩序。改变直接管理学校的单一方式，综合应用立法、拨款、规划、信息服务、政策指导和必要的行政措施，减少不必要的行政干预。”

③ 魏志春：《校长视野中的政府教育管理职能转变》，北京大学出版社，2011年，第162页。

④ 张乐天：《对重启教育改革议程的思考》，《复旦教育论坛》2013年第3期。

府、学校、社会之间的新型关系。""建立现代学校制度实则是一种牵一发而动全身的改革。它集中了教育体制改革的指向,体现了教育体制改革的根本要求。"①

学者们的研究成果也正成为政府决策的重要依据,很多也已成为政府的正式文件得到颁布实施。党的十八届三中全会明确提出,全面深化改革的总目标是完善和发展中国特色社会主义制度,推进国家治理体系和治理能力现代化。这是我们党首次提出"治理体系"和"治理能力"的概念,并将其作为全面深化改革的总目标。它也将成为我们今后教育管理体制改革的方向目标。治理思维、治理理念的提出,表明党已经意识到过去那种自上而下、控制管理的方式的弊端,而要进行尊重地方政府和基层学校的积极性、主动性,实行民主治理,科学治理,规范治理、过程治理。换言之,政府的权力是有限的,而且是必须受到制约的。从管理到治理的转变,实际上是文化观念、理念的转变,尤其是政府的执政理念、政治文化的转变。我们有理由相信并期待,新的治理文化的形成,政府敢于放权于民、放权于社会,中国教育管理体制的改革目标也就容易实现了。

① 张乐天:《对重启教育改革议程的思考》,《复旦教育论坛》2013年第3期。

第四章　怎么改

——教育改革的"实践"逻辑

中国基础教育要发展，就必须不断改革，以适应国家、社会发展和人的发展的需要，这几乎已成为共识，但是究竟"怎么改"，采用什么样的思路，运用什么样的策略或方式，采取什么样的步骤，走什么样的路径，也存在很大的分歧。究其原因，中国基础教育改革是一项十分复杂的事业，在实际运行和操作过程中，它所遵循的"实践"逻辑，应该引起我们的关注，因为它会直接影响教育改革的实际效果。

一、实践逻辑的内涵

实践逻辑是一种什么样的逻辑？从当代法国著名社会学家布迪厄关于"实践感"的思想，我们或许可以获得很多启发。在布迪厄看来，人的实践活动，所遵循的原则不是一些能意识到的、不变的规则，而是一些图式，这些图式具有"原始"的逻辑，其自身是模糊的，它不言而喻而又毋庸争论。因此，实践逻辑很少是完全严密的，也很少是完全不严密的，它既不完全合乎逻辑又不完全不合乎逻辑。布迪厄把这种实践的逻辑称为"不是逻辑的逻辑""前逻辑"，实际上就是把它称为"不是'理论逻辑'的逻辑"或"先于'理论逻辑'的逻辑"。这种实践的逻辑主要支配对象不是思想，而是身体——包括了思想、说话、姿态、动作、行为等完整的身体。[①] 在布迪厄看来，实践并非是一种严格的合逻辑的行动，而只是一种莫名的"禀性"，他称之为"实践感"。

第一，实践逻辑是一种无意识的逻辑。按照布迪厄的观点，这种"实践感"是先于认知的，也是先于专家学者们的理论的。它主要受实践者个人经验、阅历等影响，由于长期浸淫其中，遂逐渐积淀而成为个人的"无意识"。既然是"无意识"，因此也就很难为个体所明确意识到。但是，这种无意识在一定的实践情境条件下可以被激发出来，成为意识。"无意识"既可能是个体的，也可能是集体的，它往往不经过也不需要经过严密的逻辑推理，而成

① 石中英：《教育哲学的责任和追求》，安徽教育出版社，2007年，第11页。

为支配个体或集体行为方式的一种力量。因此，我们不难看到，很多实践者往往依据直觉而不是理性的逻辑推理去行动。①

第二，实践逻辑是情境性的逻辑。实践活动主要遵循实践逻辑，而实践逻辑就是做事情的逻辑，具体时空情境下的逻辑。“实践总是处在当下时间之中的实践，并且，实践还负载着过去，并指向未来，因此，它不可能完全遵循理论家所设想的那种逻辑，也不可能完全按照行动者事先的规划去行事，因为千变万化的制约因素总是迫使行动者不是按照理论可能性而是根据现实可能性对行为路径或行为模式做出选择。”②

第三，实践逻辑是一种时间化的逻辑。③ 实践过程总是要受任务的紧迫性驱使，必须在有限的时间内完成特定的任务，实现特定的目标。由于任务的紧迫性，实践的决断不可能是在获得详尽无疑的信息之后进行的，而是要忽略大量的情况和信息，因此，实践的过程不是一个遵循严格的抽象逻辑的过程，即不是一个纯粹的理性行动过程，相反，在那么紧迫的时间要求下，个体不得不依赖理性之外的习惯、直觉和无意识的参与。这与实践逻辑的第一个、第二个内涵其实是相通的。

第四，实践逻辑是各种利益与力量参与生成的逻辑。行动者经常受利益驱使，也受到各种相关力量的制约、影响，他们或改变或不改变，或表面上改变实质上却不改变自身的行为。“由于各种力量彼此角逐、竞争，合作共谋”，实践“这一空间既是一个由各种力量对比构成的结构化空间，也是一个会随着原有力量对比的改变而转化的空间”。④

实践的逻辑是特定时空背景下的逻辑，一刻也不能脱离具体的情境，它的直接目的就是解决具体的实际问题。与实践逻辑相对的另一种逻辑是理论逻辑，这种逻辑是运用一些概念、原理、定律进行推理的逻辑，它的直接对象并不是实际的具体情境和问题，而是观念的科学性、合乎逻辑性，其直接的目的也并不是实践的改善或改良，而是寻求或建构具体情境背后的普遍

---

① 在绝大多数情况下，实际行动都是行动者在不太清楚或实际上不清楚行动的主观意义的状态下做出的。行动者更多地在较含糊的意义上“意识”到了它，而非“知道”他正在做什么或者清楚地意识到了它。在绝大多数情况下，他的行动受到了冲动或习性的支配。只有在偶然的情况下，也就是说，只有在众多成员的统一行动中，只有在少数个体那里，行动的主观意义才被清楚地意识到，不管是理性的还是非理性的。见〔英〕齐格蒙特·鲍曼：《被围困的社会》，郇建立译，江苏人民出版社，2005年，第8～9页。

② 朱国华：《权力的文化逻辑》，生活·读书·新知三联书店，2004年，第191页。

③ 张以明：《思辨的逻辑和实践的逻辑——韦伯和余英时经济伦理研究的不同理论路径》，《学习与探索》2006年第4期。

④ 张以明：《思辨的逻辑和实践的逻辑——韦伯和余英时经济伦理研究的不同理论路径》，《学习与探索》2006年第4期。

规律。实际问题的解决，有时候符合理论逻辑，有时候却又不符合理论逻辑，理论逻辑的建构往往落后于实际逻辑的产生及其作用的发挥。实践逻辑可以容忍相互对立的事物或事件，它可以从容地应对二者，而且使二者都得到发展。在中国教育改革实践中，我们可以一方面呼唤素质教育改革，反对仅以分数论成败，以分数作为高考的唯一标准；另一方面却又呼唤“裸考”，就是以分数来作为高考的唯一标准，其他之类的特长、优秀加分统统取消。我们可以一方面强烈反对应试教育，另一方面却千方百计提高自己孩子的应试能力。我们可以一方面反对择校，另一方面却又千方百计地择校，等等。在理论逻辑看来是相互冲突、矛盾的事物，在中国实际中却能大行其道。这样看来，实践逻辑似乎是一种不合逻辑的逻辑。理论逻辑却无法容忍这些，一方的存在必须以另一方的消亡为条件，或者至少对立的一方必须做出一些让步，另一方才能发展。理论逻辑无法解释更无法解决的实际问题，到了实践逻辑那里往往被消解，或者得到了解决。真实的人类社会活动，人类所处的真实的生活世界，其运行遵循的是实践逻辑，虽然有时候这种逻辑也会符合理论逻辑。即使不符合理论逻辑，也不会在根本上影响真实世界的运行。总之，实践逻辑的目的就是解决具体问题，不管运用什么样的方式、手段，只要能解决问题，哪怕是暂时解决了问题，哪怕是解决问题的方式手段不合法、不合理。它不会等到具体问题十分清晰，解决手段十分完善时才会行动，更不会等到理论逻辑将这些情境、问题背后的机理揭示得非常清晰、完美之后才行动。

二、中国教育改革的几种“实践”逻辑

基础教育改革总需要参与各方去实施，需要通过人们的实践活动将既定的教育改革方案或政策、法律付诸实践。参与各方由于各自的角色身份的不同，因此各自所承担的实施任务也有所不同，比如制定基础教育改革方案、政策的高层，他们的实施就是指如何将上述方案、政策下发地方，督促地方进行有关教育改革，包括运用政治或行政的力量、经济的力量，乃至媒体的力量；地方教育部门实施基础教育改革，也就是出台相应的配套措施，将高层的教育改革方案、政策在本地区落实；而基层的学校，具体承担实施任务的是以校长为代表的管理者和一线教师，他们的实施主要是指如何将上面的基础教育改革方案、政策付诸实践。在具体实施教育改革时，人们的复杂的实践活动遵循的就是那并不显明的“实践”逻辑。

1. 非理性逻辑

面对教育改革,特别是自己并没有参与制定方案或政策的教育改革,若被要求实施,个人往往会采取简单的未经深思的态度,要么本能地拒斥,要么不问对错盲目执行,要么随大流,别人怎么做我也怎么做。在教育改革中的一线教师,其实施教育改革时常会出现这样的非理性逻辑。

教师职业本身具有稳定性,进入这一职业的人就有一种求稳怕变、安于现状、墨守成规的心理,他们害怕改革,也不愿意改革,因此如果上面要他们实施某项改革,他们就可能会本能地拒斥。他们常常这样认为,现实的教育不是很好么,这么多年都下来了,老师都这样教,学生都这样学,为什么要改革呢?而改革,就是要改掉那些习惯的东西,改掉那些教师驾轻就熟的东西,进言之,要改掉那些确定性的东西,使人处于一种不确定的状态之中,或者说处于追求另一种"确定性"的状态之中。不仅仅是教师,一般人也都会感到紧张、焦虑、恐慌,乃至沮丧、失落,而为了缓解这些情绪,教师只能拒斥改革。在改革浪潮的冲击之下,在来自上层发动的教育改革的压力之下,个体教师往往不愿意去仔细分析教育改革的得失成败,不愿意分析教育改革与自身的关系,更不愿意理性分析教育改革对自身提出的新的要求,内在的恐慌、惧变等非理性因素逐渐影响他们的改革行为,进而成为支配他们实施教育改革的行动逻辑。隐藏于教师教育改革非理性逻辑之后的东西,却是理性的逻辑话语。他们为自己反对、拒斥某项教育改革寻找理由,最典型的就是,这些改革政策或方案是上层制定出来的,他们并不知晓我们基层的教育实际,他们甚至不懂教育,因而制定出来的这些教育改革方案是不可行的,也不会产生什么好的效果。所以,我们要反对,当然也不执行。

有的教师不执行教育改革的政策或方案,而有的教师却不加考虑地坚决执行。他们认为这些政策、方案既然是上面定了的,那就没办法改变。况且,早执行是执行,晚执行也是执行,不如趁早"从"了,或许还能获得个什么"教育改革先进个人"模范称号什么的,若获得什么额外的奖励岂不更好?这些教师更不会去深究教育改革方案的科学性、合理性,思考本校、本班如何更好地贯彻实施上层的教育改革方案、政策,他们关心最多的可能是具体怎么做,怎么执行。他们需要的是实施改革的具体方法、步骤,需要知道怎么做就是符合上面要求的教育改革。他们很喜欢上层提供的具体学科的实施方案,也很喜欢一些已实施该项教育改革的案例,因为他们可以很快学会这些,只需要按图索骥或依葫芦画瓢即可。

还有少数教师,既不明确反对或拒斥教育改革的实施,也不盲目实施,而是采取观望的态度。他们的观望，并不是经过理性分析教育改革方案或政策后的观望，而仅仅是等待，因为他们自己也不知道到底如何是好，是坚决执行呢还是反对执行呢，他们不知道。他们对教育改革的基本态度是无所谓。改革与否，实施与否，似乎与自己都没有什么关系似的，反正我就只是一个普通教师，混口饭吃而已。

其实不只是教师，还有其他实践者如地方教育部门领导、学校校长等，在实施教育改革时也是忙于应付，疲于奔命，一会儿要实施这项教育改革，一会儿又要实施另一项教育改革，一会儿在这几所学校实施，一会儿又要推广到本地区其他学校。对这众多的教育改革，他们也麻木了，他们更多的不是拒斥，而是不问缘由地执行，他们有时候也观望，但是至少在表面上要大张旗鼓地实施。一波又一波的教育改革轮番进行，他们只需要布置落实即可，这就是他们的实施，不需要也不允许深思的实施。地方教育行政部门的领导也会时常抱怨，教育部、省教育厅经常颁布教育改革文件、政策，今天要这样改，明天又要那样改，改革要求经常存在不一致或冲突，他们来不及好好思考，那些改革本身如何，是否切合本地实际，而只能赶紧布置落实。

家长们对待教育改革的逻辑经常也是非理性的反对或盲从。“请求你，别再拿素质教育做借口，不要再愚弄学生和家长，实实在在抓教学吧！……不要误人子弟！——即将升入高三学生的部分家长。”这是前两年南京第二十九中学校长收到的一封家长来信。校长感叹道：搞素质教育为什么难？一个重要原因是家长不让！[①] 家长表面上很理性，为孩子将来的考学就业着想，但实际上更多的是一种非理性的盲从。“一个‘哈佛女孩’冒出来，千百个家长立志把孩子送进哈佛；一个郎朗成名后，千万个家长想让孩子学钢琴；一个培训班提高了孩子的考试分数，无数家长快速跟风……”[②]家长仅凭自己的经验或者对教育的一知半解，参与学校的教育改革，严重影响教育改革的深入实施与发展。这就是家长们参与教育改革的实践逻辑。[③]

2. 空间逻辑

空间逻辑，是指基础教育改革在实施中经常会考虑场景、范围等具体情

---

① 袁新文：《今天谁来教育家长》，http://edu.people.com.cn/GB/15218303.html。

② 袁新文：《今天谁来教育家长》，http://edu.people.com.cn/GB/15218303.html。

③ 中国教育改革的重大阻力之一就是家长。国家政府层面发动的教育改革，很多是出于学生发展的需要，是出于国家社会整体的长期的发展需要，可以说，国家政府是出于民族整体利益的需要，但是家长却是出于每个个体的利益需要。很多美好的教育改革理想和理念，到了个人那里，都成了镜花水月。家长表面上的理性，而实际上可能就是非理性，阻止了很多基础教育改革的实施。对学生的成长和发展产生作用更大的，实际上是千千万万的家庭和家长，因此家庭教育任重而道远。

况，也就是说，教育改革的实施会考虑具体的情境背景，不会完全无误地遵照执行既定的方案、政策。

我国基础教育改革的实施经常采用的是自上而下的方式或策略，希望通过中央政府有关部门制定统一的教育改革方案或政策、法律，来要求地方政府教育部门和基层学校来贯彻实施。这种教育改革的实施逻辑我们将其称为"普遍主义"。"普遍主义"实际上假定全国各地教育都一样，都要统一实施教育改革，尽管中央政府也会考虑到各地教育实际发展水平和条件的差异，在实施教育改革时可以有先后快慢之分，但是都有一定的时间步骤要求，不允许地方无限期地拖延实施改革。

即便如此，地方教育部门（包括基层学校）在实施基础教育改革时却仍会强调本地教育的特殊性，在实施中央统一的教育改革方案或政策时，要求有所差异或不同。进言之，地方政府在实施中央政府部门统一制定的教育改革方案或政策时，经常会采取变通的策略，根据自己的特殊利益诉求，部分地执行政策，或者换一种别的方式执行政策。政策执行的过程虽然可能符合中央政府部门的意志，但是实际的结果很可能违背中央政策既定的目标和精神。地方政府或学校在执行中央政府教育改革政策时的变通策略，所遵循的正是一种"特殊主义"逻辑。

地方政府或学校在实施基础教育改革时并不只是遵循"特殊主义"的逻辑，他们还经常遵循"普遍主义"的逻辑。这两种逻辑的交替使用，更有利于维护他们的自身利益。因为，坚决地执行中央政府的教育改革政策，至少从表面上执行，可以获得中央政府提供的大量的政治、经济资源；同时也考虑地方的"特殊主义""本位主义"，可以弥补完全执行中央政策可能遭受的损失。为了谋取地方或部门利益，特殊的情境、特殊的问题往往会被夸大，有些地方部门甚至会人为建构出一种并不真实存在的问题情境，在实施教育改革时与中央政府讨价还价。既然存在执行的困难，那就需要更多解决困难的措施，而这既需要更多的时间，也需要更多的人力、物力和财力，这些往往成为地方政府或学校在实施教育改革时向上级政府管理部门寻求支持的理由。对"普遍主义"与"特殊主义"在不同情境下的运用，实际上就是掌握了教育改革实施与否，实施到什么程度的主动权。需要"普遍"就谈普遍，需要"特殊"就谈特殊。总之，"普遍主义"与"特殊主义"的两种逻辑的灵活使用，可以为本部门本单位谋取更多、更好的利益。

对于中央政府部门颁布的有关基础教育改革的政策、方案或者法律、法规，地方政府部门为什么能够采取变通的策略，为什么能够遵循"特殊主义"的逻辑？这还得从中央政府部门的政策、法规本身寻找原因。因为这些政策、法规都具有国家的统一性，非代表个别集团利益的中立性，它也并不是为某个地方的，因而具有普遍的原则性。它还具有标准性，不能随意更改。国家教育改革政策或法规规定的越是明确统一，它与地方实际条件的差异也就越大，因而决定了它在被执行时就越会灵活多变。在普遍原则性之外，有时候，国家的教育改革政策文件上也会出现一些不很明确、甚至有些模糊的规定，这是故意为之，即为地方政府的执行提供不违背基本原则的便利。中国的很多改革方案、政策或法规，当然也包括基础教育改革方面的，通常都有很多“原则上”这个词汇或术语。这是个很有中国特色的政策术语，它的存在正说明了我们的改革本身就会按照“普遍主义”和“特殊主义”的双重逻辑行事。在实施（执行）政策时，按照“原则”办事，那就是“普遍主义”的逻辑，一视同仁，任何人不得以任何借口违背，而且政策执行者也会以此来证明改革的不可抗拒性、公平性。但是也会经常出现不按“原则上”行事，那就是“特殊主义”的逻辑，特事特办，具体问题具体分析。遵循“特殊主义”逻辑的执行者，充分利用了政策的“原则上”所赋予地方的权力，而且按照“特殊主义”逻辑实施，也并不违反政策的原则，这又可以阻止部分人对政策执行者违背政策的质疑。“原则上”这一术语的威力真可谓大也。“原则上”既可能成为地方政府或学校实施教育改革的“普遍主义”逻辑，也可能成为“特殊主义”逻辑，因此，对“原则上”的解释和变通经常会违背上级政府教育改革的初衷。此时，上级政府就会颁布新的方案或法规来取消“原则上”，而要求“一律”。

中央政府部门明知地方政府部门在实施教育改革政策、法规时经常变通，经常变相不执行或者违背中央的政策精神，但是却没什么实质性的办法，因为，一方面自己所指定的政策、法规本身，就有地方政府部门可以根据实际执行的规定；另一方面地方政府也确实是在执行，确实是在落实、实施有关方面的教育改革政策、法规。地方政府的变通实施或执行，至少在表面上看不出任何违背中央政府政策意图的地方，它所要实现的目标也是与中央政府一致的。从政策执行的过程来看，地方政府没有什么明显的可以诟病之处，但是从执行的结果来看，很可能与既定的中央政策目标不相一致甚至背道而驰。地方政府部门对中央政府的教育改革政策法规是不敢公开违背或不执行的，因为公开不尊重中央的权威，必然会给地方造成巨大的损失，包括免除有关人员的职务，减少有关教育改革的项目经费等。地方政府在实施中央政府的教育改革政策或法规时，经常会灵活运用政策，包括重新阐述政策，重新划定政策界限等，将地方部门的意志融进中央政府的政策。而对于中央政策的空白点或真空地带，比如规定了哪些必须做，但是没有规定哪些不能做,因此地方政府在执行、实施时,就会"智慧"地加以运用。这就是所谓的"用活政策"。

地方教育部门、学校在实施上级政府部门的教育改革政策时,也经常会变通,打政策的"擦边球"。比如上级政府部门下决心进行减轻学生负担的改革,要求中小学不允许给学生补课,老师每天给学生布置的作业必须在多少小时之内完成。但是,很多学校都会变通,既然不允许在学校补课,那么就到社会辅导班上补课,个别学校还将补课的"工作场所"从校内搬到了校外,甚至采取集体异地(跨省)补课的方式;既然不让老师多布置作业,那么就让家长去布置,老师将自己的作业要求通知家长,让家长实现学校教师的意志。如今家校联系十分紧密,而老师和家长联系的主要内容就是作业要求,请家长督促检查。学校确实没有违背上级政府某项教育改革的规定,但是他们却有意无意地创设条件,让那些教育改革政策或规定无法监管和惩罚的主体,比如家长,来实现他们与上级政府部门不一样甚至截然相对的教育改革意志。这种"擦边球"在现实的教育改革中并不鲜见,一些人经常违背政策,但是表面上却又像是在执行政策,他们行走在"政策"的边缘,谋取自己的利益。①

3. 时间逻辑

实践逻辑的直接目的就是解决实际问题,然而这些问题很多都是迫在眉睫的问题,是身处于其中不得不立即做出反应予以解决的问题。实践具有紧迫性(urgency),需要个体迅速做出回应,这时候他很难有时间,也根本来不及去学习专家、学者的既定理论,从中寻找解决问题的方法或答案。这时候个体就产生了布迪厄所说的"实践感",就是行为人在实践过程中产生的一种"紧张感"乃至"紧迫感"。② 在这种感觉的支配下,行为人身处实践过程中没有多少时间来驻足静观、反躬自省,必须尽可能地对各种情况作出"恰当"处置。③ 在面对实践问题时,个体难有充足的时间进行理性的反思、分析,更难有充足的时间去向别人请教,他们所能利用的就是个体过去所已

---

① 当有关部门为推动教育改革,明令禁止某些行为时,有些学校或个人却采取另一种方式,经常是换个名头,妨碍教育改革的推行。政策所规定的禁止行为,他们却能够换种方式很好地规避。比如,禁止举办奥数班,那么就举办各种思维拓展班、思维训练营;禁止开办暑期培训或辅导,那么就举办暑期夏令营;禁止设立"重点班""强化班",或者禁止分设"快班""慢班",那么就打着教育改革的幌子,设立"实验班""创新班"。总之,有些人为了一己私利,总能够灵活把握政策,钻政策的空子,行走在"政策"的边缘。

② 〔法〕皮埃尔·布迪厄:《实践感》,蒋梓骅译,译林出版社,2003年,第123页。

③ 石中英:《教育哲学的责任和追求》,安徽教育出版社,2007年,第9页。

经形成的“惯习”或行为方式[①]，因为这些已经为实践所证明，在面对相同或相似问题时，它们是有效的解决问题的方式。只要有效地解决问题，解决所迫切面临的问题，那就是好的。

明白了时间逻辑在个体行动中的作用和作用方式，我们就能够理解，为什么教师们在实施教育改革时，不会去运用专家学者们关于教育改革的新理论、新理念。教师直接面对教育教学的实践，面对时刻变化着的课堂生活，有很多突发事件或问题需要他当场立即做出反应，予以解决，让课堂教学继续进行下去。我们很难想象，教师在课堂教学过程中遇到某个突发事件时，会停下来仔细想一想，这个问题我该运用什么理论来解决，我接受过的教师专业培训课上专家、学者、优秀教师们的意见或建议是什么。他不可能还有时间去查找各种理论书籍，然后再根据理论系统分析问题后做出应对之策，而只能根据自己过去行之有效的方式来处理问题，即使过去从未碰到过类似问题，他也得硬着头皮想办法去处理。正因为如此，不少教师认为教育理论对他们的教育教学实践的改善，对教育改革的实施并没有实质性的作用。如果硬要说有什么作用的话，那就是写文章、写论文，用以评职称、评奖有用。因为这些教育理论，以及教育理论所分析的事件背后的“理论逻辑”，正是正规的学术论文所需要的。

对于教育改革的决策者来说，也是如此。在他们的世界里，“每一件事情都发生在一种极度紧张的快节奏的气氛中，那里有大量的压力和很少的时间，几乎每件事情都要求做得比可能期望的要快，主要决策者没有足够的时间给予任何一个问题以足够的注意”[②]。他们还有下一个决策要做，还有别的在他们看来更重要的事情要做，因此不会在某一项决策上花太多时间。

时间逻辑意味着，实践者在判断自己的行动时所采用的依据往往是“当下合理性”而不是“未来合理性”。[③] 特殊个体的价值选择和行动选择是受制于“当下合理性”的，这也是他们能够做到的；而“未来合理性”只有后来人、旁观者才能体察和感悟，现实世界中的人们很难乃至根本无法认识到自己的行动是否具有这种“未来合理性”。如果真有个别人认识到“未来合理性”，也根据它去行动，那么必然要打破既定的规则或制度，也必然要付出昂贵的代价。因此我们就不难理解，在现实的教育世界中，有一些实践者认识

---

① 实践并不是简单地贯彻某种既定计划或原则的行为，而常常可能是“惯习”“习性”等影响和支撑的结果。

② 李春玲：《理想的现实建构：政府主导型学校变革研究》，浙江大学出版社，2007 年，第 184 页。

③ 杨乾：《制度限制与个体选择——读苏力〈制度变迁中的行动者〉的反思与启示》，《东南学术》2008 年第 2 期。

到了自己的某种教育行为违背了教育的本质，对学生的长远发展是很不利的，但是却依然坚持，因为在他们看来自己的行为选择在当下是合理的，至少可以让学生考高分，上好的学校。“未来合理性”似乎总无法战胜“当下合理性”，后者虽然十分美好，但实现它却是需要个体付出很多代价的，也会受到来自各方的现实的压力。

不仅一线教师受时间逻辑支配，而且那些教育改革的决策者也经常受这种时间逻辑的支配。各级各类的教育改革决策者都很忙，日常事务非常多，尤其是在中国这个特殊场境下，行政的命令经常来得非常快。他们必须在非常短的时间内做出相关的教育改革决策，比如在整个国家经济发展规划的基础上，迅速出台相关的教育改革和发展规划，必须在上级行政部门决策的基础上迅速做出回应，进行如何具体执行的决策，总之必须在非常短的时间内依靠非常有限的信息和知识做出非常复杂的决策。虽然，教育决策者也知道教育问题的复杂性，也知道教育问题的改善和改进非一日之功，但是迫于形势的需要，迫于上级行政命令的紧迫性，经常不得不做出一些很仓促的、不完善的改革决定。这种教育改革决定或决策，由于没有经过收集信息、设计方案、模拟预测、效果反馈等环节，因而科学性很成问题。政府部门的工作重点经常发生变迁，等过一段时间后，也就很少有人再关注曾经的教育改革决策和效果了，因为新的教育改革决策又要开始了。

4. 参与逻辑

基础教育改革有各种力量，他们或出于利益需要，或迫于压力，不同程度地参与其中。虽然都在实施教育改革，但却是不确定的。因为改革伴随着利益的重新调整和分配，有关各方即使最初同意实施，但是随着改革的深入，他们可能发现如此改革不能给他们带来益处，甚至损害到他们的既得利益，因此必然以各种方式反对改革，或者名义上继续支持，实际上并不继续实施。不仅如此，他们还会利用自己所掌握的政治资本、学术资本重新考察已经实施一段时间的教育改革。尤其是在教育改革进入关键期，进入“深水区”，教育改革面临很多困难时，教育面临一些实质性的变革时，不同参与力量就可能会发生分歧。

在教育改革一开始就持观望态度的力量，这时候最容易动摇，进入改革反对派的阵营。而那些本来就反对改革的力量，则会将改革所遇到的困难或问题夸大、放大，以拉拢那些持观望态度的中间力量。在各种困难和问题面前，原先支持教育改革的力量，甚至倡导教育改革的力量，也可能开始怀疑当初的教育改革方向、目标是否正确，至少开始反思教育改革的一些方法、策略是否存在问题。支持力量、反对力量和中间力量，随着教育改革的深入发展，对教育改革的态度也会发生一些改变，而这些将会进一步导致各派力量的结构调整和重组。

教育改革最根本的问题还在于实施，将既定的教育改革政策、方案落实，因而最大的问题也在于此。基础教育改革没有得到顺利有效的实施，或者实施不到位，完全偏离了当初政策制定的初衷，有关各方都存在责任，而不仅仅是一线实施者的责任。造成政策实施效果不佳或者名存实亡，实际上是多方“共谋”的结果。处于这个“场域”的所有各方，其实都在或明或暗地支持这种结果，也包括那些对教育改革无所谓的人、持观望态度的人。

对于教育改革实施过程中所遇到的很多困难，一些人表示很无奈，意思是大环境如此，其他人亦如此，所以自己也不得不如此。从表面上看，个人被动地选择了与环境同流合污，但实际上，每个个体却又是主动的，他们不是主动地与需要改造的环境抗争，而是主动地适应这个环境，希望在此过程中谋得更多的利益。所以说，个体表面上是无辜的，是环境的受害者，实际上却是造成这一不良环境的始作俑者。他们积极主动(可能没有意识到)地参与建构了一种环境，一种不适合基础教育改革实施到位的环境。这种情况在现实生活中很多。比如家长们面对社会上如火如荼的各类学习辅导班、特长班，即使他们的孩子没有这方面的需要，他们依然会将自己的孩子送进去学习，因为别的家庭的孩子多数都去了，不去我们孩子就要落后了。减轻学生学习负担的教育改革，在学校内是可以实现了，但是到校外，由于家长们的“积极有为”，而使这一改革的目标难以实现。

三、中国教育改革的“实践”逻辑之合理性与风险

上文所分析的中国基础教育改革的几种“实践”逻辑，实际上也从侧面反映了教育改革的艰巨性、复杂性，因为“实践”逻辑已经渗透到人们的日常行为，成为人们日常行为方式的重要组成部分。“实践”逻辑有着一定的合理性，但是同时也有一定的缺陷，即它存在着很大的风险，需要我们加以重视。

1. 合理性

实践逻辑实际上将关注点放在了作为改革实施者的主体身上，尤其是基层、一线的实践主体身上，他们是基础教育改革成功的关键。这或许触摸到了教育改革的核心。实践逻辑的合理性具体体现在如下几个方面：

首先,改革实施者的积极性、主动性可能得到尊重和发挥。长期以来,我们国家的基础教育改革基本上是采用自上而下的实施方式,从教育改革目标的确定、方案的制订一直到教育改革的实施、推广,都是有关政府决策部门和职能部门主导的,基层的教育工作者特别是教师只是执行者、实施者而已。我们对来自基层一线的自下而上的教育改革重视很不够,基层学校教师的改革积极性、主动性都没有得到充分的发挥。如果我们重视基础教育改革的实践逻辑,那么就意味着我们要激发基层学校和教师发动、实施改革的内在动力,调动他们的积极性,为他们参与改革创造更为广阔的空间。

其次,改革实施者的合理性诉求可能得到满足。我们国家过去常采用的自上而下的改革方式,一刀切的现象时有发生,上层考虑的带有全局意义的改革,其作用不容否定,但是它往往很难兼顾地方的合理性诉求。如果我们尊重教育改革的实践逻辑,在制定实施教育改革方案或政策时,多考虑一些地方实施的难处,并积极建立配套措施,那么我们就可能更好地满足地方的需要。一线的教师也是如此,他们是教育改革目标的直接实施者,也是教育改革目标达成的关键者,他们更清楚自己的需要,因此我们的教育改革应该提供多种途径,使他们对教育改革的诉求释放出来,寻找恰当的方式予以满足。

最后,改革实施者可以对上层的教育改革政策、方案予以必要的矫正。尊重教育改革的实践逻辑,就不再任由上层的教育改革政策或方案简单地、粗暴地自上而下的实施,相反,对于其中的一些不适切之处,可以通过自己的亲身实践来修正、矫正。从这个角度来说,实践逻辑实际上为由政策、方案到个体实施提供了一个必要的缓冲地带。个体实施不必要直接面对上层的教育改革政策、方案,而可以用实践逻辑反思教育改革的合理性。

2. 风险

教育改革的实践逻辑确实存在很多合理性,但其实它也是一柄“双刃剑”,这意味着它还有不可忽视的缺陷,或曰风险。实践逻辑过分强调实施者所处的具体情境,强调特定实践情境的复杂性,解决实际问题的困难,强调个体的迫不得已或无奈,这很容易导致的第一个风险是,组织或个人拒绝实施改革,或者消极实施改革,名为改革,实为反改革。①

这种情况在中国基础教育改革乃至其他领域的改革领域都不鲜见。有

---

① 实践逻辑固然存在合理性,但是绝不意味着实践本身就是合理的,存在本身就是合理的,实践充斥着很多不合理的因素,需要理性的反思和关照,否则实践就成为一成不变的存在,缺乏前进的动力。

关部门或个人经常以国情、地方情况特殊为由，拒绝某种普适性的改革。换言之，实践逻辑、特殊主义逻辑成为他们玩弄于股掌之间的工具。一切以争取或维护自身利益为标准，尊重国际惯例，与国际接轨，还是考虑中国国情、地方情况，都是他们说了算。想“接轨”就“接轨”，想“中国特色”就“中国特色”。这其实已经成为中国教育改革向纵深发展的一个非常大的阻碍。

实践逻辑的第二个风险可能在于，地方或个人的所进行的一些探索性的教育改革，其中的不合理乃至错误因素不能得到及时的反思和清理。由于实施者个人知识、经验的有限，以及囿于局部利益的考虑，他们所提供的可能只是最直接的解决方案或者个人所想到的替代方案，这些方案或许并不是很合理，也或许只是短暂的合理，从长远来看可能违背教育改革的总体目标或价值；而且，很多地方或个人惧怕言说教育改革的失败或缺陷，他们往往很随意地宣称、宣传自己所谓的成功的教育改革经验，甚至有推广实施到更大范围的愿望和冲动。一些地方或个人所发动实施的探索性、创造性教育改革，十分渴望成功，因为这样可以得到上层的奖励或赞赏，但是很容易不自觉地掩饰教育改革中所存在的问题或不合理之处。更糟糕的是，他们将这些问题或不合理之处视为自己的特色，是自己的优势，而不是进一步努力改革的方向。长此以往，他们所进行的探索性改革将不再进步，更不可能对其他地区更大范围的教育改革发挥什么“模范带头”作用。

实践逻辑的第三个风险在于，实施过程中容易出现推进过快，进而引起改革的形式化，效果不佳的情况。它强调实践的紧迫性，要求人们先“动”起来，至于这种行动实践的原理和科学性、合理性，以后再慢慢领会或考虑。有学者简要比较了我国新课程改革和美国国家科学课程改革的实施进程，认为，美国的科学课程标准，动员了千万力量，花了整整 4 年时间才公布，并且各州是否采用全凭自愿。我国的各门新课程标准实际编制时间不满一年，教材编写时间更短，整个义务教育阶段的新课程，从国家级实验到全部推广，在 5 年之内实现。[①] 这种近乎运动式的改革推进要求，表面上似乎迫不得已，规定时间内完成实施进度，但实际上却十分缺乏对基础教育改革相关问题的深入调查和分析，也缺乏有关教育改革的理论积累和积淀，很容易使基础教育改革沦为“走过场”。在基础教育改革轰轰烈烈的实施背后，却隐藏着更大的危机，即推进过快的实施和大范围推广，使得作为改革的实施者，只能疲于应付。实施者对于这样的教育改革看得多了，也不再把它当回事。

---

① 杨小微：《新课程实施中若干问题的反思》，《教育研究与实验》2007 年第 4 期。

实践逻辑的第四个风险在于，由于它追求改革的实效性，追求在短时期内就要见到实效，容易引起表面化、功利化的教育改革。当今中国，是个改革的时代，改革与创新成为时髦的话语，在建设创新型国家的政策指引下，地方政府和教育部门在高层总体的教育改革政策框架内，结合地方情况，进行一些探索性的、富有特色的基础教育改革。实践逻辑支撑着地方政府和教育部门的改革行动，他们需要看到教育改革的"实效"，更需要迅速看到教育改革的"实效"，因为这样才能向上级行政部门汇报。基础教育改革的真正实效应该是对这个学校的改善，是促进学校学生和教师的发展，是促进整个学校管理水平的提高等等，但是在实际的教育改革中，不少地方教育部门将反映教育改革的书面文字材料，将报刊媒体对教育改革的多角度全方位报道，作为本地教育改革的"实效"，以换取上级行政部门的嘉奖和更丰厚的教育投入。为达到此"实效"，很多地方部门不惜花重金与高等院校、科研院所合作。这就是典型的本末倒置，将表面的形式等同于实质的内容。须知，基础教育是项长期的工作，基础教育改革的效果要想显现也需要很长时间，更何况，即使有效果显现，也不能保证就是某项教育改革带来的。追求短期内的实效，实际上也就是地方政府或教育行政部门的一种基础教育改革的功利主义动机。具体教育改革实施得怎样，实施到什么程度，那不是他们最关心的。长此以往，各地陷入基础教育改革的"狂欢"之中，而教育改革却没有什么实质性的进展。

四、总体渐进与局部激进
——中国基础教育改革的方法论之一

回顾这30多年来的基础教育改革，我们很难简单地用激进、保守抑或渐进来描述其实施方法。其实，在不同时期，在不同的领域，其激进或渐进的程度是不一样的。有鉴于此，笔者用"总体渐进、局部激进"来概括描述这30多年来的教育改革方法论。

1. 总体渐进

什么是总体渐进？渐进，就是既不激进，也不保守，尽量避免极端行为对社会或事物发展造成伤害；对社会或事物不进行大的、根本性的变革或变动，而是尊重社会或事物发展的连续性，不断进行小规模调整或调节。渐进经常与改良联系在一起，其主要依据是人的理性的有限性。著名哲学家、科学家波普尔就持这样的改革方法论。波普尔将人类社会的改造工程分为

“乌托邦工程”和“渐进工程”两类。“乌托邦工程”是以“建构论唯理主义”为原则，认为历史有不可抗拒的规律和自明性的终极目的。为了实现这一目标，需要设计一个整体性的、无所不包的计划和蓝图，对社会进行全盘改造。“渐进工程”则相反，以“批判理性主义”为原则，否认历史有任何外在的规律或终极目的，认为任何社会建构都是在原有结构中自然生长，其根本任务是改造和运用已有的社会建构，从事局部的、小规模的社会试验和技术设计。在波普尔看来，相比“封闭社会”，“开放社会”是“较合理的社会”。而要实现这种社会，应该通过“逐步的社会工程”的方式，而不是对整个社会进行大规模的、过于长远的改造计划。

什么是总体渐进呢？总体是就改革的基本性质而言的，我们的教育改革是在国家政策、法律和体制的基本框架之下进行的“稳健”的改革，同时不排除个别地方或单位个人所进行的一些突破既有体制框架的改革。我们国家的“总体渐进”式教育改革，十分注重政府在基础教育改革中的主导性，注重政府在基础教育改革中统领全局、把握方向的领导作用。有学者研究认为，当代中国的基础教育改革是“政府主导型改革”。“政府主导型改革”有主动与被动之分。我国属于主动的“政府主导型改革”。[①] 总体渐进式改革，可以说是“摸着石头过河”，因为政府也不能明确知道前进的路在何方，有时候虽然有了明确的改革目标，但是对于前进过程中的问题、困难也无法准确预知。但是，改革又不能完全走偏，不能完全偏离方向，而渐进式改革则可以使改革小步走，慢步走，即使出现方向性偏差或问题，也能及时纠正线路。这一切，都在政府可以控制和驾驭的范围之内。相反，如果采用激进的改革方式，大破大立，一方面代价高昂，另一方面也很容易使教育改革失控，最终损害整个国家、社会的利益。

总体渐进式改革，不像激进式改革那样大破大立，走向全面的改造与革新，而是先立后破，或者一边立，一边破，对旧事物不是采取简单抛弃的方法，而是在旧事物的基础上改造，实在无法改造时，则再造新事物，因而在一定时期内会出现新旧两种事物并存的“双轨制”。一条轨是旧事物仍然存在，不去减损既得利益集团的利益；另一条轨则是新事物的发展，用来增加整个社会的利益总量。前者的利益总量叫作“存量”，后者的利益总量叫作“增量”。我们国家30多年的教育改革历程也可以看作是一种“双轨制”的改革，之所以这样，主要是要减少教育改革的阻力，让教育在短期内迅速恢复

① 林丹、柳海民：《渐进改革：当代中国基础教育改革路向的理性选择》，《教育研究》2009年第7期。

和发展。当“存量”无法在短时期内改变时，我们必须寻求“增量”的改革。比如新世纪初，我们国家要实现义务教育阶段的公平，开始实行义务教育均衡发展战略，改革过去那种不均衡的教育经费投入体制。然而，政府并不是简单削弱重点学校的投入，甚至取消重点学校制度，而是加大对薄弱学校的改造和投入，让更多的学校获得更多的教育经费。重点学校的经费投入就是“存量”，而普通学校、薄弱学校的经费投入就是“增量”，为了保持重点学校的继续发展，发挥其在培养人才方面的优势，我们国家采取的其实就是这种渐进式改革，在不损害既得利益者的情况下，所采取的较为稳妥的改革方式，也是为教育改革减少阻力。

在“增量”改革进行到一定时期，“存量”改革就可能被提到政府改革的议事日程上。可见，总体渐进式改革不是一下子彻底打翻既有的利益格局，而是按照既定步骤分阶段实施的，具体走几步，每一步的主要任务是什么，都在政府的计划掌控之中。我国30多年来的基础教育改革，特别是全国范围的改革，主要是由政府部门（主要是教育主管部门）策划、发动的，尽管有一些来自地方或社会团体发起的基础教育改革，但是要得到政府的认同或批准，至少是得到政府的默许。地方的改革试验或探索，如果得到政府部门的认可，则可能会成为下一步教育改革计划的基础。而一旦某个地方或学校的基础教育改革出现什么问题，他们一般都会寻求政府的进一步政策支持。近些年，我国一些地方出现的一些“教育改革综合实验区”乃至“教育特区”，都是在政府部门的主导下批准建立的。这些教育改革的实验区所进行的改革探索，所取得的改革经验，只有得到政府部门（最好是中央政府）的认同、认可，才能成为“成功”经验，才能在更大范围内推广实施。如果一些探索性的教育改革引起社会民众强烈不满、抱怨，或者其他一些不良影响，政府部门也会及时叫停某项教育改革，使其恢复到常态。政府会经常对那些教育改革实验单位进行检查、监督、考评，也随时会收回曾赋予地方部门或个人的教育改革权力。可见，政府其实牢牢地掌握着教育改革中的主导权，使教育改革在总体上按照自己的步骤、目标前进的。政府之所以不会采用激进式的改革，在于它担心教育改革走上歧路，走向政府意志的反面。

我们国家的总体渐进式教育改革比较稳健、稳妥，使基础教育不是像过去那样大起大落，从而处于一个相对平和、平静的发展状态，但是不容否认，它也有自身的局限性。[①] “渐进改革本身意味着改革阻力会随着改革深入而不断增强——分步走的渐进改革会使由此而生的既得利益者阻碍新的改革；双轨制的改革会加剧寻租带来的腐败和政府的趋利化；先易后难的渐进改革会将矛盾积累和后移。”因此，“渐进改革在强调稳健、延续、温和、改良的同时，必须通过认真的准备，使改革态势呈现出显著变化。尤其要做到，上层推而不拖，下层推而即动，使改革渐而进之，进而改之，改而变之”[②]。在笔者看来，随着改革“深水区”的到来，总体渐进式改革已不再像以前那样“好使”了，前期所积累的问题和矛盾，必须寻求更积极有效的“激进”方式去解决。如果不如此，改革就难以继续深入，改革曾经所取得的成果就可能被抵消，就可能付诸东流。20 世纪 90 年代以后，尤其是到了 21 世纪，我国基础教育领域的一些矛盾和问题日益突出，比如义务教育均衡发展问题、教育公平问题、教育管理体制问题，这些是前期渐进式改革遗留下来的问题，必须尽快找到改革的办法。在总体渐进的基础上，我们可以有目的、有计划地实施一些局部激进式的改革，加快教育改革的进度和效果。

2. 局部激进

虽然我国 30 多年来的基础教育改革主要采用的方式是总体渐进式，政府在其中发挥着主导作用，但是同样不可否认，政府不可能在任何范围、任何时间内都掌握着改革的主导权，有时候政府自身也力不从心。即使它希望教育改革总体渐进，但是在特定范围、特定时期，我们也经常能够发现局部激进式的教育改革。局部激进是一些地方或个人在政府总体渐进式改革的整体框架内的一定范围、一定时间内的激进改革行动。在中央政府有关基础教育改革的政策、方案指导下，地方政府、学校或个人为了迅速实现既定的目标，时常采取激进式的改革。

局部激进式的改革，既可能是积极的，有利于教育发展和人的发展，比如浙江长兴自 2001 年开始实施的“教育券”计划，“改变了公共教育资源在传统模式中的配置路径，通过消除政府对公共教育资源进行直接配置等非效

---

① 总体渐进式教育改革，在一些人那里简化成了“先易后难”。先易后难固然不错，可以将矛盾、问题延后，先从容易改革的方面着手，然后再去改革比较困难的问题。问题是，我们经常改完了容易的，困难的就不管了，总以改革艰难、条件尚不具备为借口，最后很可能丧失改革的良机。比如我国的教育管理体制改革，在解决“条块分割、部门办学”问题方面取得了进展，应该说这是相对容易的；但是更困难的政府职能和管理方式改革却进展不顺，完善公共治理结构、建设新的现代学校制度方面的改革更是异常艰难。

② 林丹、柳海民：《渐进改革：当代中国基础教育改革路向的理性选择》，《教育研究》2009 年第 7 期。

率环节而改善了公共教育财政的制度效率"①。这其实是对我国公共教育资源配置方式的一种改革,也是对我国政府教育管理职能的一种改革。该项教育改革对促进教育公平、吸引教育投资、促进教育协调发展起到了积极的推动作用。然而,这项教育改革在当时是比较激进的,它学习借鉴了以弗里德曼经济自由主义为基础的美国"教育券"计划,是对我国政府传统的教育管理体制和教育资源分配体制的一种根本的变革。或许正是因为激进,可能会损害到一些既得利益集团的利益,所以,尽管当时的教育部部长陈至立同志做了重要批示,且中央电视台、光明日报等先后有120多家媒体对长兴的"教育券"计划也做过正面报道②,但时至今日,这一具有探索、创新且具有很大积极意义的教育改革并没有能在更大范围推广,似乎也逐渐销声匿迹了。其他还有一些具有积极意义的教育改革,由于在实施过程中遇到诸多阻力和困难,也往往在"热闹"一段时间后归于沉寂。

局部激进式的改革,也可能是消极的,不利于教育发展和人的发展。在我国教育改革中,有些地方政府或学校乃至个别行政领导,就经常进行这样的激进式改革。我国农村学校布局结构调整的改革,或许就是这样一个典型案例。

2001年5月,国家颁布了《国务院关于基础教育改革与发展的决定》,《决定》中对于学校布局调整的指导意见为:"因地制宜调整农村义务教育学校布局;按照小学就近入学、初中相对集中、优化教育资源配置的原则,合理规划和调整学校布局;农村小学和教学点要在方便学生就近入学的前提下适当合并,在交通不便的地区仍需保留必要的教学点,防止因布局调整造成学生辍学;学校布局调整要与危房改造、规范学制、城镇化发展、移民搬迁等统筹规划;调整后的校舍等资产要保证用于发展教育事业;在有需要又有条件的地方,可举办寄宿制学校。"中央政府的农村学校布局结构调整政策,其实已经很大程度上考虑到了此项政策在执行过程中可能遇到的地区差异问题,也考虑到了一些政策执行会产生的一些不良后果,需要根据具体情况有计划、有步骤地执行。但是地方政府特别是县级政府在执行政策过程中,将中央政府的学校布局结构调整简单、肤浅地理解为撤销、合并,在实际执行过程中采取激进式的搞运动的方法,强制、逼迫农村居民将自己的孩子送进调整后的学校就读。中央政府农村学校布局结构调整的政策初衷,本是要

---

① 吴华:《长兴"教育券"实验的启示与困惑》,中国教育先锋网,http://www.ep-china.net/article/economic/2004/01/20040130160456_2.htm。

② 张传发:《长兴的教育券为何没有推广开来》,山东新闻网,http://www.sdnews.com.cnnews2009/1/20/714360.html。

提高、改善农村学校办学条件，让农村学生也能像城市孩子一样，享受到高质量的基础教育，促进义务教育阶段的教育公平，但是地方政府急功近利，盲目实施，激进地想在短时期内迅速解决问题，在配套、辅助条件尚不具备的情况下，强制减少农村学校和教学点数量，使农村孩子就读高质量的义务教育更加困难，义务教育阶段的教育公平化为泡影。

地方政府在执行中央政府有关农村学校布局结构调整政策时，其激进的主要表现：一是简化政策目标；二是量化政策目标；三是附加目标。① "优化教育资源配置"被简单理解为实现规模效益、合并学校，扩大办学规模。"逐步调整"被以时间表的形式呈现，在什么时间之前撤并多少数量的学校，有时间节点，有数量要求，都是可以量化的数据，可以作为地方官员执行政策效果的具体考核指标。农村学校布局结构调整主要针对的是义务阶段教育学校，但是很多地区也将学前教育、高中阶段教育纳入进来，以显示自己执行政策的彻底性、超前性。地方政府在执行政策时的激进实际上是有方向的，朝着实现自身利益或者部门集团利益的方向努力，但却打着执行中央政府教育政策的旗号。

地方政府在实施教育改革时的激进主义倾向，影响到了社会民众对政府尤其是中央政府的看法，因此中央政府往往不得不对地方政府的激进主义进行纠偏，让其回归到渐进主义的轨道上来。针对农村学校布局结构调整过程中出现的诸多问题，为进一步规范农村义务教育学校布局调整，努力办好人民满意的教育，中央政府于 2012 年 9 月 6 日出台了《国务院办公厅关于规范农村义务教育学校布局调整的意见》②，指出："随着我国进城务工人员随迁子女逐年增加、农村人口出生率持续降低，农村学龄人口不断下降，各地对农村义务教育学校进行了布局调整和撤并，改善了办学条件，优化了教师队伍配置，提高了办学效益和办学质量。但同时，农村义务教育学校大幅减少，导致部分学生上学路途变远、交通安全隐患增加，学生家庭经济负担加重，并带来农村寄宿制学校不足、一些城镇学校班额过大等问题。有的地方在学校撤并过程中，规划方案不完善，操作程序不规范，保障措施不到位，影响了农村教育的健康发展。"中央政府重申了政策出发点的合理性，其意见既是对自身政策的反思，同时也是要警示地方政府在执行这一教育改革政策时应充分考虑当地社会民众的需要，"让人民满意"，从而防止激进主

① 江凤娟：《基层官员的政策目标再制定——以中小学布局结构调整政策为例》，《教育学术月刊》2012 年第 8 期。

② 《国务院办公厅关于规范农村义务教育学校布局调整的意见》（国办发〔2012〕48 号），http://www.moe.gov.cn/publicfiles/business/htmlfiles/moe/moe_1778/201209/141774.html。

义改革的盲目和狂热。

很多局部激进式改革，不考虑改革的长期性、复杂性，希望毕其功于一役，在短期内就实现"翻天覆地"的变化。容易出现的结果是，短期内迅速达到了既定的改革目标乃至指标，但是却背离了教育改革的核心宗旨。改革实施者往往容易走极端，不经过什么过程，一下子就实现了既定的目标，而这些却很可能只是形式上的。比如21世纪初的新课程改革，需要转变学生的学习方式，个别教师在课堂上就不再实施"讲授式"教学，而是让学生从头至尾"探究、发现"，再加上点"合作学习"。过去的"讲授式"教学一下子就成为需要改革的对象，成为需要彻底改革乃至抛弃的对象了。

为什么会出现类似上述现象的局部激进式的改革？原因之一可能在于，改革实施者希望通过改革行动博取上级主管部门的"欢心"，进而获得相应的回报。作为上级主管部门教育改革意志的执行者，他们倾向于略过改革实施的漫长而艰难的过程，以最快行动直接给上级主管部门呈现所需要达到的改革目标。原因之二可能在于，上级主管部门希望看到下级部门或个人迅速并且不折不扣地执行自己的教育改革政策、方案，也希望通过实施者的执行效果来证明教育改革政策、方案的科学性、合理性。① 上、下两方面的急功近利心态，加上背后的利益驱动，共同造成了局部渐进式的教育改革。

五、内部激进与外部渐进
——中国基础教育改革的方法论之二

反思我们这30多年的一些重大的基础教育改革，我们还会发现一个大致规律，在基础教育内部采取的一些改革相对比较激进，而在基础教育外部采取的一些改革则相对渐进。而选择渐进与激进的改革方式，并不只是看改革自身的难度，更是看改革是否损害自己的根本利益。

1. 内部激进

在教育内部，改革者希望改革比较迅速，希望在短时间内出现自己所希望的变化，甚至恨不得教育一天就变样。改革者"习惯于以理想的基础教育

---

① 上级主管部门经常将教育改革作为一种政治任务，将是否认同和实施教育改革，是否迅速有效地实施教育改革作为下级部门或个人的某种政治立场或态度。中国特有的政治化、意识形态化的压力，使得下级部门或个人极力渲染改革氛围，加大改革力度和步伐，进而夸大改革成果，蒙骗上级主管部门。

状态为目标，并用目标的完美来衡量现实的不完美，用理想的改革状态来评判现实的教育状态。同时基于对自身理性的绝对自信，认为通过制定改革方案，依靠行政手段，采用激进式的改革方法就能够促使教育由不完美走向完美”①。

这些教育改革主要是哪些改革呢？比如学生学习方式的改革，教师教学方式的改革，课程教材的改革，课程结构内容的改革，教学评价的改革、人才培养模式的改革，等等。对于中国基础教育内部存在的问题，改革者也看到了，他们迫切需要改变这种状况，于是出台相关政策、文件，比如要求减少学生作业量、减轻学生负担、减少学生在校学习时间，严禁节假日补课；比如要求学校认真执行课程改革纲要，教师转变教育观念，改变教育教学方式，学生改变过去那种学习方式，学校课程教学内容更新，废除繁、难、偏的那些内容。② 总之要实现从应试教育向素质教育的根本转变。

改革者的出发点无疑是好的，希望改变中国基础教育领域那些“落后”的、不适应时代社会发展需要的东西，但是却忽视了教育自身发展变革的逻辑，忽视了教育内部各构成要素之间的基本关系。教育的基本构成要素是教育者、受教育者和教育内容。教育者与受教育者之间涉及的是师生关系；教育者与教育内容之间涉及教师如何传递知识，如何更新和转化知识，如何开发管理课程；受教育者与教育内容之间涉及学习方式、学习负担等。教育内部的几个要素之间相互作用，组成了教育这种特殊的实践活动。对这种活动的改革，其实也就是教育内部的改革。改革者们所倡导的相对比较激进的教育改革，就是指这种改革。然而，我们也已分析，这种内部改革是教育内部各构成要素及其相互关系的改革，并不是简单的外部命令、要求所能实现的。它自身内部有自己的“逻辑”“章法”。所谓“章法”（grammar），是指“教学工作赖以恒常运作的结构和规则，例如时间和空间的安排、学生分班编组，乃至于将知识分科别目，给予成绩和学分以为学习的证明等作法”③。这些内部的章法，也就是教育内部运作的法则，即便有大的政治、政权的变动，它也很难变动，至多做些微调。历史已经表明必将继续表明，即使有时候确实发生了激进的改革，但那些终将只是昙花一现，无法持久。而中国的一些教育改革者，尤其是主导教育改革的政府决策部门，却希望教育

① 潘新民：《基础教育改革渐进论》，浙江教育出版社，2012 年，第 7 页。

② 如今中国基础教育改革的“轰轰烈烈”“如火如荼”，主要说的是这样的改革。我们已经形成了一个改革的氛围或气氛，希望通过各种各样的教育改革来解决存在的各种教育问题。改革成了至上的命令，改革成了意识形态。但是改革针对的却主要是教育内部的改革，改革的对象主要是教师和课程教材。

③ 单文经：《教改性质的历史分析：逡逡巡巡步向理想》，《教育学报》2006 年第 2 期。

内部很快出现他们所需要的变革，很快在整个范围内出现他们所需要的变革，其结果可想而知——基层的教育实践者只能做些表面文章，以应付上层决策者。

或许，政府高层决策者有时也知道教育内部有章法，知道激进改革既不可能，更不会取得什么好的效果，但是为什么还是会这样去推进教育改革呢？与自身利益关涉程度。教育内部的结构要素及其相互关系的变革，是基层实践者去实施的变革，比如课堂教学改革、教学评价改革、学生学习方式改革、人才培养模式改革，诸如此类，都是要求别人去探索实施的改革，自己只是发号施令，从旁观察监督而已。要求别人做的事情，当然就可以快点、再快点，在短期内就要见成效。而要求自己做的，或者自己真正参与实施的，涉及自身利益的，则不那么激进了。这就是教育外部的渐进改革。

2. 外部渐进

基础教育改革中也包括处理教育系统与外部社会子系统之间的关系的变革，或者涉及这些利益、结构关系的调整，如教育管理体制改革、教育经费投入体制改革、教育资源合理配置改革、高考录取名额分配改革等问题。我们平时说教育改革已经进入了“深水区”，实际上是说，教育改革已经涉及了这些根本的体制性问题，不对这些进行大刀阔斧的改革，彻底的改革，甚至是激进的改革，基础教育已经很难再进一步发展，为人民所满意。

高考制度改革是基础教育领域的非常重要的内容之一，这些年来一直难以取得实质性进展。人民群众对高等教育入学考试制度、分省录取制度等一直有很大的意见，但是高层教育决策者却一直以“难度大、复杂”为理由，进行十分缓慢的政策微调；或者放手让一些地方政府做一些不触及根本体制的改革。各省（自治区、直辖市）对高考制度改革均十分关心，尤其是很多省份实施高考自主命题之后，各省（自治区、直辖市）教育行政部门对本省的高考改革以及相应的高中课程改革的力度不可谓不大，速度不可谓不快，甚至可以说，有些省（自治区、直辖市）围绕高考进行的教育改革十分激进。这就是上文所说的教育内部的激进改革。但是整个国家的高考录取制度的改革，似乎还只是处于“小打小闹”的阶段，改革的前景让人觉得遥遥无期。

重点学校制度改革也是提议多年，但是却一直进展缓慢。改革开放以后，我国政府恢复、延续了过去的重点学校制度。这在教育资源、优质教育资源十分短缺的情况下，或许有一定合理性，但是到了教育资源比较丰富、国家财力大增的情况下，仍然固守原来的制度，则违背了教育的公平、公正原则，也是不合时宜的。这从侧面反映出该项制度可能保障了强势群体或集团的利益。20 世纪 90 年代以后，重点学校制度的改革呼声日高，取消重点学校、普通学校之分的呼声日高。尽管如此，教育部门还继续集中扶持重点、制造重点，扩大学校之间差距。1995 年 7 月，当时的国家教委下达《国家教育委员会关于评估验收 1000 所左右示范性普通高级中学的通知》，决定在 2000 年以前分批建设并评估验收示范性高中，其思路依然是建设重点中学的思路。教育经费投入机制的改革也比较缓慢，原来“人民教育人民办”的体制，转变为“人民教育政府办”的体制，各级政府，包括中央政府和省、市、县地方政府承担义务教育经费的比率大大增加。体制改革的过程是缓慢的，真正落实到位的过程更是缓慢的。公共教育经费占 GDP 的比例为 4% 的目标，一直到 2012 年年底才实现，其中还有不少水分。要知道这个政策诺言可是我国政府在 1993 年就已经许下了，整整过了 20 年才实现。

教育管理体制改革方面，早在 1985 年的关于教育体制改革的决定中就已经明确规定：改革管理体制，在加强宏观管理的同时，坚决实行简政放权，扩大学校的办学自主权。在短暂的改革趋势之后，又出现回潮现象。“20 世纪 90 年代中期之后，出现行政化、官本位回潮，教育管理权力高度集中、行政化、长官意志的弊病愈演愈烈，呈加剧之势。政府包揽过多、行政主导的弊病并未解决，国家教育资源配置的方式并未根本改变，教育管理、教育决策中行政化、长官意志主导的倾向严重。行政权力越来越大，对学校直接的微观管理无所不在……”①以至于今天我们仍在谈如何让政府转变管理职能，简政放权，如何扩大学校的办学自主权，如何建立现代学校制度，《国家中长期教育改革和发展纲要（2010—2020 年）》上依然有有关论述。教育管理体制改革涉及学校和政府、学校和社会之间的关系，不仅仅是教育内部的事情，它还涉及有关职能部门的权力、利益，涉及改革者自身，因此在推进实施这类改革时他们难免会心存顾虑，害怕自己权力、利益的丧失。

渐进的改革，不仅表现在进展缓慢，有时候，虽然暂时是快的，但是很快又停滞不前，甚至退回到从前，比如我国的办学体制改革。我国教育投入相对比较少，经费来源单一，于是鼓励民间力量、社会团体捐资助学，让有实力、有意愿的企事业单位投资办教育。民办教育在国家政策的支持下，曾获得过一个短暂的飞跃发展。但是好景不长，出于意识形态的忧虑，更是出于利益的考虑，因为民办学校在很多方面不受教育行政部门的直接领导或管理，于是政府又出台了有关名为规范实为约束民办教育发展的政策法令。

---

① 杨东平：《30 年教育发展和改革的经验和教训》，http://theory.people.com.cn/GB/49157/49166/8143145.html，2008-10-08。

2002年12月，九届人大常委会通过《中华人民共和国民办教育促进法》，这是民办教育发展历程中的一个重大进步。但随后由教育部负责制定的《民办教育促进法实施条例》，在诸多规定上以限制、管理为主，被认为有违《中华人民共和国民办教育促进法》的立法精神。民办教育又回到了过去，在恶劣的法律、政策环境下苦苦挣扎。办学体制改革，表面上涉及的是办学主体和办学收益问题，但是更深层次涉及的是教育的多样化、特色化问题，涉及的是学校的办学活力和高质量问题。因此，应该破除意识形态的束缚，超越利益的考量，从教育自身的特色化、多样化角度来考虑如何更快更好地让民间力量、社会资源介入基础教育，推动基础教育的高质量发展。

涉及教育与外部系统关系的变革，决策者或者根本就不让这种改革提上议事日程，或者不让这种改革方案出台，即使出台了，在推进实施上也是消极懈怠。因为这种改革已经改到自己头上来了，需要自己做出改变，需要自己放弃权力，放弃既得利益。这时候，改革者就会采用“渐进”的方法、策略，延缓改革，乃至阻碍改革，让改革始终在“深水区”里徘徊，最终在“深水区”里“淹死”。

当然，教育外部的改革有时也会比较激进，但大多只是做做样子，实际上的行动都是渐进的。“大张旗鼓”的教育外部系统的改革由于可能影响自身权力和利益，因此很快就“偃旗息鼓”了。

这样看来，中国基础教育改革目前进展缓慢，实际上是内外部都遇到了困难。从内部来说，改革者希望快速、彻底，但是教育的基本“章法”决定了这不可能实现；从外部来说，改革者不希望快速、彻底，因为那会影响到切身利益，这也决定了真正的改革难以推进实施。这或许就是中国基础教育改革的症结所在——不该快的硬是要快，该快的却快不起来；该“软着陆”的却要“硬着陆”，该“硬着陆”的却“软着陆”，甚至“不着陆”。

六、语言的巨人，行动的矮子
——缺少“实践”的“实践逻辑”

教育改革的关键在于实施，在于将既定的方案、计划付诸实践，然而，纵观中国教育改革的实际，我们却发现，有一些确实得到切实有效的实施，且实施得十分彻底和激进，这就是笔者上文所提到的一些局部激进式的教育改革。这些局部激进式教育改革之所以能够得到很快实施，主要在于其符合实施者、执行者的利益需要。对于另外更多的教育改革，尤其是难度非常大的那一部分教育改革，却推进缓慢，遭遇重重阻碍。很多实践者不实践、不作为,他们只是说,说完之后什么实践行动也没有。这就是他们在教育改革中的"实践逻辑"——光说不做,说多做少,以言语代替教育改革的实施行为。他们是语言的巨人,却是行动的矮子。

谁在说?谁说得多,做得少?谁在说而不做?

首先就是政府部门的教育改革决策者。从中央政府到地方政府,各级官员、领导都十分喜欢谈论教育和教育改革,说教育对于国家社会发展十分重要,教育优先发展是国家的发展战略,全社会都应该关注重视教育,同时,教育也存在诸多问题,亟须变革,否则就不能满足老百姓日益增长的对高质量教育的需求,等等。我们发现,在中国任何级别政府的官员有关教育的谈话或报告中,几乎没有人不说教育有多重要,教育改革有多必要,我们必须重视教育的改革和发展。在政府的主导下,中国各级政府部门也出台了相当多数量的关于教育改革和发展的政策、文件或者报告,还包括一些法律。政府部门的"说"很多已经形成了固定的带有正规性、合法性的"官方语言",然而,他们的"说"多没有再迈出一步,更有实质意义的一步,那就是,如果不按照他们"说"的那样去做,会采取什么行动,会有什么后果?关于教育改革的政策、文件乃至法律出台了一大堆,很多也是涉及作为执行主体的中央政府和地方政府自身,但是这些部门却自己不实施、不执行,或者没有达到政策、文件、法律所规定的要求或标准。最典型的就是,一些教育法律文本中明确规定的改革要求,白纸黑字写得清清楚楚,政府相关职能部门却没有去执行,更不用说完成要求了。这就导致,政府部门对教育改革说得再多,但是下面的实施者也不会去遵照执行,因为政府部门自身经常成为违法、违规的主体,成为不作为、不实施的主体,却没有受到相应的处罚。政府自己说的多,而没有兑现的也就越多,长此以往,政府就可能失去公信力,即使说得再多,再强调教育和教育改革的重要性,下面也会无动于衷。

中国政府部门的领导、官员没有不"重视"教育的,没有不"重视"教育改革的,至少在口头上,在书面文件中,"百年大计、教育为本"经常成为政府领导和官员们的口头禅,但是教育经费占整个国民经济收入4%的目标却喊了多年没有实现。可以说,我们的政府官员多是口头上重视,没有什么实际行动。口头上强调教育的重要性,重视教育改革,似乎在什么情境下都没错,也不会错,但是一旦真正地开始做,却会遇到很多困难,更可能出错,这是官员们不敢承担的,他们心知肚明,不做至少不会犯错,上面要求必须做的,能暂缓的就暂缓,能应付的就应付。在高层的政策文件中,教育的重要性、重要地位被强调得无以复加,即使在很多与教育没有什么直接关系的政策文件中,教育在其中也经常被提到。没有实际行动的重视,都是说说给别人听的，实际上是极大的不重视；是要求别人重视，而不是要求自己重视。

政府部门说得多，经常是空头许诺，没有实质性的保证教育改革顺利有效实施的具体措施。① 中央政府部门制定的教育改革政策、计划，地方政府部门一般都要制定相应的关于执行中央政府部门的教育改革政策、计划的意见或建议。换言之，中央政府部门说了很多关于教育改革的话，地方政府部门接着又说了很多关于教育改革的话，他们都是要求下面执行、实施，但是到底谁来实施呢？怎么样才能有效实施呢？有哪些保障呢？政策、计划都是要求别人去实施的。即使有些也规定了一些保障措施，但是仍是空对空，因为保障措施的主体并不明确，即使明确了，但是在主体不去“保障”教育改革时，却又没有任何制约、惩罚措施。政府部门一味地倡导、发动教育改革，但是教育依然没有什么实质性的变革发生。政府有多个职能部门，教育部门只是其中之一，而且是最没什么发言权的部门之一，因为教育部门的经费往往不能靠自己解决，而需要以财政部门为代表的其他部门解决。教育行政部门经常有教育改革的决心和意向，也出台了相关教育改革的政策文件，也希望财政部门能够提供相应的经费保障。但是这并不是由教育行政部门说了算的。上级教育行政部门的文件对下级教育行政部门是有约束力的，但是却没法约束同级的财政部门，也没法约束与下级教育行政部门同级的相关财政部门。比如浙江省计划在“十二五”期间进行高中阶段学校布局结构调整改革，大力发展中等职业教育，提高中职生生均公用经费。“十二五”期间，浙江省将进一步提高财政预算内教育经费用于职业教育的比重，提高教育附加用于职业教育的比重。中等职业教育生均公用经费将逐步提高到普通高中的1.5倍以上。这是浙江省针对当前省内外经济社会发展的需要而发起的一项很好的教育改革。浙江省教育部门的这项举措也以“教育部简报”这一非常正规的形式在国家教育部备案，与教育部官方文件精神完全一致，当然也获得官方高度认同。可以认为，浙江省教育行政部门该说的都说了，在文件中也明确了各项经费保证机制和绩效评价机制等，但是下面的不少市、县教育部门却感到没法实现省教育厅的这一改革目标。中职与普高的公用教育经费总量并没有增加，普高的教育经费本就十分紧张，如今却要实现中职的生均公用教育经费是普高生的1.5倍，无疑是“拆东

① 各级政府部门每年都有很多关于教育和教育改革的各种各样的会议，颁布出台文件的会议，抓紧落实的会议，对文件进行解释说明的会议，还有各种沟通会议，学习讨论的会议，等等。总之，每一次教育改革，每一项教育改革，都会伴随很多的会议。会议是“说”的舞台，是大家集中“说”的舞台，各种各样的“说”或许对教育改革的实施会有些帮助，但是问题在于，很多教育改革在会上“说”完之后就算了，原来怎样还是怎样。

墙、补西墙”。受到教育行政部门和全社会高度重视的普高教育经费减少，必然会降低普高教育质量，降低办学效率，更有可能降低高考升学率，这可能是市、县教育行政部门感到无法实现上述目标的最重要的原因。与市、县同级的财政部门会那么轻易拿出额外的教育经费来补贴中职教育吗？“有关部门”只说不做，或者只说却让别的部门做，导致教育改革的实施最终沦为纸上谈兵。上级部门只说不做，也不给下级部门的做提供实质意义的帮助与支持，下级部门也就会糊弄上级部门，在规定的期限内上报有关实施情况或数据报告。上级部门很好的教育改革意图也无法实现。看来，要把好事做好，要把真正有利于教育发展，有利于经济社会发展的教育改革切实有效地实施好，光是发发文件，说说教育改革的重要性是远远不够的。

政府部门官员的“说”，尤其是政府领导人的“说”，实际上可以发挥很大的作用。换言之，政府领导人的“说”也可以说就是“做”，因为他们不用亲自贯彻实施教育改革政策，他们对教育改革的公开而明的认可、肯定或支持，就直接代表了政府的意志，代表政府对某项教育改革的决心。作为政府下面的一个职能部门，教育行政部门希望政府领导人能够经常关心教育，发表教育的讲话，希望政府领导人能够对相关职能部门施加影响，要求他们支持教育改革。在“教育优先发展的”战略背景下，中国的基础教育改革已成为国家战略，有关职能部门也不得不在言说教育改革之重要意义，言说如何支持教育改革，但实际上他们的支持行动往往是迫于政府压力的很不情愿的行为，“做”也就大打折扣了。

教育行政部门是教育改革的直接管理部门，也是发动者，他们是否就说得多，做得也多呢？未必。要看教育行政部门里的“一把手”。在中国的政府部门或机关单位里，“一把手”的决定具有举足轻重的作用，一把手的态度、看法或建议最容易转化为具体的行动。就教育行政部门而言，“一把手”决定了是否实施教育改革，实施什么样的改革，实施到什么程度。“一把手”重视，不仅注重说，而且注重做、实践，教育改革就能顺利推进实施。“一把手”不重视，即使分管的教育局、教育厅乃至教育部领导再怎么努力，也很难长期有效地推进实施教育改革。分管领导只有在“一把手”的大力支持下（重要表现是在各种场合言说教育改革的重要性），才能调动教育行政部门内部各分支机构的资源和积极性，去推动实施某项教育改革。

教育学者、专家们也是说得多，做得少，有时候甚至以说代替实际的改革行动。教育专家学者对教育改革的研究、反思主要是在理论层面的，他们的主要工作是探索、发现关于教育和教育变革的知识，增加人们教育改革的智慧和学识。因此，教育专家对教育改革说得多，做得少，应该属于正常。

但是,如果一些亲自参与教育改革实验探索和推广实施的教育专家,以教育研究的成果来代替其实际的改革行动,那就显得不合理了。他们探索教育改革,主动参与实施一些教育改革,但是实施十分困难,有很多他们无法控制的因素。但是,教育专家、学者又急着出成果,于是在还没有怎么实施的情况下,就发表相关教育改革的成果。可以说,教育改革的成果不是他们做出来的,实施出来的,而是他们说出来的。这个"说",有时候为了迎合实验学校或地区的需要,必须是公开地"说",即公开发表相关学术论文、著作或者丛书。因此我们就不难看到,在教育改革刚开始实施不久,关于教育改革的成果就已经大批出版了。有的还没开始实施,就开始公开造势,借助媒体大肆地"说",自己将要实施的教育改革是什么"新"……说走在了做的前面,说的也比做的多得多。教育改革的效果不是循序渐进地实施、不断改进的结果,而是仅凭少数教育专家、学者们的"说"就显示出来了。现实中确实有一些专家、学者仅仅热衷于"说"教育改革,说起现实教育的问题或弊端义愤填膺,也经常在学术文章中痛陈现实教育之病入膏肓,但是他们却连自己能够改变的东西也不愿意去做些许改变。教育改革最后简化为专家学者们"言说"教育改革,具体实施中可能遇到的困难、问题就少有人关心了。困难、问题累积越多,教育改革进展就不顺利,也就逐渐停滞不前乃至倒退到原来状况了。专家学者们以各自不同的方式"言说"教育改革,本是教育理论作用于教育实践的一种必要的方式,帮助实践不断改善,但是这种"言说"却往往不受教育实践待见。教育实践工作者认为虽然"说"到了"点子"上,说得很到位,给人很多启发,但是却又认为教育理论工作者的"说"却没有能够给出具体的、操作性强的建议、措施,"说"得还不够。教育实践工作者希望知道具体怎么做,而教育理论工作者始终提不出前者所需要的策略、措施,因此面对复杂的教育改革情境,多数仍是墨守成规,不做,教育改革停滞不前也就不算奇怪了。极少数专家学者亲自从事教育改革和发展的探索、实验,也取得了不小的成效,但是他们在总结宣传自己的改革经验和成果时,却有夸大其词的倾向,即本没有那么好的效果,没有那么快的效果,却被以多篇论文、报告,多本专著"言说"出来。具体做了多少,做到什么程度,改革创新的力度真正有多大,那些身处于其中的人或许最了解。专家学者们希望做到的东西,并没有真正做到,但是却以论文、专著的形式连篇累牍地表现了出来。专家学者们自己也十分清楚"做"的艰难和复杂,他们在更大范围推广、实施自己的教育改革成果时也持相对谨慎的态度。这样看来,专家学者们说得多、做得少也就很正常了。

学校老师(包括学校管理者)也是说得多,做得少。一次又一次的教育改革,不断翻新的教育改革,使得最基层的教育改革实施者——教师目不暇接。面对这一切,很多老师认为,教育改革会很快过去的,不要管它。不去管那些上级政府部门发动或倡导的教育改革,即使有红头文件也不要太在乎,因为下一个红头文件会很快下达,因为每个红头文件都是单方面地要求别人实施,而缺乏政府部门对保障实施的硬性规定或惩罚措施。教师认为,谁要是真信了这些文件,并且付诸实施,那么就要承担可能的风险和巨大的代价。而为了避免这些,还是不要真的去实施为好。但是,又不能公开与上面对抗,不能不实施,怎么办?多说教育改革的新理念、新做法,公开发表论文、著作更好。“说”教育改革,支持关于教育改革的新理念、新做法,让上面觉得你好像是在贯彻实施教育改革的政策、方案。特别是在上级管理部门来检查、评估教育改革效果的时候,一定要说那些符合教育改革的新理念的“话语”。在一轮又一轮的教育改革中,中国很多教师掌握了很多关于教育和教育改革的新理论、新理念,也可以说是新话语,以至于一些教育专家、学者们慨叹:现在的中小学教师真是不得了,掌握的教育新理论、新理念比我们还多,他们经常说得我们一愣一愣的。依靠会说,或公开地说关于教育改革的新理论、新理念,很多教师在教育改革中成为优秀教师、骨干教师乃至名师,但是其教育实践行为却没有什么实质性的改变,因为他们不相信那些,也就不会去实施。掌握教育改革的新理论、新理念还是相对容易的,但是具体的教育改革的实施就不是那么容易了。广大中小学教师十分渴望教育专家、学者们能够提供有些具体的教育改革实施策略、步骤,但是他们没法提供。或许,教育专家、学者们的理论本身就决定了无法提供这样的具体操作步骤。教师们遂以此为由,说得多,而不是去探索到底如何更好地实施既定的教育改革方案或计划。

参与教育改革的各方,都以各自独特的方式“说”教育改革,然而基本上都是说得多,做得少。政府部门、教育专家学者很积极,但是广大一线教师却不那么积极。个中原因根本可能在于说是比较容易的,没什么风险,而做是比较困难的,且风险很大。参与各方以教育改革的言说取代了教育改革的行动。似乎大家都心知肚明,教育改革是怎么一回事,教育改革是多么的困难,谈论一下,说说就行,千万不要把教育改革太当真,谁当真谁就是“傻子”,谁就会吃亏。在参与改革的人看来,教育改革就是一个个的事件,而不是一个过程,“说”着“说”着,一个改革就过去了,下一个改革就又来了。而“做”就没那么简单了,需要参与者始终如一,克服各种困难,而且还没怎么“做”,下一个改革就又来了。谁敢真做?在大家的“共谋”下,教育改革轰轰烈烈地发生着、发展着,但就是无法取得实际的效果,因为很少有人真正地去实施它。[1] 这就是教育改革的一种“实践逻辑”，没有实践行动而只有言语发生的“实践逻辑”，在一定范围内左右着中国的教育改革。

这里特别需要指出的是，掌控教育改革的利益集团，他们主导教育改革的行动方式就是“摸着石头过河”。教育改革逐渐进入“深水区”，一些深层次问题，如体制性问题，已经为政府部门和全体社会所认识。阻碍教育改革深入发展的障碍已经十分清楚，甚至解决问题的对策已经十分成熟，路径也已经十分清晰明确，这时候，利益集团的“摸着石头过河”，就可能成为他们不改革或拖延改革的“说辞”。他们经常言说教育改革，也经常许下教育改革的诺言，但是总是以问题复杂、路径不清为由，而主张慢慢地改革，而不是非常激烈的改革，因而“便可名正言顺地不用承诺教育改革的进程与效果，并因此而不用对教育改革进行艰苦细致的规划设计”[2]。最后，就沦为不改革、放弃改革，依然坚持原来的老路。利益集团只是说改革，而愿意采取改革行动。“对于当下中国教育改革而言，主要问题早已不是认识不到，而是行动不力；早已不是并非知道石头在哪里，而是明明已经比较清楚知道石头的状况，但就是不去制订明确、具体、切实可行的过河方案，就是不过河。”[3]如今，“过河”是必需的，而且不能太慢，因为如果太慢，民众会认为你不想过河。事实上也是如此，一些利益集团把控着教育改革的主动权，在教育改革的关键问题上设置重重障碍，导致教育改革迟迟难以突破，难以取得预期效果。“摸着石头过河”已经逐渐丧失当初的改革示范、探险意义，而成为当政者的一种“拖延战术”。长此以往，利益集团左右政府决策，政府部门只说不做，或者说得多做得少，则可能影响到政府的合法性。现在应该是“做”的时候了，是“大做”的时候了，是抛弃石头过河的时候了，因为我们已经有了“架桥”的图纸，更有了“架桥”所需要的“钢筋水泥”等材料。

改革、教育改革是个“知易行难”的过程。几乎所有人都知道要改革，甚至所有人都知道怎么改革，但是真到改革的实际操作层面时，各种情境的变化、各种利益的考虑，都让人们在改革面前却步。教育改革不容易，很多改

---

① “做”是有风险的，也是要付出很大代价的，因此就会出现一些“虚假改革”“改革秀”。当下基础教育改革实践中，形式化改革行为并不鲜见，一些地方或学校采用的“新瓶装旧酒”的方式，取改革之名而无改革之实；一些地方或学校为了迎合或应付教育改革形势的需要，采用走过场、做样式等改革花招。见林丹：《在互动中制衡——当代中国基础教育渐进主义改革研究》，东北师范大学出版社，2010 年，第 93 页。虚假改革、改革秀，已经不再仅仅是个别地方、个别学校的行为，更是成为群体行为，大家都在有意识地作假、作秀，并认为这就是教育改革，此等现象必须也应该引起我们足够的重视。

② 吴康宁：《深化教育改革需实现的三个转变》，《南京师大学报》(社会科学版)2013 年第3 期。

③ 吴康宁：《深化教育改革需实现的三个转变》，《南京师大学报》(社会科学版)2013 年第3 期。

革都不是一次就能完成的，而且由于现实的多方面因素影响而失败。但是这种失败只是暂时的，改革经常需要经过很多次的实践、反复实践，才能取得成功。在实际中，我们经常发现一些很好的改革，但是却没能实施到底，稍微遇到些波折，改革者就泄气乃至放弃了。这更给了那些反对改革、消极改革的人以借口。因此，当教育改革遇到困难的时候，暂时没能取得成功的时候，作为改革的参与各方，尤其是改革的主导者，更要有信心，给予改革更多的时间，更多的耐心，更要坚定不移地去做。

结语　路在何方

——走向未来的中国教育改革逻辑

改革开放以来的中国基础教育改革，经历了30多年风雨历程。回顾这些年，我们的基础教育虽然取得了很大成绩，但却主要是发展的成绩，而不是改革的成绩。教育改革的效果其实并不明显，一些长期困扰教育发展的问题并没有得到真正意义上的解决。或许，中国30多年基础教育的巨大发展掩盖了需要改革的一些深层次问题。这些深层次问题，不能仍像过去那样仅依靠发展去解决，而需要依靠改革，依靠深层次的改革才能解决。否则，教育改革就可能原地不动，甚至出现倒退。实际上，20世纪90年代以来我国基础教育领域的一些改革就有倒退的倾向。历史的车轮已经迈入了21世纪，新世纪的中国基础教育改革继续前进的道路在哪里？未来的中国教育改革应遵循什么样的逻辑？

一、考虑弱势群体（个人）利益和需求
——教育改革的“正义”逻辑

教育和国家利益的内在关联，决定了当今世界各国在进行教育改革时都不得不考虑“国家”逻辑。国家逻辑强调教育的整体效率，强调教育为国家利益服务的功能。今后我们国家的教育改革仍会强调这一点。但是随着历史的发展和社会的进步，教育改革的“正义”逻辑将和“国家”逻辑一样走上历史的舞台。2013年12月，《中共中央关于全面深化改革若干重大问题的决定》（即十八届三中全会决定）中指出，今后的发展要体现公平正义，建设公平正义社会成为改革的基本目标。第42条对“深化教育领域综合改革”进行了战略部署，明确提出“统筹城乡义务教育资源均衡配置，实行公办学校标准化建设和校长教师交流轮岗，不设重点学校重点班，破解择校难题”。教育改革作为重要的社会领域改革之一，将把公平、正义提到前所未有的高度，作为自己的行动准绳和目标。

1. 正义原则下的教育改革

当代西方政治哲学家罗尔斯提出了正义的两个原则：第一个原则，即

“每个人对与所有人所拥有的最广泛平等的基本自由体系相容的类似自由体系都应有一种平等的权利(平等自由原则)”。任何人都拥有同等平等自由的权利,无论每个人在社会生活中处于何种地位,都依据作为目的的人这一理念,都具有同样不可侵犯性,甚至以社会整体利益之名也必须予以拒绝。“在一个正义的社会里,平等的公民自由是确定不移的,由正义所保障的权利决不受制于政治的交易或社会利益的权衡。”我们知道,在社会中,利益最易受到侵犯的往往是社会的弱者,因为强者拥有更多的资源和实现自己利益的手段,并能有效地进行自我保护,对社会所有成员的平等自由权的坚持,其实最主要是为弱者争取到平等自由权。第二个原则,即“社会和经济的不平等应该这样安排,使它们:(1)在与正义的储存原则一致的情况下,适合于最少受惠者的最大利益(差别原则);(2)依系于在机会公平平等的条件下职务和地位向所有人开放(机会的公正平等原则)”[①]。这一原则关注的对象主要是最少受惠者群体,也就是社会的弱势群体。第一个原则是平等自由原则,它可以保证所有人的公平、平等,但是现实的社会中人仍存在很多由于客观条件而造成的不平等,因此就需要第二原则,即差异补偿原则,对那些处于不利地位的弱势群体、最少受益者给予补偿,让最少受惠者获得最大利益。这样就可以缩小真正社会差距,实现社会公平正义。罗尔斯的正义原则既强调了起点公平,更强调了过程公平、结果公平,强调了社会和经济利益的公平分配,可以为今天中国的基础教育改革(特别是教育资源分配方面)提供很多借鉴。

教育公平正义是社会公平正义的突出表现,是促进社会流动、实现社会公平的重要手段。今后的教育改革,在制度或政策设计上,虽仍要考虑为国家发展服务,但是同时要把教育作为每个人不可或缺的发展权,考虑落后地区、弱势群体或个人的平等的受教育权,要让他们在教育上受益。这些改革包括重点学校制度改革,高考录取制度改革(以各地名额分配制度为主)、教育资源分配制度改革、农村学校经费投入制度改革等。

2. 通过广泛的社会合作,实现教育改革的“正义性”

教育改革的正义逻辑,需要广泛的社会合作,尤其需要处境较好的群体(个人)与处境较差的群体(个人)开展合作,“归还”其应得的利益,并给予必要的补偿。因为,长期以来处境较好的群体(个人)利用其优势,掌握着大量的社会财富和公共权力,进而享有更多丰富而优质的教育资源。如果这种

① 〔美〕约翰·罗尔斯:《正义论》,何怀宏译,中国社会科学出版社,1988年,第302页。

状况继续持续下去,如果教育改革始终只是让处境较好的群体(个人)受惠,或者受惠更多,那么这种改革则是非正义的,因为它长期剥夺了处境较差的群体(个人)本应该享有的教育权益。换言之,一旦处境较差的群体(个人)的意识觉醒,他们将极力反对改革、阻碍改革,将处境较好群体(个人)视为自己的对立面,视为占有、剥夺自己本该享有的教育利益的统治者,处境较好群体(个人)的教育利益也必将受到损害。

社会合作最重要的表现之一就是参与,处境较差的群体(个人)能够真正参与教育改革政策、制度的制定、设计。形式正义是实质正义的前提。只有处境较差的群体(个人)获得本应该拥有的参与教育改革决策的权力,才能充分表达自己的利益诉求,才能与处境较好群体(个人)之间展开利益博弈,才能讨价还价,才能商谈教育改革的利益损害和补偿问题,才能真正维护自身的教育改革利益。今后,中国的基础教育改革应遵循高层的建设社会公平正义的要求,把正义作为自己最重要的准则之一。

若教育改革决策缺乏广泛的参与性,特别是缺乏一些弱势群体及其代表或机构的有效参与,那么我们就认为这项教育改革缺乏正义性。虽然我们不能认为,没有弱势群体参与的教育改革决策就一定不会考虑他们的利益,就一定使弱势群体的利益受损,但却可以认为,只有少数精英参与决策的教育改革,即使是为了绝大多数人或群体的利益,其正当性、正义性也理应受到人们的质疑,因为这违背了程序正义原则。如果有广泛的社会合作,各有关群体都能平等参与教育改革的决策,即使某些群体(个人)最终利益受损,但是这种利益受损却是自愿的,是经过与其他群体协商的,将来也是肯定有机会获得补偿的,主体的意愿和诉求都已经在决策中得到充分的表达,为其他群体所认识和理解。

为了保证相关教育改革的政策方案与实施结果的公正,每一个社会成员都应该有权利在教育改革政策颁布和实施中表达自己的意愿与主张。美国法学家萨默斯(Robert S. Summers)说:“与程序的结果有利害关系或者可能因该结果而蒙受不利影响的人,都有权参与该程序并得到提出有利于自己的主张和证据,以及反驳对方提出之主张和证据的机会。”①教育作为一项公益事业,涉及每一个社会成员的利益,因此,所有社会成员至少是与政策有关系的,都应该有权参与政策制定与实施,追求和实现教育改革的正义性。

---

① 陈瑞华:《通过法律实现程序正义——萨默斯程序价值理论评析》,《北大法律评论》(第1卷),法律出版社,1998年,第188页。

二、加强改革的“顶层设计”
——教育改革的“系统”逻辑

纵观中国过去30多年的基础教育改革，不少改革其实随意性很强，想到哪改到哪，变动也很快，甚至一些改革观念或举措之间互相矛盾。这其实就是缺乏对改革的系统考量，因此迫切需要加强教育改革的“顶层设计”，遵循教育改革的“系统”逻辑。

1.“顶层设计”及其重要性

“顶层设计”的概念起初由学者提出，并被写入国家发展的“十二五”规划当中。顶层设计可以从两方面来理解：一是改革设计的主体，即高层设计、上层设计。随着中国社会的深入发展，许多关于经济、政治体制改革的重大举措需要党中央和国务院根据天时、地利、人和果断推出，以免错过最佳改革时期，贻误中华民族的改革大计，党和国家的各级领导人负有重要的历史使命。二是改革设计的内容，即教育改革要通盘考虑，“全面综合”，不能只改某一个方面，而忽略或拒绝改其他相关方面。需要说明的是，我们不能把“顶层设计”的主体仅局限于中央人民政府，什么都寄希望于中央高层、中央人民政府为国家的经济、社会、教育等设计出理想的改革方案，它只是规定了大致的改革方向和步骤。“顶层设计”事实上更要强调的是改革的全面性、系统性、综合性，即改革内容意义上的“顶层设计”。不仅中央人民政府对教育改革的顶层设计要全面、系统、综合，而且各省、市地方政府对教育改革的设计都要全面、系统、综合。

“顶层设计”规定了教育改革的基本路径和计划，可以减少教育改革受少数个人或群体的操纵的可能，减少改革的随意性、任意性，使他们无法不改革，无法在规定的时间进度内拖延改革，保证改革按照既定目标和计划发展。“顶层设计”规定的利益损益其补偿措施，可以很好地限制少数个人或利益群体假借教育改革之名，谋取个人不正当利益，也可以使教育改革的每一步都处在公众的视野范围之内，处于法律的监督、规范之中。“顶层设计”对“摸着石头过河”的改革思路提出批判。“摸着石头过河”的改革思路，已不能适应中国基础教育改革的发展，它总是停留在经验型的探索阶段，由于人为的原因而进展缓慢，甚至出现历史“倒车”现象。而“顶层设计”则由于其前瞻性、全局性和透明性，能够推动中国基础教育改革稳步和持续发展。“为了尽可能地少走弯路，避免折腾，使改革的收益最大化，改革的风险最小化，必须积极稳妥地推进教育改革，做到统筹谋划，系统设计，循序渐进。”①也就是说，科学合理的“顶层设计”可以让教育改革少走不必要的弯路，少付不必要的代价。

中国基础教育改革目前所面临的“瓶颈”问题，在相当程度上是因为我们缺乏一个对教育改革的“顶层设计”，缺乏对教育改革的系统、综合的总体谋划。“改革的整体性和系统性，决定了必须进行顶层的整体设计，才能保证改革能积极而稳妥、坚定而审慎地推进。”②在改革开放初期的中国基础教育改革，实际上不是什么改革，只是恢复发展“文化大革命”期间被破坏的教育。直到20世纪80年代中期，随着国家经济体制改革和科技体制改革的深入发展，中央高层意识到仅仅恢复发展过去的教育已不能适应日益发展的经济、社会需要，且过去教育中存在的弊端并没有得到根本改变，因此提出以教育体制改革为核心的教育改革。如同经济体制改革一样，教育体制改革最初也是“摸着石头过河”，对于中国未来教育的发展目标并不是很明确，对于实现这种目标的路径更是知之甚少，一切都需要在实践中逐步探索。如果说，改革开放初期“摸着石头过河”的教育改革是迫不得已的话，因为那时候实在没有多少现成的改革经验可供借鉴，全社会对教育的认识和理解也在不断完善发展之中，那么，又经过了20多年的中国基础教育改革，就不能再仅停留在过去简单地“摸着石头过河”上了，因为我们对中国基础教育的未来发展愿景已经十分清晰明确，对国内外其他国家的教育改革经验和教训也十分清楚。即使仍要“摸石头”过河，但需要通过科学的方法、手段(比如GPS定位，金属探测仪等)去“摸石头”，需要整体主义的思维方式去设计如何“摸石头”，这就是教育改革的“顶层设计”。

教育改革是个系统工程。中国基础教育经过多年发展，一些问题在发展中被解决了，这些问题甚至可以采取搞运动的方式突击解决，但是如今，中国基础教育的发展遇到了前所未有的问题，比如教育公平和正义问题、创新型人才培养问题、民办教育问题等，教育改革遇到了“瓶颈”。不突破这些“瓶颈”，中国基础教育曾经取得的成就将可能化为乌有，中国基础教育的未来发展就会停滞不前。“摸着石头过河”的基础教育改革，只重视眼前一个一个问题的解决，出现问题才寻求解决的方法，这些方法往往带有试误性、随意性，而忽视改革的整体，忽视对教育改革发展的宏观把握，缺乏系统改

① 《国家教育体制改革领导小组办公室负责人就教育改革试点有关问题答记者问》，http://www.moe.edu.cn/publicfiles/business/htmlfiles/moe/moe_1485/201101/114578.html，2010-12-05。

② 谈松华：《深化教育体制改革的战略规划与实施策略》，张力：《专家学者论教育(一)》，人民教育出版社，2012年，第83页。

革、综合改革的方法、策略或计划，容易导致决策的碎片化、随机性。因此，参与教育改革决策的主体，尤其是各级政府要考虑教育改革的系统性、综合性，为教育改革提供配套保障支持。

2. "顶层设计"之内容

"顶层设计"，就是要从全局，从更高的层次去谋划和部署教育改革；就是要把教育改革提升到制度、体制、机制建设的层面；就是要把教育改革的每个层次、每个部分、每个环节具体化、可操作化。① 换言之，教育改革要尽可能减少决策主体的随意性、任意性，要规范教育改革的决策和实施，使教育改革进入理性、合理、规范、有序阶段，进入具体可实施阶段。对重大的、涉及全局的教育改革，应该首先立法，以法律来规范、约束教育改革，减少个人决策的盲目性、经验性。有了教育改革的相关法律，一方面教育改革受到约束、规制，另一方面也有了稳定的保障，可以保证教育改革在法律的轨道上顺利得到实施。对于一些非全局性的一般的教育改革，虽不用首先专门立法，但是也要制定相关的具有一定法律效应的文件、规定，来规范它，保障它。而实现教育改革的"顶层设计"，则需要政府尽可能吸纳社会各界代表参与，让其充分表达对教育改革的意见、诉求，并且让各种意见、观点进行对话。

"顶层设计"具体要设计什么呢？一是要设计中国教育改革的总体目标，就是那些经过社会各界充分讨论的达成基本共识的教育改革的总体目标，以及组成总体目标的具体分目标。二是要设计中国教育改革的基本路径和计划，就是达成上述目标，我们可以从哪些方面努力，努力的步骤是什么，每一阶段的计划和目标又是什么。改革是要分步骤实施的，不可能一下子进行所有改革，教育改革亦是如此。但是，在我们的"顶层设计"里必须阐明分步骤进行的教育改革是哪些改革，改革的先后顺序是什么，时间进度怎样，即教育改革的"路线图"。三是要设计教育改革实施的配套条件和保障。教育改革是一个系统工程，它的实施需要哪些配套条件，需要哪些群体、部门的协助，如何协助。四是要设计教育改革有关群体的利益补偿方式。哪些群体的利益可能会受到损害，受什么样的损害，哪些群体可能受益，受什

---

① 有学者研究指出："这样的顶层设计有三大特点：第一，要有整体主义。第二，要有缜密的理性思维。第三，要强调执行力。顶层设计不但有宏观的总体规划，而且也包括每一个部分、每一个层次、每一个环节的具体谋划，因而具有很强的操作性。可以说，顶层设计既提供'路线图'又提供'施工图'。"见许耀桐：《政治体制改革如何前行》，http://www.21ccom.net/articleszgyjggcx/article_2013091491957.html，2013-09-14。

么样的益，对于利益受损害群体应予以什么样的补偿，在什么时期、以何种方式补偿，等等。[①] 五是要建立教育改革的激励机制和问责制度。在现实生活中，教育改革都是有风险、有代价的，尤其是一些走在前面的地方和学校，他们在教育改革方面的探索和先行试验，承担的风险和代价都是很大的。如何鼓励他们的首创精神和探究型实践？顶层设计必须有明确具体的规划和规定来保护他们，给他们多方面的优惠。这样一些地方和学校的"敷衍塞责""无所作为"现象就会得到一定程度的遏制。同时，建立名副其实的问责制度，发现弄虚作假的，要公开揭露和批评，并使其承担相应责任，取消相应权利或资格。问责制度是事先规定好相应责罚内容，就是对不执行教育改革政策或执行不力的地方或学校、政府机构或个人，进行真正的问责。不管谁出了问题，都要追究到底，让那些不想改革、阻碍改革、改革不力的机构或个人，在这种制度框架下无处安身。

"顶层设计"的最主要内容是明确中国基础教育改革的总体目标，向全社会昭明中国基础教育向何处去，如何去，使教育改革有一个明确的发展方向和清晰的发展路径，可以凝聚全社会的教育改革的信心和力量。换言之，"顶层设计"根本上就是一个"路线图"。这个路线图越是明确清晰，教育改革越是显得有目的、有计划、有步骤，越是可以指导未来的教育改革。

中国的基础教育改革曾经也有过明确的顶层设计，在高层领导人的直接关心和领导下，取得过巨大成就。今天，中国基础教育改革又走到了一个关键阶段，仍需要我们的中央政府集聚全社会智慧来做好带有全局性的基础教育改革的顶层设计，具体体现在制定切实可行的短期和中长期教育改革和发展规划，将基础教育的近期发展和长远规划结合起来。一般而言，教育的长远规划，应以 10～15 年作为一个大的分析单位，对该时段的发展目标、发展重心、推进步骤等做出科学合理的设计；而后再以 3～5 年时间作为一个中型分析单位，将长程规划进行合理分解，以利于分阶段实施，分阶段监测和评估；最后，如果有必要，还可以以 1 年作为一个小的时间分析单位，对短期内面临的问题进行细致的分析论证，提出更有针对性、更具体的解决对策。[②] 基础教育的重要意义，使得社会各界普遍十分关心基础教育改革。

---

① 随着教育改革的深入发展，一些利益群体占据有利地位，获得更多的甚至是超额的既得利益，而多数群体则维持现状，少数人群还利益受损。深化改革必然要进入对既得利益格局进行调整的攻坚阶段，突破既得利益群体、强势群体对改革的阻力，形成不同利益群体之间合作共赢的动力机制。谈松华：《深化教育体制改革的战略规划与实施策略》，张力：《专家学者论教育(一)》，人民教育出版社，2012 年，第 74 页。这其实也是顶层设计特别要考虑的问题，因为利益关系、利益格局的调整，是改革的动力源泉，我们无法回避这一点。

② 叶澜：《中国基础教育改革发展研究》，中国人民大学出版社，2009 年，第281 页。

民众希望政府对中国基础教育未来的改革和发展有明确的发展目标，更希望有清晰的实现路径和进程时间表。民众担心政府在一些基础教育改革的难点问题上止步不前，担心政府总是绕开一些基础教育改革的“障碍”，不愿意或不敢触动少数群体的既得利益。而包括近期发展和长远发展计划的顶层设计，每一阶段都有明确的可以观测考量的目标、任务，实际上可以让民众看到中国基础教育改革的未来以及和自身的关系。

顶层设计，不仅仅是设计教育改革，而且是设计与教育相关的其他领域的配套改革。教育的改革与发展，绝不仅仅是教育自身或内部的事情，它还牵涉到其他职能部门比如财政部门、物价部门、文化部门等，这些部门不会主动适应和配合教育领域的改革，而需要中央政府根据教育改革和发展的需要，站在中华民族伟大复兴立场上，统筹规划各部门参与教育改革的职责、任务。在这方面，中央政府正在做一些工作，希望能对中国今后的基础教育改革有所裨益。为更好监督政府部门对教育的职责，2012 年 10 月国务院正式颁布实施《教育督导条例》[①]，条例明确了督导机构是人民政府的机构，为改变当前大多数教育督导机构只是教育行政部门内设机构的状况提供了法律依据。教育督导机构在中央是国务院的督导机构，在地方是县以上地方人民政府教育督导机构。条例还规定，督导的对象不仅仅是中小学校，而且包括各级政府和职能部门。“督政”的范围包括财政部、卫生部、人力资源等其他相关部门，都是需要督导的对象。督导结果或报告应作为被督导单位及其主要负责人进行考核、奖惩的重要依据。因此，作为人民政府机构的教育督导机构，可以重点监督、检查和评估地方政府各部门履行义务教育均衡发展职责的情况，推动义务教育健康和谐发展。该条例的规定，就是一个比较典型的“顶层设计”，既在法理上，也在制度设计上加强了对其他职能部门教育发展和改革的职责。

顶层设计，是站在高处，统领全局，综合考虑各种因素，统筹处理各种问题。我国自改革开放以来，党和政府也多次提出要进行“教育领域综合改革”，正是看到了教育改革不仅仅是教育的改革，而且还牵涉到其他领域的改革，不仅仅是教育领域中某种类型、类别的教育的单项改革，而且是多种类型、类别的教育的综合改革。尽管党和政府文件在不断地倡导，但是实施的成效却并不令人满意。在笔者看来，这种教育领域综合改革，顶层设计得还很不够。我们对教育领域综合改革可能遇到的各种阻碍、困难估计不足，对跨越这些障碍、解决这些困难的思路、方法也不多，甚至对遇到的一些真

① 《教育督导条例》，http://www.gov.cnzwgk2012-09/17/content_2226290.htm。

实困难或问题，我们往往采取回避的态度，比如协调不同群体改革利益的体制性问题。教育改革缺乏系统、整体设计，或者设计得不够科学，则会导致改革问题积压，最终积重难返，反过来影响已经取得的改革成果。因此，需要决策者具有战略性的思维方式，形成清晰系统的认识框架，以整体的、系统的思维方法去设计改革、实施改革。

3. 教育改革“顶层设计”与“民主”

教育改革的“顶层设计”，意味着政府能够科学合理、统筹规划教育改革，使教育改革有一个稳定的社会基础。这种设计教育改革的过程，实际上是一个自上而下的改革过程，政府在其中发挥着主导作用。这种改革模式对于中国的基础教育改革是十分必要的，也是十分有效的。那么，是否自上而下的政府主导的教育改革就不需要民主，或与民主不相干吗？回答是否定的。政府自上而下地制定教育改革政策，推进实施政策，并不意味着与“民主”绝缘。进言之，政府自上而下设计教育改革，推进教育改革的实施，也完全可以通过民主的方式来实现，更是可以考虑兼顾有关群体利益。“自上而下的政策制定并不一定意味着对民众的压迫或者剥削。国家精英集团的行为有时是出于狭隘、自利的目的，有时也会处于开明、为公的动机……”①

“顶层设计”需要民主，因为民主可以为“顶层设计”增加科学性，更可以为其提供合法性证明。顶层设计不仅仅是政府的事情，更不仅仅是中央政府的事情，它需要广大百姓、社会群体公开、明确表达自己的思想、意见或建议。民主在本质上隐含着对政府或少数人专断权力的否定，真正的民主是一个开放性的竞争秩序，是一种“多样性的创造性”，是一种除“游戏规则”外“没有真理的制度”，是一种“对使思想冲突可能成为建设性的活动的共同游戏的承诺”。民主是社会各有关阶层广泛参与，是直接决策者与影响阶层之间的一种复合性互动过程。② 教育改革顶层设计的参与主体，各自有不同的利益诉求和价值偏好，他们可以在相互竞争中表达意愿，在冲突中寻求共识。政府作为顶层设计的主要承担者，采用民主的方式让更多的被影响阶层参与顶层设计，既可能完善顶层设计，更可能创造性地生产出多种顶层设计。教育改革的顶层设计，不是短暂的权宜之计，而可能是十年、几十年甚至上百年的计划，是对中国基础教育未来几十年的发展做出的前瞻性设计

---

① 〔法〕埃德加·莫兰：《复杂思想：自觉的科学》，陈一壮译，北京大学出版社，2001 年，第 119 页。

② 林丹：《在互动中制衡——当代中国基础教育渐进主义改革研究》，东北师范大学出版社，2010 年，第 158 页。

或规划，因此当然不能仅靠政府这样的直接决策者，而必须让其他利益群体、普通公民参与设计。

社会群体、普通民众参与教育改革的顶层设计，可以使其意识到教育改革与自身的密切关系，更可以监督和督促政府，使政府做好教育改革的近期和中长期规划。

4. 教育改革“顶层设计”与“科学”

教育改革的顶层设计需要“民主”，需要吸纳社会各阶层的思想、意见，考虑他们的利益诉求，需要集思广益，这也是顶层设计的科学性、合理性的基本条件之一。但是，仅有民主，还不足以保证顶层设计的科学性、合理性。

民主是众人参与决策，少数服从多数，但利益往往成为民主的首要价值取向，个体的利益是主体参与决策时优先考虑的因素。教育改革的顶层设计也是如此。教育改革顶层设计是对教育改革与发展的总体规划，是对教育改革与发展目标、方向的规定，它往往考虑的是“公共利益”。基础教育改革是一项公共事业，政府高层在顶层设计时首先考虑的也是“公共利益”，即作为国民教育体系基础的基础教育，如何顺应时代、社会的变革需要，培养出社会发展所需要的人。教育改革“顶层设计”，必须根据教育自身的变革与发展逻辑，必须超出少数群体或个人的单纯利益考量，指明教育改革发展的目标、方向及实现路径。而这些却不是一般民众的知识、智慧所能实现的，必须充分尊重专家学者的专业知识和素养。比如，规划设计教育改革的目标，就包括高层次目标、中层次目标和低层次目标。哪些是高层次目标，哪些是中层次目标，哪些又是低层次目标？三种层次目标之间是什么关系？在每一层次目标中，具体要解决的问题有哪些？有什么样的轻重缓急关系？再比如，实现某一目标目前需要什么条件，会付出什么代价？这种代价相对于教育的根本价值是否值得？诸如此类的教育改革设计，就绝不仅仅是民主参与的问题，更是科学的问题。科学的问题必须用科学来解决，必须尊重科学的逻辑，必须多参考专家学者的研究成果，听取他们的意见。

教育改革顶层设计要走向科学，就不能为普通民众的短期利益所绑架①，更不能为少数部门、群体的不当利益所左右，而必须着眼于长远，着眼于教育改革与发展的逻辑，充分吸纳专业的科学研究工作者参与。所谓科学，就是指依靠有指导价值的教育改革相关理论，以往的教育改革经验和教

① “多数人拥护的政策不一定就是对多数人好的政策。大部分人在生活当中，对事关自己切身利益的事有一些判断，容易从直观角度，只看直接后果，不看实质性的间接后果。”张维迎：《什么改变中国——中国改革的全景和途径》，中信出版社，2012 年，第 237～238 页。

训，遵循教育改革和发展的规律，进行教育改革的顶层设计。

教育需要变革，变革需要民主决策，征询社会各界的意见和建议，但是不能以民主代替科学。"从世界的复杂性和人类长远的利益考虑，科学分析和人类理性应成为公共政策制定的主导。"[①]多数人的意见并不能代替科学、代替真理。中国基础教育改革之所以这么难，重要原因就在于很多人迫于自身利益考虑不愿意做，不愿意去实施。他们并不是专业人士，也未经过研究，但却死守自己相信的那一套，而不愿意改革。他们不知道教育改革和发展的规律，不去深究时代社会发展对教育改革和发展提出的要求，换言之，他们不懂得教育改革和发展的运行逻辑，不懂得教育的章法，不懂得什么是科学的教育改革和发展，不懂得什么是真正的教育，而始终只是停留在落后的、不合时宜的、非科学的层面思考教育问题。多数人参与教育改革的决策固然是合理的，但是更应该尊重科学，尊重教育改革和发展的科学规律。社会民众的非理性，有时候也会左右决策，左右政府出台相关教育改革的政策，这些仓促出台的政策，很有可能就是为了迎合社会民众的短期利益，而忽视了什么是真正的教育，忽视了真正的教育改革应该是什么样的改革。

教育改革的顶层设计需要科学的支持，需要将教育改革政策、目标理性化、理论化。有些教育改革之所以实施困难，与改革理论的理性化层次不高有很大关系。诚如一位研究者以素质教育为例指出的，"素质教育作为在我国中小学领域的实践探索，具备了相当的思想共识。但是，在教育教学实践中却推行缓慢。其中的一个重要原因，与其理论的理性化层次不高有关联"[②]。可以说，虽然党中央、国务院对素质教育进行了一定的"顶层设计"，但是由于学者们对素质教育和素质教育改革本身的理论研究过少，也不深入，没有形成系统的理性化程度高的素质教育理论，也就没有能够在理智上说服广大家长和教师，导致素质教育虽然"被喊好"，但是却没有几个家长和学校愿意真正实施。这其实对广大学者尤其是教育学者提出了要求，仅仅说自己的倡导的教育改革好是不够的，还需要超越日常知识或经验，建构系统的教育理论，在理论上说服人。

三、充分发挥民间团体、社会力量的作用
——教育改革的"民主"逻辑

中国教育改革确实需要做好"顶层设计"，我们国家党和政府也十分强

① 郎佩娟：《公共政策制定中的政治权力与科学分析》，《中国人民大学学报》2002 年第2 期。

② 康宁：《素质教育的政策导向》，《教育研究》1999 年第 4 期。

调这一点。但是,"顶层设计"不能仅停留在口头上、思路上,而是要付诸实际行动,否则,"顶层设计"就始终处于"争议""讨论"中,悬而不"决"。"顶层设计"本身也是不完备的,面对复杂多变的教育改革和发展需要,它必然无法考虑到每一个细节,去详细规定教育改革的每一个步骤,很多问题是"顶层设计"没有预料到也不可能预料到的。这时候,我们就要发挥民间社会、基层的创造性,放手让他们因地制宜探索各种可能的教育改革方案。换言之,我们不能坐等"顶层设计",不能固守"顶层设计",而是要将其与"基层改革创新"紧密结合起来,让更多的"基层改革创新"为"顶层设计"提供坚实的基础。政府虽然是办教育的主体,但是若没有民间团体、社会力量的积极参与,高质量的基础教育也无法实现。教育是社会公益事业,关系到千家万户,因此有关教育的改革必然也必须由社会参与。这就是教育改革应该遵循的"民主"逻辑。

1. 民间团体、社会力量参与教育改革的必要性

21 世纪初的中国,教育已成为一个公共领域,教育改革成为全社会共同关注的热点话题之一,教育和教育改革牵涉到整个社会每个公民的切身利益。因此,教育改革不能再像过去那样仅作为政府行为,仅作为政府部门的职责。而且,随着我国的经济、文化发展,社会文明程度也在不断提升,社会主义公民社会的建设步伐也在加快。有学者认为:"公民社会就是公民权利受到充分尊重和足够保障的社会,换句话来说,就是让公民在社会生活各个层面充分显示自己的存在。为此必须建构多种平台和管道,其中就应包括:公民民主参政的机构——人大,政协;公民自治和参与社会生活的机构:各种 NGO;公民的信息、表达和监督管道。……信息、表达和监督管道主要靠媒体:互联网和报刊。"[①]这里的 NGO,就是指非政府组织,即民间机构、社会团体。教育改革应该是所有公民的一项权利,参与教育改革也应该是所有公民行使自己的公民权利的表现,公民组成的民间组织或机构、社会组织或团体应该真正参与到带有全局意义的重大的教育改革之中去。

中国基础教育经过 30 多年发展,仍面临很多复杂问题需要解决。解决这些问题,仅仅靠政府的力量是完全不够的,民间社会蕴藏着巨大的能量。这些力量既包括教育改革的智慧、知识,也包括教育改革所需要的大量财

---

① 袁伟时:《公民社会之路何在?》,http://www.chinareform.org.cn/society/manage/Practice/201107/t20110717_116454.htm。

力，还包括教育改革所需要的社会热情。① 中国很多领域的成功改革，都是从“草根”开始、从民间社会基层开始。民间、社会有参与教育改革的需要。

政府单方面主导的教育改革，容易为少数人或群体所左右，成为谋取或维护私利的工具。政府在某些领域的直接介入，容易演变成为“内部人”改革，甚至出现公权力进入私人领域等寻租现象。② “内部人改革”，是我国转型时期教育领域改革的一个重要特点，即在缺乏社会参与和利益博弈机制的情况下，由掌握重要资源的权力部门自己进行的改革。这种改革往往从部门利益出发，不是提高政府教育服务的水平和效率，而是通过创收、收费等营利性的环节追求自身利益，甚至公开设租寻租。民间团体、社会力量的参与可以增加对政府教育改革权力的监督，使政府在教育改革决策时不为少数权力部门、“内部人”单独掌控，少犯错误，及时纠正错误，向着公共利益的方向发展。中国目前很多民间机构、社会团体，都十分关心中国的教育改革，也纷纷通过自己的行动为政府的教育改革建言、建策。比如21世纪教育研究院、南都教育基金会等一批民间组织，本身就是由一批专业人士组成，他们对困扰我国基础教育发展多年的一些问题，如高考制度改革、民办教育发展等，已经形成一套相对系统完整的改革方案。或许，民间人士对教育改革的建言、建策还受专业限制不是那么全面、完整，也不是那么十分准确，但是这却是公民参与国家教育改革的积极表现。对于民间团体、社会机构正式递交的教育改革方案，政府应认真研究，及时予以反馈。通过诸多民间团体对某项教育改革的建言、建策，通过多家民间组织提出的改革方案，政府可以从中选择、整合，总比仅靠几个政府官员加上智囊团决策要好得多。民间团体、社会力量参与教育改革，尤其是带有很强专业性的学术团体参与教育改革，可以为教育改革的发展提供学术层面的、科学理性的反思，也可以使教育改革始终处于一个科学发展的轨道上。温家宝同志在发表于《求是》

---

① 2010年《国家中长期教育改革和发展纲要（2010—2020年）》两轮民意征集的过程，就充分显示出这一点。第一轮（2009年1月至2月）公开征求民意的过程中，各界人士通过各种渠道发表意见建议210多万条，发来信函14000多封。第二轮（2010年2月至3月）征求意见稿2月28日开始征求意见，截至3月28日结束，共收到邮件、信件和教育部门户网站帖子共27855条；此外，社会各界通过新闻媒体和互联网积极建言，总量累计249万多条。这些意见和建议主要集中在：中小学教师队伍特别是农村中小学教师队伍建设；教育体制改革；素质教育基本目标与实施途径；减轻中小学生课业负担；考试招生制度改革；学前教育发展；义务教育的巩固和提高；高等教育发展与改革；职业教育发展与改革；高校毕业生就业；农村教育发展与农民工子女教育；促进教育公平；教育投入等。见郭少峰：《教改29天征集民意252万学前减负择校受关注》，http://edu.qq.com/a/20100330/000099.htm。

② 谈松华：《深化教育体制改革的战略规划与实施策略》，张力：《专家学者论教育（一）》，人民教育出版社，2012年，第74页。

杂志的一篇文章《关于发展社会事业和改善民生的几个问题》中就指出:"教育应当由懂教育的人办,要倡导教育家办学,要培养一大批有志于献身教育事业的教育家。"①

有些民间团体、社会机构还直接组织、发动了一些小范围的教育改革,其探索教育改革和发展的经验和教训可能成为国家大范围教育改革的先导。来自民间的教育改革力量和热情都是巨大的,因为他们最直接感受到不适、困难,最有可能出于自身利益考虑去"拱开"那些不适应的地方。这样的改革经常会发生,作为中国基础教育改革的领导者,政府部门应该及时敏锐地觉察到民间社会这种改革的智慧和动力,必要时将其吸纳成为国家的教育政策或制度乃至法律。正如有学者指出的:"有了这些底层的行为,能不能上升为政策,上升为法律,还有一个改革环节是必不可少的,就是要完成合法化。"②

长期以来,我们国家的"社会"发育严重滞缓,公民对国家发展的热情和积极性得不到合理有效的发挥,进而影响了国家经济、社会的整体发展。改革开放使我国经济的总量大幅提升,民间资本也大幅增加,他们参与教育发展和改革的热情很高。但是,囿于传统的计划经济思维,民间资本投资教育,参与教育改革和发展的空间十分狭小。"应该说,作为半数以上教育经费的承担者,民间社会是有参与教育改革的权利和资格的——在政府教育投入迄今只占GDP3%、教育经费远远不足的情况下,社会、家长为补足教育经费付出了重大代价,但在教育内容、教育体制上却没有一点发言权,显然有失公平。"③从这一点来说,民间社会参与教育改革也是完全有资格的。

2. 民间社会参与教育改革决策的制度化

中国基础教育改革绝不仅仅是政府部门的事情,也绝不仅仅是某些利益集团的事情,而是社会各阶层、各团体的事情,是全社会都需要关注和参与的公共事业。因此,有关教育改革的决策需要多个决策主体的参与,需要将此过程制度化。决策制度化,对于我国在民主化进程中保持政治稳定具有重要意义。第一,决策制度化可以保证有关参与教育改革决策的主体的权利合法化。一方面,普通民众参与教育改革决策的权利获得相关法律的

---

① 温家宝:《关于发展社会事业和改善民生的几个问题》,http://news.xinhuanet.com/politics/2010-04/02/c_1211892_3.htm。

② 周其仁:《改革应及时吸纳底层经验》,http://www.aisixiang.comdata76861.html。

③ 《公民社会:教育改革需要民间力量》,http://www.time-weekly.com/story/2009-07-15/100712.html。

保护，其教育权益不会因政治代表人物的好恶而受到损害、剥夺；另一方面，普通民众参与教育改革决策常态化、经常化，可以制约政治代理人的政治行为，使教育改革决策始终符合民众的价值目标。第二，决策制度化可以实现决策参与的秩序化、有序化。决策的制度化，使决策能够在人们认同的各种法定秩序和规则框架下进行，不同参与主体的利益竞争也是在既有秩序和规则下进行的，避免不规则、无序竞争引起的社会不稳定。第三，决策的制度化可以实现最大程度的社会公正。利益分配的不公正，直接导致社会的不公正，引起社会的动荡不安。"决策参与的制度化可以经常地、规范地为不同利益主体提供利益表达的场所和渠道，可以使政府及时而准确地洞悉民众的相关教育利益需求，制定更为公平合理的教育政策，缓和不同主体之间的利益矛盾与冲突，增加民众对政治体系的认同感。"①第四，教育改革决策的制度化，有助于决策主体决策权力的规范运作。决策权力都必须委托给具体的个人行使，仅依靠个人的道德修养和个人自我约束是不行的。权力还必须接受法律规范的约束和限制，否则将导致滥用，即权力的腐败。目前我们国家教育改革决策的权力在政府部门手中，甚至在一些政府部门领导者个人手中，领导者个人的能力和修养固然十分重要，但是更重要的是，要通过多种途径对政府部门的改革决策权力加以监督和制约，包括"建立在分权基础上的权力制约、舆论对决策权力的道德评价、法律对决策权力的确认和规范，以及民众对决策权力运行的接入和参与等等"②。普通民众对教育改革决策的参与权，不能只是停留在文件和文本上，停留在口头许诺或宣传上，而应该落到实处，这就是教育决策的制度化，同时也是法治化、程序化，有助于我们国家社会力量的发展壮大，有助于社会力量参与教育改革积极性的发挥，也有利于民主化的进程。教育改革决策的制度化，尤其能够保证教育改革不会沦为个别领导临时决策、随意决策，保持教育改革的一种内在连续性，不会因为领导人的个别差异或者更替，而出现教育改革的无序。教育改革决策的制度化，将随着我国法治化进程而不断加快，因此应成为下一步我们推进教育改革深入发展的重要任务。

政府与社会合作，让公民参与教育改革决策，从而提高公共教育的治理水平，实现"善治"。为实现"善治"，政府应通过建立相关法规和制度，为民间团体和社会力量参与教育改革提供基本的制度安排，同时应承认社会组织和公民作为一种公共教育管理主体的法律地位。具体而言，就是公民、社

---

① 祁型雨：《利益表达与整合——教育政策的决策模式研究》，人民出版社，2006年，第205～206页。

② 祁型雨：《利益表达与整合——教育政策的决策模式研究》，人民出版社，2006年，第206页。

会组织有权利自由表达自己对教育改革或政策的意见,他们的意见或建议能够在最短的时间内通过合法的渠道传递给政府部门,并及时获得其反馈。公民和社会组织有权力对政府部门的教育改革决策进行批评、问责,对于重大教育决策失误以及决策者本身原因造成的决策失误,民众、社会组织有权力通过社会舆论、法律等方式追究有关决策者的责任。

3. 政府对民间团体、社会力量参与教育改革的支持

中国“社会”的健康发育离不开政府的支持,不仅仅是政策的支持,更需是现实的行动支持、资金资助。民间团体、社会力量参与教育改革的热情和实际能力,需要政府的大力支持,才能付诸现实。政府根据自己面临的教育改革难题问计于民,各民间团体、个人提出解决方案,政府创造各种机会或设立平台,对各种方案进行公开辩论。比如开放媒体、网络的政策论坛,由方案设计者针对改革难点、关键问题提出需要采取的措施、对策,让其他方案设计者进行公开批评和质疑,同时也让方案有关涉及部门或个人公开提意见。公开辩论,让教育改革政策的出台经过全社会的充分的思想解放、自由讨论,既可以增强决策的科学性,更可以获得更广泛的社会支持。

教育改革决策不是随便拍脑袋拍出来的,对于民间团体、社会力量也是如此。决策必须建立在充分的研究和深入的调查论证基础上。基于此,政府应对有关民间团体、社会力量提出教育改革方案、参与教育改革决策进行专项资助。政府针对某些重要的、重大的教育改革设立专项研究基金,允许不同研究主体申请或联合申请,并最终将所有方案公开。政府还可以直接出钱购买民间团体、社会力量的某一教育改革方案或计划,让更多有识之士愿意贡献自己的改革智慧。

政府鼓励支持民间团体、社会力量参与决策,会获得很多改革方案,政府也常常感到难以定夺。这时候政府应该根据不同改革方案中的关键争议点,进行必要的民意测验、专家测评、权力机关听证。这样的工作往往要进行很多轮,同时也应该开放媒体直播与现场采访。民众有更多机会接触到这种决策方案听证会,就更有可能深入了解教育改革,了解教育改革可能遇到的困难。广泛吸收民间团体、社会力量的教育改革智慧,为政府最终的改革决策、决断提供了广泛的、坚实的社会基础。

四、以我为主，不断解决中国教育的实际问题 ——教育改革的“本土”逻辑

1. 教育改革的“中国”立场

我是谁？这并不是一个不言自明的问题。教育的改革，不仅仅是表面上的教育教学内容的更替变化，也不仅仅是教育教学方式的变革，更不仅仅是教育体制机制的变革，而是文化的变革、价值的变革，是涉及“我们要培养什么样的人”的教育目标的变革。因此，中国的基础教育改革必须时刻追问的问题是：我是谁？我要培养什么样的人？我要向何处去？

当今世界各国之间的联系日益密切，教育、文化交流也十分频繁，一个国家或地区的教育改革很快能够被其他国家或地区知晓。向其他国家的教育学习，向其他国家的教育改革学习，固然十分必要，尤其对于我们这个后发型、意在赶超的发展中国家来说，更是如此。但是，这绝不意味着盲目跟风、跟进——人家改，我们就要改，人家改什么，我们就要改什么，人家怎么改，我们就怎么改，也不是仅依据其他国家的发展程度和水平，去学习他们的基础教育改革经验，更不是依据其他国家的社会性质与己之异同，去选择学习他们的基础教育改革经验，而是依据自身基础教育领域实际存在的问题，存在的不适应本国经济社会和人的发展的问题，进行改革。虽然别国的教育与我们的教育可能有不少相似性，教育改革因此有很多可资借鉴之处，但那并不是我们追求的目标。我们追求的目标应该是，我们的教育改革是否实现了我们的教育理想，是否促进了自身教育问题的解决和教育的发展。

任何国家的教育都是自身教育历史发展演变的结果，是在其特定国情背景下产生的一种历史变迁，其教育的改革多是针对自身教育发展中的实际问题而进行的。如果不是如此，仅根据其他国家的教育改革经验，甚至照搬其他国家的教育改革方案、计划，那么结果可能不但无益，反而有损于本国教育的发展。在这方面，发展中国家其实有过比较惨痛的历史教训。20世纪六七十年代，联邦德国和日本从第二次世界大战失败中迅速恢复并重新崛起，发展中国家曾一度从中得出结论：经济要发展，教育一定要先行。于是以非洲、拉美一些国家为代表的发展中国家开始奉行“教育先行”的改革战略，实行从教育内容到教育形式的改革，从教育方法到教育体制的完善。然而出现的结果却是，迅速扩张的教育并没有给他们带来所预期的经济和社会大发展，不仅如此，由于教育领域的过激改革，导致了整个社会经

济发展滞缓,乃至国家整体实力的下降。这些发展中国家"教育先行"的改革战略,已经严重脱离他们的社会生产力发展水平、自由民主程度以及文化传统。他们或许没有注意到,自己当时教育所存在的问题,与发达国家从战败中崛起,迅速腾飞时的教育问题其实是不一样的。

20世纪六七十年代的发展中国家曾经的教育改革教训告诉我们,当代及未来的中国基础教育改革应具有"中国"立场①,"在"中国、"为"中国进行改革。"在"中国意味着我们必须站在中国这个特定的时间和空间上去审视和实施教育改革;在中国还意味着"一种态度和心态",就是要求我们"用踏踏实实的心态,发现、分析并解决中国自己的问题","尊重吾国吾民、本乡本土的教育者和教育改革者真实的生存状态和真实的需要,在自力更生、因地制宜的改革思考和实践中",重建中国之"在"……对任何"别国之在"对"中国之在"的替代保持敏感和警惕。② "别国之在"不能取代、替代"中国之在",这就是习近平同志在2014年9月9日上午考察北京师范大学祝贺第三十个教师节时所指出的"反对课本去中国化"的问题。他说:"我很不希望把我们一些非常经典的古代的诗词文化、散文都给去掉,加入一堆什么西方的东西,我觉得去中国化是很悲哀的。这些诗词都好。从小就嵌在学生的脑子里,成为终生的民族文化基因。"③习近平同志所指出的问题,实际上是我们基础教育改革中的"改什么"的问题。它是更深层次的文化问题,涉及我们需要用什么样的文化培养我们中华民族未来的接班人,意义重大,需引起我们足够重视。

"为"中国则意味着我们的基础教育改革,是为了满足特定时空条件下的国家、社会和中国人的发展需要,而不是迎合所谓的国际趋势和潮流。中国的教育改革当然不能脱离国际教育改革与发展的大趋势,但是这些趋势和潮流都必须放在中国背景下,将那些具有普遍性、共性的全球教育共同面临的问题进行特殊化的、中国化的改造。唯有如此,我们才能说中国的教育改革是为了我们中国自己。

中国是一种立场,中国更是一种思维方式。中国基础教育改革的决策者、实施者是如何思考其教育问题的,是如何寻找和选择改革的方法、策略的,又是如何评价教育改革的,都应该成为世界基础教育改革领域的重要组成部分。中国的基础教育改革者应该有充分的自信,我们绝不是将西方理

---

① 李政涛:《如何"在中国"进行基础教育改革》,《基础教育》2010年第9期。

② 李政涛:《如何"在中国"进行基础教育改革》,《基础教育》2010年第9期。

③ 《习近平:不希望课本去掉经典诗词 去中国化很悲哀》,http://money.163.com/14/0910/02/A5OEHDFS00253B0H.html。

论简单应用于中国教育改革实践，去检验西方理论，也不是要去修正完善西方理论，将中国教育改革作为西方教育改革的补充。我们是在自己的文化背景下进行中国教育改革，我们应该也完全能够创造出具有中国特色的基础教育改革理论或教育理论，我们思考中国教育问题的方式也是"中国"的。中国教育改革也要走向世界，将自己的实践和经验推向世界，让西方国家也有机会了解、学习中国经验。

相对于西方而言，中国的基础教育发展起步确实晚了些，但是改革开放30多年来的历程又告诉我们，只有走自己的路，沿着自己的道路前行，才能培养出我们自己需要的人。忽视任何文化、价值上的差异，简单移植、照搬西方教育改革经验，很可能给我们的教育改革带来毁灭性的灾难。

2. 教育改革中的"现代"与"后现代"

中国教育的实际问题是什么？是我们的教育还不能适应现代化的社会发展目标和需要。换言之，我们的教育改革要解决中国教育的实际问题，实现现代化的课程体系、内容和目标，现代化的教育、教学方法和手段，现代化的教育管理模式和手段，培养适应现代社会的现代人。

在我国近年来的教育改革中，存在着一些简单挪用当代西方新理论尤其是后现代主义理论的倾向，比如强调不确定性、差异性、偶然性、多元主义，等等。针对后现代主义教育思潮在教育改革中的泛滥，叶澜教授就曾指出："当前在素质教育改革中，存在着简单挪用外国理论与实践方式的做法以及急功近利地引进相关理论与实践方式的倾向，最为明显的就是在国外理论界兴起的后现代主义教育思潮，被我们有意无意地引进到教育改革之中，并对我们的教育改革实践产生多方面影响，而对这一思潮本身缺乏有深度的批判。这反映出我们在教育改革领域中，本土意识和自主创新的能力不够。这也是影响素质教育深入开展的原因之一。"①后现代主义教育思潮是美国等西方一些学者在其国家现代教育发展的基础上提出来的，是对现代教育的一种反思，但是这种思潮本身在西方发达国家并没有成为主流，更没有成为支撑教育改革的理论基础。

中国目前的教育正走在现代化的道路上，有很多方面甚至处于前现代（比如人才培养的体制和模式，教育管理的体制和模式），正需要我们以现代化的标准去改造它、发展它。中国的现代化程度还不高，还没有到那种受现代主义严重困扰的程度；我们的科学技术还不够发达，还没有到那种受科学

① 叶澜等:《推进素质教育:转换思路才能打开新局面》,《人民教育》2005年第21期。

技术严重戕害而丧失自我处于迷惘、困顿乃至虚无之中的地步;我们的理性水平还不高,还没有到理性影响人的全面发展,进而成为"单向度的人"的那种地步。后现代主义对目前的中国来说还只是学术研究领域的一个热点问题,还只是少数几个比较敏感的人担忧的问题,还没有成为困扰现代中国和现代中国人的迫切需要解决的问题。在教育领域也是如此,我们的教育改革目标是实现现代化的教育。因此,中国的教育改革在学习借鉴外来理论的时候,一定要考虑我们国家的社会发展处于什么阶段,我们的教育发展处于什么阶段,教育发展的目标是什么,面临的迫切需要解决的问题是什么,明确其理论要解决的问题,批判借鉴其中的有益成分。

五、回到本源,从"教育"本身观照教育改革——教育改革的"教育"逻辑

教育是什么?教育的改革要遵循什么特殊的规律、法则?这是任何一次教育改革首先要思考的问题,当然也是中国未来基础教育改革首先要考虑的问题。这就是教育改革的"教育"逻辑。

1. 走出"主义"的教育改革

教育改革,面对的是教育问题,然而我们似乎并不遵循教育自身发展演变的逻辑,不明白教育究竟是什么,而受制于各种各样的"主义",一会儿这样改革教育,一会儿又那样改革教育,以为"新"教育改变代替"旧"教育是教育改革理所当然之事,也是十分容易之事。在这方面,教育哲学大师杜威先生的教育改革思想或许可以为我们中国今天乃至未来的基础教育改革提供很多启示。

在教育改革中,各种"主义"乱飞,很多教育改革也因"主义"而得名。今天一个"主义",明天又一个"主义";这里一个"主义",那里又一个"主义"。杜威反对各种主义的教育改革,因为"任何以一种'主义'为思想和行动依据的运动,都会陷入被其他'主义'所控制的对立方面。这样一来,它的各项原理的形成只是由于对立方面的非难,而不是由于对各种实际需要、问题和可能性加以综合的建设性探讨"①。以"主义"命名的教育改革,令人眼花缭乱,也经常导致我们不知道哪一种改革才是教育真正需要的改革。以"主义"命

① 〔美〕约翰·杜威:《我们怎样思维·经验与教育》,姜文闵译,人民教育出版社,2005年,第241～242页。

名的教育改革，往往是以一种主义代替另一种主义，它为了证明或维护自己的合理性、合法性，多从"主义"本身的合理性、合法性去论证某种主义的教育改革的合理性、合法性。这样，教育改革之间的论争，就可能沦为主义之间的论争，而"主义"本身一般带有浓厚的国家、社会意识形态色彩，因此教育改革最核心的东西"教育"就被遮蔽了。如此，教育是否真的需要改革，需要什么样的改革，教育改革的可能性及其限度等问题都被遗忘了。各种主义纷纷想把教育改造成自己所需要的教育，认为自己的教育是新教育，而其他主义的教育则是旧教育，不合时宜的教育，新教育必须代替旧教育。各方各持一种主义，仅选择符合自己需要的证据，将自己的观点奉为亘古不变的真理，大有唯我独尊之势。这就是杜威说的："于是许多派别产生了，各种不同意见的学派出现了。各个学派都挑选能迎合自己的一系列因素，然后把它们上升为完全的和独立的真理，而不是把它们看做一个问题的并需要加以校正的一个因素。"①教育沦为各个派别的竞技场，"主义"之争代替了教育问题的解决，教育改革沦为各个派别的斗争工具，教育改革与"教育"渐行渐远。

因此，"根本的问题不在于新教育和旧教育的对比，也不在于进步教育和传统教育的对立，而在于究竟什么东西才有资格配得上教育这一名称。我希望，并且我相信，我并不仅仅是因为任何目的和方法采用了进步主义的名称，就去赞成这些目的和方法。根本的问题在于教育本身的性质，而不在于给它加上什么修饰的形容词"②。何其深刻的思想！杜威并不因为进步主义这个教育的名称而称赞它、支持它，反而更加理性地予以反思和批判。杜威告诉我们，在纷繁复杂的各式各样、各家各派思想盛行的教育改革中，如果要不迷失方向，不为乱象所迷惑，恐怕离不开对"教育是什么"的不断反思与追问。紧紧围绕教育本身来探讨改革的问题，寻找改革的可能路径，而不是停留在"主义"式的口号、名称的变化、更迭上，这对于当代中国的教育改革无疑有着特别的警示意义。

其实，除了杜威所说的传统主义和进步主义，还有其他不同的主义，时而这个主义，时而那个主义成为统领教育改革、诠释教育改革的命题。不同的主义从各自的角度诠释、论证教育改革的合理性、可行性，却无法形成对教育的整体认识。结果是，我们看到一个个主义在教育改革中甚嚣尘上，教

---

① 〔美〕约翰·杜威：《学校与社会·明日之学校》，赵祥麟、任钟印、吴志宏译，人民教育出版社，2005年，第111页。

② 〔美〕约翰·杜威：《我们怎样思维·经验与教育》，姜文闵译，人民教育出版社，2005年，第298页。

育自身的变革工作却无人问津。此外，主义往往从单方面无限夸大、放大某一要素的教育功能或价值，造成完整教育构成要素的各部分之间的相互对立、排斥，最终导致教育改革的盲目性和支离破碎。

2. 走出"仪式主义"的教育改革

各种"主义"在教育改革中竞相登场，然而由于教育改革本身的复杂性、艰巨性，改革中的参与主体不得不仓促应对。于是，"仪式主义"的教育改革就产生了。

什么是"仪式主义"？仪式本身是有价值的，通过仪式让参加者明白某项工作的意义。但是"仪式主义"却是以"仪式"为最终目的，止于"仪式"，以"仪式"来代替实际行动。这种仪式主义在教育改革中时常发生。教育改革的关键环节是发动和实施。发动和具体实施的承担者（或主体）是不同的，前者主要是政府部门（包括教育行政部门），后者则是基础教育改革一线工作者，如校长、教师。虽然两者在教育改革中承担的使命不同，但是其在教育改革中的实际行为可能是相同的倾向，即"仪式主义"。政府部门作为教育改革的发动者，往往把教育改革作为自己新上任或新政的重要内容，"即推出一套全新的、指令性的、限期完成的改革方案。于是，教育改革的缘起不是因为有问题，而是因为有新意；教育改革的动力不在于排解旧障碍，而在于贯彻新路线；教育改革的目的不是为了完善，而是为了试验与标新立异"①。基层学校校长和教师面对政府部门的教育改革要求，当然他们也经常参加这样的教育改革发动仪式（最典型的就是改革动员会），也会像模像样地开始布置落实任务、具体实施。因为是仪式，所以就有很大的表演色彩，在上面抓得紧、要求严的时候会认真做几天，或者在上面来检查的时候，做得很认真。基层学校的教育改革，有些是自己的探索或创新，但是由于自己对这些改革试验没有把握，因此只是在"汇报演出"的时候展示一下自己的教育改革创新，平时则是老样子。教育改革被等同于简单的创新或标新立异，而在短时期内就要实现这种创新，则压力更大。作为改革的当事人，在创新几乎成为某种意识形态的情况下，为了证明自己的有为、能为，被迫将改革仪式化。"创新的压力可能会导致仪式主义的使用，会导致组织为保持其合法性必须定期举行的仪式的发展。"②基层学校的"仪式主义"教育改革往往和上级教育行政部门对待教育改革的态度有直接关系。正像有学者

① 郝德永：《变革的陷阱——教育改革的误区》，《全球教育展望》2011 年第 10 期。

② 〔以〕英博（Inbar, D. E.）等：《教育政策基础》，史明洁等译，教育科学出版社，2003 年，第 76 页。

批判的那样："多年来，变革的实施已经形成一种格局——引进一种新变革方案，给它一年的实施时间，立即对它的有效性进行评价，当没有明显绩效时便否定它。"①于是，新的变革又被推出，这种变革就只能在"仪式"上呈现了。

教育改革被视为一个个事件，而不是一个过程；被视为是可以一蹴而就、很快成功的活动，而不是需要付出长期艰辛劳动的活动；教育改革被视为阶段性的工作，而不是连续性的、不断反思、改进的活动。在有些地方，教育改革被以项目的形式进行，开题时呼吁改革、动员改革，结题时汇报改革、总结改革，在平时是不做教育改革的实际工作的，因此开题、结题就成了教育改革的"仪式"。为了向上级部门和所在单位教职工表明自己在实施改革，这两种"仪式"往往办得声势浩大，地方教育部门领导、教师代表、媒体代表等都会参加这些"仪式"。

走出"仪式主义"教育改革，首先需要政府部门，尤其是教育行政部门的主管领导，要尊重教育的规律，寻找真正需要解决的教育改革问题，让懂教育的人去做。他们不能仅仅满足于发动改革，而且要时刻关注教育改革的进展，为教育改革提供必要的条件，为把改革的承诺变成现实提供条件。教育改革创新是必要的，尤其是在区域教育改革创新上努力更是国家教育改革和发展所需要的。教育行政部门应该明确，改革不是目的，改革也不仅仅是试验或创新，改革应是在尊重教育发展逻辑基础上的有序而系统的变革。教育改革或创新需要时间，效果也并不是短期就能显现的，需要等待，而不是经常去进行所谓的督导、检查、评估。走出"仪式主义"教育改革，需要政府部门在发动教育改革时就明确自身和参与各方职责，不能仅满足于是否"改了"，还要经常看是否"变了"。

3. 教育改革的"教育"性

教育是什么，什么才是真正的教育，这其实是我们进行教育改革时最应该追问的本源问题。不管进行什么样的教育改革，都不能违背教育本身的质的规定性。"要牢牢把握学校（尤其是中小学）教育的基本规定性。中小学以教学为主，传承人类历史文明成果，教书育人，教师其主导作用。这是古今中外普遍的客观事实、教育学的公论，并形成了悠久传统。学校教育、课程教学的任何改革和创新，都必须面对、正视这个基本情况，从这个基本

---

① 〔美〕吉纳·E. 霍尔、雪莱·M. 霍德：《实施变革：模式、原则与困境》，吴晓玲译，浙江教育出版社，2004 年，第 38 页。

情况出发……”①“我们所缺少的而又是必需的教育，是纯粹和简单的教育。只要我们专心致力于寻求教育究竟是什么，以及具备什么样的条件才能实现这种教育，而不使它停留在名称和口号上，我们就能取得更确实、更迅速的进步。”②教育要改革，教育的内部也要不断改革，以适应日益发展的经济、社会发展需要，但是同样不可否认的是，教育的外部改革也是必须、必要的。教育改革不能忽视教育的内在特定发展规律，不能简单套用其他领域改革尤其是经济改革的思路，更不能简单迎合某些群体哪怕是大多数民众的短期利益。教育外部的改革，比如管理体制改革、经费投入体制改革、办学体制改革，虽然并不是教育内部构成要素及其相互关系的改革，但是必须立足于教育本身、立足于人的发展，立足于教书育人，这样的改革才是教育所需要的也才是“教育”的。教育对社会发展、国家发展有价值，但是要通过“育人”来实现，它必须遵循人的成长发展的规律。让事物更好地成为它自身，让它更好地发挥它应有的作用，应该是改革的根本目的。同样，我们进行教育改革，也要让教育更好地成为教育，让教育发挥它应有的作用，而不是让教育成为其他事物或活动。

教育改革的“教育性”，意味着我们在进行教育改革时，要充分尊重教育改革自身的独特的运行机制和规律，不要随便将什么东西纳入学校教育，纳入学校教育改革。国家、社会发展过程中，肯定会出现一些新事物，出现一些新的有价值的事物，但是这并不一定能直接成为基础教育改革的内容。换言之，我们认为重要的东西，并不一定就需要在基础教育改革中实现。京剧很重要，保存传统国粹确实很重要，但是并不能“一刀切”要求京剧进入义务教育学校的课堂；食品安全很重要，但是并不能直接要求中小学开展食品安全教育；同样的道理还发生在基础教育学校接受来自国家、社会的各种教育改革，被要求增加各式各样的所谓教育内容或活动。以至于我们的基础教育改革都是做“加法”，国家、社会需要什么，基础教育改革的目标、内容就是什么，而容不得基础教育的拒绝。对此，内尔·诺丁斯曾批评指出：“加在学校头上的任务实在是太多了，使得学校无法在任何一个方面获得成功。我认为，并非是课程和活动数量本身使学校不堪重负，实际上，是社会强加给学校的本该由社会自己承担的负担压迫着学校。社会要求学校解决太多

---

① 王策三：《应该尽力尽责总结经验教训——评“十年课改：超越成败与否的简单评价”》，《教育科学研究》2013 年第 6 期。

② 〔美〕约翰·杜威：《我们怎样思维·经验与教育》，姜文闵译，人民教育出版社，2005 年，第 298 页。

的社会问题。”[①]固然，基础教育改革需要回应、适应社会的需要或要求，但是这些都必须建立在对教育的认识和理解上，建立在教育可以担当此任务的基础上。即便如此，基础教育改革适应国家、社会发展需要，也需要经过教育内部的转化，按照人的生长发展的特点和规律，系统性地重构需要，转化成可持续性、整体性的教育活动。社会因素过多介入教育领域，容易造成教育本身的失衡，进而造成教育改革的混乱、无序。

“教育改革应是教育活动的承担者所进行的一项专业性的建构与调适活动。教育改革的基本依据是教育发展过程中所暴露出来的种种问题。教育问题才使教育改革的必要性与充分性得以解释。”[②]因此，教育改革的最根本出发点或立论依据应该是教育问题，教育改革的酝酿、发动，应该以解决教育问题为目的。换言之，教育改革的目的应该是解决教育问题，而不是其他政治、经济、社会问题，那些只是教育改革的延伸目的。进言之，不能指望通过教育改革来直接解决或很大程度上解决其他“政治、经济、社会问题”，不能把教育改革纯粹作为解决这些问题的工具。教育改革解决自身的问题都十分困难，更不用说其他更大的、也更严重的社会问题了。教育改革是针对教育自身发展过程中的出现的问题而进行的有意识改变。若能看到这些，遵循这样的逻辑，中国的基础教育改革必然会少走很多弯路，也会走得更加平稳。

---

① 郝德永：《超越左与右——课程改革的第三条道路》，教育科学出版社，2013年，第119页。

② 郝德永：《变革的陷阱——教育改革的误区》，《全球教育展望》2011年第10期。

参考文献

中文文献

〔法〕皮埃尔·布迪厄. 实践感[M]. 蒋梓骅译. 南京:译林出版社,2003.

〔加〕F. 迈克尔·康纳利,D. 琼·克兰迪宁. 教师成为课程研究者——经验叙事(第2版)[M]. 刘良华,邝红军,等译. 杭州:浙江教育出版社,2004.

〔加〕迈克·富兰. 变革的力量——透视教育改革[M]. 中央教育科学研究所,加拿大多伦多国际学院译. 北京:教育科学出版社,2000.

〔加〕迈克尔·富兰. 教育变革新意义[M]. 赵中建,等译. 北京:教育科学出版社,2005.

〔美〕A. C. 奥恩斯坦. 美国教育学基础[M]. 刘付忱,等译. 北京:人民教育出版社,1984.

〔美〕奥兹门(Ozmon, H. A.),克莱威尔(Craver, S. M.). 教育的哲学基础[M]. 石中英译. 北京:中国轻工业出版社,2006.

〔挪〕波·达林(Dalin, P.). 理论与战略:国际视野中的学校发展[M]. 范国睿主译. 北京:教育科学出版社,2002.

〔挪〕达林(Dalin, P.). 教育改革的限度[M]. 刘承辉译. 重庆:重庆出版社,1991.

〔美〕杜普伊斯,高尔顿. 历史视野中的西方教育哲学[M]. 彭正梅,朱承译. 北京:北京师范大学出版社,2006.

〔美〕杜威. 民主主义与教育[M]. 王承绪译. 北京:人民教育出版社,2001.

〔美〕劳伦斯·阿瑟·克雷明. 学校的变革[M]. 单中惠,马晓斌译. 上海:上海教育出版社,1994.

〔美〕罗伯特·梅逊. 西方当代教育理论[M]. 陆有铨译. 北京:文化教育出版社,1984.

〔美〕曼瑟尔·奥尔森. 集体行动的逻辑[M]. 陈郁,等译. 上海:上海人民出版社,1995.

〔日〕大河内一男，海后宗臣，等. 教育学的理论问题[M]. 曲程，迟凤年译. 北京：教育科学出版社，1984.

〔日〕水原克敏. 现代日本教育课程改革[M]. 方明生译. 北京：教育科学出版社，2005.

〔伊朗〕S. 拉塞克，〔罗马尼亚〕G. 维迪努. 从现在到 2000 年教育内容发展的全球展望[M]. 马胜利，等译. 北京：教育科学出版社，1996.

〔加〕Benjamin Levin. 教育改革——从启动到成果[M]. 项贤明，洪成文译. 北京：教育科学出版社，2004.

〔英〕弗里德利希·冯·哈耶克. 自由秩序原理(上)[M]. 邓正来译. 北京：生活·读书·新知三联书店，1997.

〔英〕卡尔·波普尔. 开放社会及其敌人(第 1 卷)[M]. 陆衡，等译. 北京：中国社会科学出版社，1999.

〔英〕卡尔·波普尔. 历史主义贫困论[M]. 何林，赵平译. 北京：中国社会科学出版社，1998.

〔英〕斯蒂芬·鲍尔. 政治与教育政策制定[M]. 王玉秋，孙益译. 上海：华东师范大学出版社，2011.

公民社会：教育改革需要民间力量[EB/OL]. http://www.time-weekly.com/story/2009-07-15/100712.html.

教育改革征途未尽[EB/OL]. http://news.xinhuanet.com/2010-07/19/c_12347853_7.htm.

蔡宝来，晋银峰. 我国基础教育改革的现实境遇与未来抉择[J]. 上海师范大学学报(哲学社会科学版)，2010(1).

蔡拓. 全球主义与国家主义[J]. 中国社会科学，2000(3).

查有梁. 论教育改革的限制性原理[J]. 教育科学研究，2013(4).

查有梁. 论新课程改革的“软着陆”[J]. 内蒙古教育，2007(11).

陈桂生. 新课程改革对教育学的呼唤[J]. 全球教育展望，2005(7).

陈培瑞. 教育改革与造词运动[J]. 江西教育科研，2004(1～2).

程培杰，马健生. 试论教育改革阻力的来源[J]. 比较教育研究，2001(6).

储昭华. 略论改革的方法论意义及其对哲学的启示[J]. 华中师范大学学报(哲学社会科学版)，1996(5).

丛立新，陈荟. 当前我国基础教育课程改革理论问题研究[C]. 重庆：重庆大学出版社，2013.

单文经. 教改性质的历史分析：逡逡巡巡步向理想[J]. 教育学报，2006(2).

邓聿文. “顶层设计”的困境和破解[EB/OL]. http://gb.chinareviewnews.

com/doc/1017/7/6/1/101776130. html? coluid = 0&kindid = 0&docid = 101776130&mdate=0724083756.

改革开放30年中国教育改革和发展课题组. 教育大国的崛起(1978—2008)[M]. 北京:教育科学出版社,2008.

改革开放以来的教育发展历史性成就和基本经验研究课题组. 改革开放30年中国教育重大历史事件[M]. 北京:教育科学出版社,2008.

高水红. "法定知识"变革中的行动者视野——课程社会学的一种研究路向[J]. 南京师大学报(社会科学版),2007(5).

高水红. 被围困的教育:当前中国教育改革的社会阶层生态[J]. 湖南师范大学教育科学学报,2012(2).

顾昕. 教育改革:如何超越自相矛盾的主张[EB/OL]. http://news.qq.com/a/20100204/000747.htm.

韩震. 美国自由主义思想的演变[J]. 国外理论动态,2003(7).

郝德永. 新课程改革:症结与超越[J]. 教育研究,2006(5).

郝德永. 当代课程改革:方法的局限与症结[J]. 教育发展研究,2007(6B).

郝德永. 超越左与右——课程改革的第三条道路[M]. 北京:教育科学出版社,2013.

胡伶. 公共治理范式下地方教育行政职能转变的战略研究[J]. 教育发展研究,2010(12).

纪明泽. 对教育改革评价的思考[J]. 中学教育,2000(11).

江凤娟. 基层官员的政策目标再制定——以中小学布局结构调整政策为例[M]. 教育学术月刊,2012(8).

蒋园园. 教育政策执行复杂性研究:一种复杂理论的视角[M]. 教育发展研究,2011(7).

金生鈜. 教育正义与教育改革的转向[J]. 当代教育科学,2004(20).

金生鈜. 什么是正义而又正派的教育[J]. 教育研究与实验,2006(3).

金生鈜. 中国教育制度变革滞后带来的三个问题[J]. 中国教育学刊,2008(12).

瞿葆奎,马骥雄. 教育学文集·美国教育改革[C]. 北京:人民教育出版社,1990.

孔锴. 浅谈20世纪80年代以来的美国基础教育课程改革[J]. 外国教育研究,2006(2).

劳凯声,刘复兴. 论教育政策的价值基础[J]. 北京师范大学学报(人文社会科学版),2000(6).

劳凯声. 世纪之交的中国教育改革走向:教育与市场的关系的问题[J]. 北京大学教育评论,2003(3).

劳凯声. 中国教育改革 30 年:政策与法律卷[C]. 北京:北京师范大学出版社,2009.

雷颐. 教育改革与社会配套[J]. 体制改革,2010(6).

李贤,谢少华. 基础教育改革的障碍及其超越[J]. 教育发展研究,2010(6).

李现平. 中国教育改革的辩证思考. 北京大学教育评论,2006(1).

李政涛,李云星. 百年中国基础教育改革的方法论探析[M]. 北京:教育科学出版社,2011.

李政涛. 当代中国基础教育改革的方法论特征探析[J]. 基础教育,2009(5).

李政涛. 如何"在中国"进行基础教育改革[J]. 基础教育,2010(9).

联合国教科文组织. 为了 21 世纪的教育:问题与展望[C]. 王晓辉,赵中建,等译. 北京:教育科学出版社,2002.

联合国教科文组织国际教育发展委员会. 教育——财富蕴藏其中[C]. 北京:教育科学出版社,1996.

联合国教科文组织国际教育发展委员会. 学会生存[C]. 北京:教育科学出版社,1996.

林丹,柳海民. 渐进改革:当代中国基础教育改革路向的理性选择[J]. 教育研究,2009(7).

林丹. 基础教育改革 30 年:策略转向与路线生成[J]. 长春:东北师大学报(哲学社会科学版),2008(5).

林丹. 在互动中制衡——当代中国基础教育渐进主义改革研究[M]. 长春:东北师范大学出版社,2010.

林智中. 香港课程改革的实施策略评析[J]. 教育发展研究,2006(12A).

刘猛. 论中国教育改革的三重逻辑[J]. 当代教育科学,2012(4).

刘祖华. 村头官僚,政策变通与乡村政策的实践逻辑——村干部政策角色的一个解释框架[J]. 甘肃行政学院学报,2008(2).

柳海民,孙阳春;中国教育改革的理性诉求[J]. 教育学报,2005(3).

卢建筠. 中国教育改革演进范式之研究[J]. 湛江师范学院学报,2005(4).

陆有铨. 躁动的百年[M]. 济南:山东教育出版社,1997.

吕庆广. 危机意识与美国强国之路[J]. 徐州师范大学学报(哲学社会科学版),2006(3).

马健生. 学校改革的机制与模式:组织行为学的观点[J]. 比较教育研究,2003(3).

马健生.教育改革论[M].合肥:安徽教育出版社,2007.

马维娜."整个的个体":中国教育改革中的国家、地方、学校[J].江苏社会科学,2012(4).

马维娜.中国教育改革的知识社会学解读[J].北京师范大学学报(社会科学版),2009(2).

孟照海.深化教育综合改革的制度逻辑——兼论学生"减负"政策低效的根源[J].中国教育学刊,2014(1).

潘新民.反思"当代西方新理论"在我国新课程改革中的适切性[J].人大复印资料·中小学教育,2007(1).

潘新民.基础教育改革渐进论[M].杭州:浙江教育出版社,2012.

彭彩霞.变化的政治:美国课程决策集权取向的演进及影响[J].外国教育研究,2009(11).

彭彩霞.教育改革的困境及其超越——基于国外对大规模教育改革反思的认识[J].教育发展研究,2009(15—16).

祁型雨.利益表达与整合——教育政策的决策模式研究[M].北京:人民出版社,2006.

冉亚辉.文化价值观与中国教育改革[J].内蒙古师范大学学报(教育科学版),2010(4).

石鸥,刘丽群.意识、手段、机制:我们对美国教育的借鉴[J].湖南师范大学社会科学学报,2000(5).

石鸥."在危机中"就是"在振兴中"——"美国在危机中"新探[J].教师教育研究,2007(5).

石鸥.关于基础教育课程改革的几点认识[J].教育研究,2005(9).

石中英,张夏青.30年教育改革的中国经验[J].北京师范大学学报(社会科学版),2008(5).

石中英.关于当前基础教育改革的几点认识与思考[EB/OL].http://cyber.swnu.edu.cnmcjycyber/index.html.

石中英.论教育实践的逻辑[J].教育研究,2006(1).

石中英.中庸之道:超越激进主义与保守主义[J].宁波大学学报(教育科学版),2004(6).

史静寰.八九十年代美国教育改革述评[J].清华大学教育研究,1997(4).

孙培青.中国教育传统研究与教育改革[J].河北师范大学学报(教育科学版),2000(1).

王本陆.基础教育改革哲学刍议[J].中国教师,2004(5).

王本陆.聚焦当前课程与教学改革理论之争[N].中国教育报,2006-08-26.

王本陆.论中国国情与课程改革[J].北京师范大学学报(社会科学版),2006(4).

王炳照.中国教育改革30年:基础教育卷[C].北京:北京师范大学出版社,2009.

王策三,孙喜亭,刘硕.基础教育改革论[M].北京:知识产权出版社,2005.

王策三.关于课程改革"方向"的争议[J].教育学研究,2006(1).

王策三.认真对待"轻视知识"的教育思潮[J].北京大学教育评论,2004(3).

王汉生,等.作为制度运作和制度变迁方式的变通[J].中国社会科学季刊(香港),2001年冬季卷.

王伟廉.中国教育改革决策中的认识论和方法论问题[J].现代大学教育,2002(4).

王月芬.新课程改革中解读"传统教育"[J].教育发展研究,2004(4).

魏志春.校长视野中的政府教育管理职能转变[M].北京:北京大学出版社,2011.

吴康宁.理解"深化教育领域综合改革"[J].清华大学教育研究,2013(1).

吴康宁.深化教育改革需实现的三个转变[J].南京师大学报(社会科学版),2013(3).

吴康宁.谁支持改革——兼论教育改革的社会基础[J].教育研究与实验,2007(6).

吴康宁.制约中国教育改革的特殊场域[J].教育研究,2008(12).

吴康宁.中国教育改革为什么这么难[J].华东师范大学学报(教育科学版),2010(4).

吴忠魁,张俊洪.教育变革的理论模式[M].成都:四川教育出版社,1988.

项贤明.20世纪90年代以来的美国教育改革[J].比较教育研究,2003(5).

肖雪慧.有必要从根本上检讨的教育政策——反思九十年代的教育[J].社会科学论坛,2003(5).

徐伟光.社会形态、政治权力和教育体制——当代中国教育体制改革的逻辑[J].复旦教育论坛,2004(4).

阎亚军,王月芬.新课程改革中的学生观反思[J].教育发展研究,2008(5～6).

阎亚军,邬小撑.试论教育局长参与教育改革的实践逻辑[J].教育研究,2013(5).

阎亚军,周谷平.对课程改革的若干思考[J].教育研究,2008(1).

阎亚军.对教育改革“列表逻辑”的反思[J].教育发展研究,2010(4).

阎亚军.国外教育改革领域的三重“迷雾”[J].外国中小学教育,2009(1).

阎亚军.教育改革怎么改——杜威教育改革思想初探[J].外国中小学教育,2012(7).

阎亚军.文化自觉与中国基础教育改革——基于中美不同文化特质的比较[J].教育学术月刊,2013(3).

杨东平.中国教育改革的动力[J].青年教师,2010(12).

杨东平.2020:中国教育改革方略[C].北京:人民出版社,2010.

杨东平.艰难的日出——中国现代教育的20世纪[M].上海:文汇出版社,2003.

杨明全.革新的课程实践者——教师参与课程变革研究[M].上海:上海科技教育出版社,2003.

杨启亮.方法:课程改革中的一个基础性问题[J].教育探索,2003(1).

杨启亮.课程与教学变革中的模仿与创新[J].教育发展研究,2007(6A).

杨启亮.守护家园:课程与教学变革的本土化[J].教育研究,2007(9).

杨小微.风雨兼程30年——改革开放以来中国基础教育的改革与发展评述[J].基础教育,2009(1).

杨小微.新课程实施中若干问题的反思[J].教育研究与实验,2007(4).

杨小微.全球化进程中的学校变革——一种方法论视角[M].上海:华东师范大学出版社,2004.

杨子云.教育改革十批判书——学者建言《国家中长期教育改革和发展规划纲要》[J].中国改革,2009(5).

姚丽霞,洪明.美国真的处于危险中吗?——20世纪80年代以来美国教育改革主旨探析[J].福建师范大学学报(哲学社会科学版),2006(1).

叶澜.21世纪社会发展与中国基础教育改革[J].中国教育学刊,2005(1).

叶澜.当代中国教育变革的主体及其相互关系[J].教育研究,2006(8).

叶澜.千舟险过万重山——改革开放30年中国基础教育发展研究概述[J].基础教育,2009(1).

叶澜.实现转型:新世纪初中国学校变革的走向[J].探索与争鸣,2002(7).

叶澜.素质教育推进现状及其原因辨析[J].教育发展研究,2011(4).

叶澜.“新基础教育”论——关于当代中国学校变革的探究与认识[M].

北京:教育科学出版社,2006.

于述胜,刘继青.中国现代课程改革的文化论纲[J].当代教育科学,2005(19).

于述胜,等.中国教育三十年(1978—2008)[M].成都:四川出版集团,四川教育出版社,2008.

余文森.新课程教学改革的成绩与问题反思[J].课程·教材·教法,2005(2).

袁新文.今天谁来教育家长[EB/OL].http://edu.people.com.cn/GB/15218303.html。

袁振国.教育改革论[M].南京:江苏教育出版社,2005.

翟学伟."土政策"的功能分析:从普遍主义到特殊主义[J].社会学研究,1997(3).

翟学伟.中国人行动的逻辑[M].北京:社会科学文献出版社,2001.

张乐天.对重启教育改革议程的思考[J].复旦教育论坛,2013(3).

张理智.试析改革的逻辑[J].福建论坛(经济社会版),1999(3).

张力.专家学者论教育(一)[C].北京:人民教育出版社,2012.

张荣伟.论中国基础教育改革的四种实践模式[J].河北师范大学学报(教育科学版),2010(12).

张荣伟."新课程改革"究竟给我们带来了什么[M].福州:福建教育出版社,2008.

张荣伟.我们需要怎样的教育:中国基础教育改革概论[M].北京:教育科学出版社,2012.

张维迎.改革新启蒙:思想市场驱动中国变革[M].北京:中信出版社,2014.

张维迎.什么改变中国——中国改革的全景和途径[M].北京:中信出版社,2012.

张维迎.市场的逻辑(增订版).上海:上海人民出版社,2012.

郑金洲.教育体制改革30年的辉煌与展望[J].人民教育,2008(19).

郑新蓉.现代教育改革理性批判[M].北京:人民教育出版社,2003.

钟启泉,有宝华.发霉的奶酪[J].全球教育展望,2004(10).

钟启泉.概念重建与课程创新——与认真对待"轻视知识"的教育思潮作者商榷[J].北京大学教育评论,2005(1).

钟启泉.中国课程改革:挑战与反思[J].比较教育研究,2005(12).

周彬.决策与执行:制度视野下的学校变革[M].北京:教育科学出版

社,2005.

朱丽. 个人利益抑或公共利益:教育改革的两难困境——从我国重点学校制度的沿革说起[J]. 基础教育,2009(1).

朱永新,王智新. 当代日本教育改革[C]. 太原:山西教育出版社,1992.

英文文献

Cuban, L. *How Teachers Taught: Constancy and Change in American Classroom, 1890-1980*[M]. New York: Longman, 1984.

Cuban, L. Reforming Again, Again, and Again[J]. *Educational Researcher*, 1990, 19(1).

Hargreaves, A. & Fink, D. The Three Dimensions of Reform[J]. *Educational Leadership*, 2000, 57(7).

Slavin, R. PET and the Pendulum Faddism in Education and How to Stop It[J]. *Phi Delta Kappan*, 1989(90).

Timperley, H. S. & Parr J. M. Theory Competition and the Process of Change[J]. *Journal of Educational Change*, 2005(6).

Wise, A. Why Educational Policies Often Fail: The Hyperrationalization Hypothesis[J]. *Curriculum Studies*, 1997, 9(1).

索　引

教育理想与教育改革(代后记)*

中国教育在不断改革中发展。教育改革曾经给人们描绘了美丽、美好的教育图景,很多教师、教育管理者也怀着各种教育理想、信念,热情地投身于教育改革之中,希望中国教育能够改善,自己的教育理想能够实现。然而,随着改革的深入,教育领域的一些深层次问题逐渐暴露出来,教育改革也变得越发艰难。一些参与改革的同志越来越感到困惑、无奈或无助,开始怀疑甚至抛弃自己的教育理想。今天,我们是否需要重提教育理想?又如何坚守自己的教育理想?

教育改革为什么会发生?因为现实的教育不能或者不能很好地发挥其应有的作用,与理想的教育存在差距。教育改革就是由现实的教育走向理想的教育的过程。人们对理想的教育或者说是教育发展的理想状态的期望,就是教育理想。这是教育理想的一种含义,也是本文所指的教育理想的含义。教育理想还有另一种含义,即人们希望通过教育要达到的理想目标,比如理想的人,理想的生活和工作。两种不同的教育理想含义,意味着教育理想的主体也可以分为两类,一类是教师和教育管理者,另一类是其他人或单位,比如政府部门、企事业单位、学生家长等。教育理想是一种历史性的存在,是人们对现实教育反思的结果。人们有不同的需要,因而也有不同的教育理想。

在这个教育改革的时代,教育理想还有用吗?市场经济的发展,将人们的"自利"动机充分地激发了起来,教育领域亦受市场化的影响,一些人逐渐放弃了教育理想,终日沉沦于现实的功利之中。尽管如此,但仍有很多教师和教育管理者怀着教育理想,全身心地投入于教育发展和教育改革事业中。教育理想成为他们从事教育工作,进行不断教育改革和创新的原动力。教育理想使他们意志坚定,使他们即使面临再多的困难、挫折也依然坚持。他们不会在乎教育改革的一时得失,不会"走马灯"似的今天规划这个改革,明天又去实施那个改革,因为他们知道教育是什么。有教育理想或者能够坚守教育理想的教师和教育管理者,能够超越一时之利,将教育看作是一个长期的过程,一个成全人、帮助人发展的过程;他们会把教育作为一种事业、志业而不

---

* 本文发表于《人民教育》2013 年第 6 期。

只是职业，能够全身心地投入教育和教育改革中去，能够通过自己的实际行动实现自己的教育理想。只要有利于学生可持续发展、有利于学生个性自由而全面发展的教育改革，即使困难再多、阻力再大，他们也会去大胆尝试。因此我们可以说，正是教育理想，让他们不满足于现状，寻求教育变革；正是坚守教育理想，让他们稳步前行，日益接近教育的本质，把握教育的真谛。当代中国的教育之所以还有希望，在很大程度上就是因为还有这样一批持有并坚守自己教育理想的人，为了教育的改善而殚精竭虑，正是他们，以自己的实际行动践行着自己的教育理想，推动着中国教育稳步前行。

教育理想是什么呢？教育应该是什么样的，教师应该是什么样的，教育应该教给学生什么知识，教育过程应该是什么样的，师生关系应该是什么样的，学生应该成为什么样的人，教育的目的应该是什么……当你在反复追问和思考这些问题，并不断给出自己的回答时，就说明你对现实的教育存在不满，持一种批判的态度，也就意味着你的心中有一种教育理想，在指引着你从事教育活动。这种教育理想，是你自己根据现实教育的问题主观建构出来的，是你对教育诸构成要素（教育者、受教育者、教育中介）的一种要求和设计。只有教师和教育管理者的教育理想是基于教育自身的诸构成要素，而提出或设计出的一种理想的教育境界或形态。因为他们身处于教育之中，对教育的体验最深刻，不只是从结果的"理想实现"的层面来思考教育理想，而是更注重"理想实现"的过程——什么样的教育过程，教育内部怎样合理、有效而又合乎道德地进行组织，才能帮助学生的成长和发展。而一般的人或群体，他们身处于教育之外，他们的教育理想往往偏重于教育是否能够实现他们的理想目标，"教育"在他们那里只是实现他们理想目标的工具。正是在这个意义上我们可以说，只有身处于教育之中，每天与教育打交道，甚至痴迷于教育、为教育癫狂的教师和教育管理者，才有资格称得上是有教育理想的人。他们在思考着"善"的教育、"好"的教育，而不只是"利"的教育、"用"的教育。这种教育理想的形成不是那么容易的，在日益浮躁的功利主义社会背景下要坚守这样的教育理想更加不易。具有并坚守自己教育理想的人，在改革中必然会遇到更多的困难或阻力，他们也必定要为此付出更多的努力。他们的努力可能在短期内见不到效果，也可能失败，因而会受到诸多责难、批评，承受很大的压力。有鉴于此，教育行政部门和社会各界对他们应该更加宽容、包容。

中国教育改革呼唤教育理想，呼唤有教育理想的人，尤其是具有并坚守自己教育理想的一线教师和教育管理者。作为当事人，我们如何才能做到这一点，而不辜负时代赋予我们的教育改革使命呢？

首先，不断学习，终身学习，善于反思。对理想教育的期待不是凭空产生的，有教育理想并不是完全脱离现实去构造理想教育，而是基于对现实教育的深刻分析，对教育本质的深刻理解。所以，教师和教育管理者需要进行终身学习，将自己视为一个不断成长的人和持续的学习者。只有学习教育理论和相关学科知识，才能形成对教育的基本问题、基本理论、原则等的认识和把握，才能对现实的教育、教学问题进行敏锐地观察、辩证地分析、深刻地思考，进而做出正确的判断，才能知道教育改革向何处去，什么才是自己应该坚持的教育理想。教师不断学习理论知识，同时结合自己的教育实践进行反思、批判，可以更好地激发自己的教育情感，确信对教育事业和教育职业的认识，从而形成自己的教育理想。

其次，有所为，有所不为。在当今这个十分浮躁的时代背景下，“不为”往往比“为”显得更重要，因为“不为”，不跟着别人盲动，恰恰是更好地坚持了自己的教育理想，体现了一个有教育理想的人的本色。当别人耐不住寂寞，经常周末、课外去给学生办辅导班赚钱的时候，你不去做；当别人加班加点抢占学生时间，搞应试教育时，你不去做；当别人都一窝蜂地搞些不着边际的课题时，你不去做；当别的地方教育部门整天搞评比、竞赛，看排名时，你不去做；当别的学校节假日变着花样给学生补课时，你不去做……你其实就在坚守自己的教育理想，坚持自己的教育改革方向。因为你知道什么是教育，什么是好的教育。“不为”比“为”要承受更大、更多的压力，更显示出个人的独立思想和自由人格。“不为”只是在不该“为”的地方不要“为”，而在该“为”的地方则要多“为”，下大功夫“为”，遵照教育的规律认真“为”。这种“为”，将给那些“乱为”之人以榜样示范。我们不能以大环境如此、自己身不由己为理由，而要求社会环境的首先改变。须知，环境的改变根本还在于我们自身，这不利于教育理想形成和持久的社会环境，很大程度上也是我们参与造成的。

教育理想是对现实教育的批判，它为教育改革提供了方向；但是批判也是有限度的，它必须是现实的批判、理性的批判。换言之，这种批判应该建立在科学认识的基础上，考虑到现实教育改革的可能性，否则就可能沦为一种教育理想主义，沦为空想，在现实教育的面前迟早是要失败的。教育是面向未来的事业，教育改革就是要面向不确定的未来，实现理想的教育。作为在教育改革一线的广大教师和教育管理者，更应形成并坚守教育理想，这样才能克服重重困难，将中国的教育改革不断推向深入。中国的教育改革任重而道远，确实需要一批这样的理想主义者，需要一批这样怀揣着“中国教育梦”的教育工作者。

阎亚军

2015 年 6 月

图书在版编目(CIP)数据

中国教育改革的逻辑:对改革开放以来我国基础教育改革的反思 / 阎亚军著. —杭州:浙江大学出版社,2016.3
ISBN 978-7-308-14621-0

Ⅰ.①中… Ⅱ.①阎… Ⅲ.①基础教育—教育改革—研究—中国 Ⅳ.①G639.21

中国版本图书馆 CIP 数据核字(2015)第 082391 号

中国教育改革的逻辑
——对改革开放以来我国基础教育改革的反思
阎亚军 著

责任编辑 吴伟伟 weiweiwu@zju.edu.cn
出版发行 浙江大学出版社
(杭州市天目山路 148 号 邮政编码 310007)
(网址:http://www.zjupress.com)
排　　版 浙江时代出版服务有限公司
印　　刷 杭州日报报业集团盛元印务有限公司
开　　本 710mm×1000mm 1/16
印　　张 11.5
字　　数 206 千
版 印 次 2016 年 3 月第 1 版 2016 年 3 月第 1 次印刷
书　　号 ISBN 978-7-308-14621-0
定　　价 36.00 元

浙江大学出版社发行中心联系方式 (0571)88925591;http://zjdxcbs.tmall.com